Ludwig Lewis

Geschichte der Freimaurerei in Österreich und Ungarn

EHV
HISTORY

Ludwig Lewis

Geschichte der Freimaurerei in Österreich und Ungarn

ISBN/EAN: 9783955642914

Auflage: 1

Erscheinungsjahr: 2013

Erscheinungsort: Bremen, Deutschland

@ EHV-History in Access Verlag GmbH, Fahrenheitstr. 1, 28359 Bremen. Alle Rechte beim Verlag und bei den jeweiligen Lizenzgebern.

EHV
HISTORY

GESCHICHTE

DER

FREIMAUREREI

IN

ÖSTERREICH UND UNGARN.

Von

Dr. Ludwig Lewis,

ehemaligem Meister vom Stuhle der Loge zum heiligen Joseph in Wien, Gründer der ersten
Freimaurerlogen in Ungarn nach der Selbstständigkeit dieses Reiches und Ehrenmitglied
mehrerer in- und ausländischer Logen.

Zweite vermehrte und verbesserte Auflage.

⚬⚬⚬

Leipzig, 1872.

Druck und Verlag von Br C. W. Vollrath.

Motto: Die Freimaurerei ist ein Spielzeug
in den Händen der Unwissenden,
eine gefährliche Waffe für den Wis-
senden, wenn nicht das göttliche, moralische und sittliche Princip bei ihnen vor-
herrscht.

Vorwort zur ersten Auflage.

Motto. Es ist immer das Kennzeichen einer
gesunden Staatsregierung wenn sich
die Freimaurerei neben ihr blicken
lässt, so wie es noch jetzt das Merk-
mal eines schwachen und furchtsa-
men Staates ist, wenn er sie nicht
dulden will.

Lessing.

Die Geschichte der Freimaurerei ist in den letzten Jahren
wiederholt Gegenstand der Bearbeitung von Seite berufe-
ner und sachkundiger Kräfte gewesen. Eine wesentliche
Lücke dabei war die bisher nur sehr oberflächlich zur Darstellung gebrachte Verzweigung dieses alten Bundes nach
Oesterreich. Was Gräffer u. a. m. darüber gebracht, beschränkte sich wesentlich auf die Zeit der Kaiserin Maria
Theresia und Kaiser Joseph II. Indem wir nun diesen
kurzen Abriss der Geschichte der Freimaurerei in Oesterreich der Oeffentlichkeit übergeben, sind wir weit entfernt
zu glauben, damit etwas Vollständiges geliefert zu haben.
Es mangelte an Quellen; archivalische Forschungen waren
unmöglich und so musste als eigentliche Grundlage wesentlich die maurerische Zeitschrift: Journal für Freimaurer 1784—1786 in 12 Bänden dienen, welches
aufzufinden ebenfalls grosse Mühe kostete. Die hiemit der

Oeffentlichkeit übergebene Arbeit wurde schon im Jahre 1849 verfasst, musste aber misslicher Umstände halber bis jetzt im Pulte verwahrt bleiben.

Möge man dem Werkchen ein milder Richter sein; sein Zweck ist, das Licht, die Wahrheit zu verbreiten, an dem Beispiele der Vorfahren, an dem Bilde ihres regen Strebens zu gleicher Thätigkeit in der Gegenwart aufzufordern.

Allfällige Mängel der Redaction und der letzten Zusammenstellung wollen mit der Entfernung des Verfassers vom Druckorte entschuldigt werden.

Pest, September 1861.

Ludwig Lewis.

Vorwort zur zweiten Auflage.

Indem ich hiermit die zweite Auflage meiner „Geschichte der Freimaurerei in Oesterreich" — welche mit der Geschichte der Freimaurerei in Ungarn vermehrt ist, — der Oeffentlichkeit übergebe, muss ich zugleich das Bedauern aussprechen, dass dies nicht in der ursprünglich festgesetzten Zeit, sondern erst jetzt geschehen konnte.

Das Manuscript gelangte zwar schon im März des Jahres 1870 in die Hände des Verlegers, doch die mittlerweile so höchst unerwartet eingetretenen Kriegsverhältnisse, so wie auch mancherlei andere Umstände, welche dieselben im Gefolge hatten, sind die Ursache der Verzögerung in der Veröffentlichung dieses Buches.

Seit dieser Zeit hat sich allerdings Manches — was die Freimaurerei in Ungarn betrifft — geändert.

Es ist eine Grossloge — einem Phönix gleich — in der Hauptstadt Ungarn's entstanden, ein Gross-Orient des Landes ist eben im Werden begriffen, täglich bilden sich neue Logen und Johannis- und Schotten-Maurerei wetteifern mit einander.

Wer den Sieg bei diesem Kampfe erringen wird, ist zur Zeit noch nicht entschieden. — Soll ich aber meine bescheidene Ansicht hierüber aussprechen, so lässt sich dieselbe in die wenigen Worte zusammenfassen, dass die königliche Kunst nur in einem Lande gedeihen könne, wo man sich jeder Parteilichkeit ferne hält, denn nur wo Liebe und Einigkeit herrscht, findet die Freimaurerei eine sichere Stätte.

Liebe und Einigkeit können aber nur dann herrschen, wenn der Freimaurerbund als ein kosmopolitisches Institut betrachtet wird, in welchem zwar allerdings die Discussion über Politik und Religion ausgeschlossen, aber das reli- giös-moralisch-sittliche Princip dennoch vorwal- tend'ist.

Wo Brüder — mögen sie nun dem symbolischen Ri- tus, oder dem Rite écossais ancien accepté huldigen — feindlich sich gegenüber stehen, kann die königliche Kunst nun und nimmer Wurzel fassen.

Nicht in Bändern, nicht in Sternen, — ja ich wage es zu sagen, — nicht in Zeichen, Wort und Griff allein be- steht die königliche Kunst, sondern vielmehr in der Bethä- tigung des Wahlspruches unseres grossen Meisters, der da sagt: „Liebet euch untereinander, denn daran werde ich erkennen, dass ihr meine Jünger seid."

Ich schliesse dieses kurze Vorwort mit den Worten eines hervorragenden Mannes und Br.: „Wer ein Thor ist „unter den Thörichten und ein Schwächling unter den „Schwachen und ein Hässlicher unter den Widerwärtigen, „der hat nicht der Liebe nöthig, um gut Bruder zu sein „mit seinen Gesellen; wer aber ein Weiser ist unter den „Thörichten und ein Starker unter den Schwachen, und „jaget nach der Wahrheit trotz allerlei Widerwärtigkeit, „der muss voll sein der rechtschaffenen Liebe, damit er „sich selbst, der Menschheit und Gott nicht untreu werde."

Der A. B. d. W. beschütze uns vor unseren Feinden und erleuchte die Herzen unserer Brüder!

Pest im Juli 1871.

Dr. Ludwig Lewis.

Inhalt.

Geschichte der Freimaurerei

in

Oesterreich.

———

Einleitung.

Der uralte und edle Bund der Freimaurer hat, —
Frankreich seit der Revolutionsepoche von 1789
ausgenommen, — in den übrigen katholischen Staaten nie festen, haltbaren Fuss fassen können. So
auch in den von den verschiedensten Nationen be-
völkerten Ländern des österreichischen Kaiserthums.
Es erhoben sich zwar zu verschiedenen Zeiten an
vielen Orten dieses grossen Reiches viele Logen,
die aber insgesammt stets nur eine kurze Dauer
hatten. Verfolgungen von Seite der katholischen
Geistlichkeit, insbesondere des einst hier so ein-
flussreichen Ordens der Väter der Gesellschaft
Jesu, kurzweg Jesuiten genannt, und in Folge
dessen wiederholt ergehende Verbote der Landes-
fürsten machten den Versammlungen der Brüder
Maurer entweder ein gewaltsames Ende, oder veranlassten die Mitglieder, eingedenk der Ordens-
pflicht, welche Achtung der Gesetze vorschreibt,
ihre Arbeiten aus eigenem Antriebe einzustellen,
ihre Wiederaufnahme zu einer günstigeren Zeit
sich vorbehaltend.

Ueberblickt man das ganze österreichische Mau-
rerwesen, nach Maassgabe als dies der sich darbie-

1*

tende Stoff gestattet, so erkennt man, dass die zehn-
jährige Regierungszeit Kaiser Joseph's II. vom
Jahre 1780 bis 1790 die Glanzperiode der österreichischen Maurerei war. Die anfängliche Toleranz und der spätere förmliche Schutz, den er dem
Orden angedeihen liess, ist eine um so köstlichere
Perle im Diademe dieses um die Völker Oesterreichs so verdienten unsterblichen Fürsten, als dies
mehr eine Sache des Vertrauens, als seiner persönlichen Ueberzeugung war, indem aus keinem
Documente jener Zeit zu ersehen ist, dass er
ein Eingeweihter des Maurerbundes gewesen sei,
und denselben in seinem Schutzbriefe anscheinend
als einen bedeutungslosen Verein betrachtet.

Schon durch das Zugeständniss, sich unter einigen, später zur Sprache kommenden polizeilichen
Einschränkungen unbeirrt versammeln zu können,
gab Kaiser Joseph der Freimaurerei das öffentliche
Zeugniss, dass ihre Arbeiten durchaus keine das
Staatsleben und das allgemeine Wohl im Entfern-
testen berührenden Tendenzen hätten. — Und in
der That werden nach dem §. 3 der allgemeinen
Freimaurer-Verordnungen, der festsetzt: „dass Niemand in den Orden aufgenommen werden kann,
welcher nicht unverbrüchliche Ergebenheit gegen
seine Religion, Obrigkeit, Vaterland, und gute Sitten hat," — schon von vornherein von Jedem, welcher um Eintritt in den Maurerbund ansucht, Va-
terlandsliebe, Verehrung der Gesetze, und unbe-
scholtener Lebenswandel als unerlässliche Beding-
nisse gefordert.

Die Supposition dürfte nicht sehr gewagt sein, dass Joseph's Benehmen gegen die Freimaurerei in seinen Staaten eine Frucht der Rivalität war, welche er bei allen Gelegenheiten gegen seinen grossen politischen Gegner, Friedrich den Einzigen, König von Preussen, den warmen Beschützer der Freimaurer, an den Tag legte. König Friedrich, welcher den Namen des nordischen Salomon's wirklich verdient, hat sich des Ordens, zu dessen Brüderschaft er selbst gehörte, oft und energisch angenommen, wie aus seinen Briefen zu ersehen ist. In einem Schreiben vom 7. October 1778 sagt er unter Anderm: „Ich werde immer an dem Wohle und der Aufnahme einer Gesellschaft den lebhaftesten Antheil nehmen, die ihren grössten Ruhm in eine unermüdete und ununterbrochene Verbreitung aller gesellschaftlichen Tugenden setzt."

Der Nachfolger Friedrich's II., König Friedrich Wilhelm III., hegte von der Freimaurerei keine minder wahre und weniger richtige Meinung. Dies zeigte sich schon in seiner in Charlottenburg den 31. Juli 1800 erlassenen Cabinetserklärung, als ihm der Grundvertrag und das Gesetzbuch der grossen Freimaurer-Loge: „Royal York zur Freundschaft" vorgelegt worden war, und der wörtlich folgendermassen lautet:

„Ich habe den von Euch, Namens Eures Lo-„genvereins eingereichten revidirten Grundvertrag „und das Gesetzbuch erhalten, und kann dem darin „erscheinenden Geiste der Ordnung, dem Bestreben „zur Aufrechthaltung der Sittlichkeit und guter „bürgerlicher Gesinnungen und der Einrichtung

„einer Rettungsanstalt für Mitglieder Eurer Logen,
„eben so wenig meinen Beifall versagen, als der
„Offenheit, dem Beweise Eures guten Bewusstseins,
„womit Ihr zu Werk geht. So lange Ihr daher
„diesen Euren Principien und Gesetzen treu bleibt,
„werdet Ihr nicht nur den Schutz, welchen ich
„Eurer Gesellschaft angedeihen lasse, verdienen,
„sondern Ihr werdet auch selbst durch das Urtheil
„unbefangener und guter Menschen über Eure Ver-
„fassung belohnet werden.“

Derselbe Fürst erklärte zwanzig Jahre später
auf dem Congresse zu Verona im Jahre 1820, auf
welchem auch der Freimaurer-Orden zur Sprache
kam, den verbündeten Monarchen, die vorzüglich
in Betreff der gegen die Carbonari in Italien zu
treffenden Maassregeln zusammengekommen waren,
„dass die Freimaurer seine treuesten Unterthanen
wären.“ Auch gab erst im Monate Juni 1850, wie
öffentliche Blätter berichteten, der Prinz von Preussen,
als er in seiner Eigenschaft als Protector der deutschen Freimaurerei zu Frankfurt am Main die dortigen Logen besuchte, denselben auf Befehl des
Königs das allerhöchste Wohlgefallen für ihr loya-
les Verhalten während der Wirren der zwei letzten Jahre zu erkennen.

Nach solchen entscheidenden und herrlichen
Zeugnissen kann auch von dem befangensten Be-
urtheiler die edle Maurerei für keine Scheidewand
zwischen ihren Mitgliedern und der übrigen Welt
gehalten werden. Sie ist vielmehr ein Tempel
des allgemeinen Menschenwohles, ein Band,
das edle Menschen aus allen Ständen, aus allen

Völkern und Erdtheilen mit einander verknüpft, die so vereinigt einerlei Charakter der bessern Menschheit annehmen, und dann mit Menschenkenntniss bereichert, von Menschenliebe erwärmt, durch alle Stände, Völker und Erdtheile Weisheit und Tugend verbreiten.

Wie soll nun in der Maurerei eine Gefahr für den Staat liegen können? — Oder glaubt man etwa, dass in ihrer inneren Verfassung ein demokratischer Geist herrsche, oder dass in der Art ihrer Organisation eine Hinneigung zu den Nivellirungs-Bestrebungen der neuen Zeit obwalte? Sicher nicht.

Jeder Laie, welchem daran gelegen ist, kann sich die Ueberzeugung verschaffen, dass ihre ganze innere Einrichtung eine starre Aristokratie, eine Aristokratie der verschiedenen Grade, in welche sich die Glieder theilen, ist, und dass daher darin von einer demokratischen Tendenz keine Spur anzutreffen ist. So bilden z. B. nur eine bestimmte Anzahl von Meistern überhaupt erst eine Loge, nur einem Meister ist es verstattet, das Wort in geöffneter Loge zu erbitten; nur ein Meister darf in der Maurerei ein Amt bekleiden; nur der Meisterschaft steht statutenmässig die Befugniss der Beschlussnahme in allen wichtigen Logen-Angelegenheiten zu. — Kein Bruder niederer Grade erfährt eine Sylbe von den in den Meister-Berathungen stattgefundenen Verhandlungen, und so geht dieses streng organisirte System der Verschwiegenheit in steigender Strenge bis in die höhern und höchsten Grade. Ist hier eine Spur von

Gleichheit, Oeffentlichkeit der Verhandlungen und wie die Forderungen der Neuzeit sonst heissen, vorhanden?

Diese wenigen Andeutungen dürften genügen, jedem Unparteiischen, dem es darum zu thun ist, von dem Wesen der Freimaurerei einen richtigen Begriff zu erhalten, zu zeigen, dass sie ein das Wohl des einzelnen Menschen und der ganzen staatsbürgerlichen Gesellschaft beabsichtigendes Institut sei, dessen Ursprung sich in das graueste Alterthum verliert, und das, wenn es Gottes Wille so ist, auch nur mit dem Untergange der Menschen- und Nächstenliebe sein Ende nehmen wird, mag der Fanatismus dagegen auch noch so wuthentbrannt kämpfen und streiten.

I.

Die Freimaurerei unter Kaiser Karl VI. und der Kaiserin Maria Theresia (1711—1780).

Es liegen keine geschichtlichen Belege vor, dass die Maurerei vor Karl VI. in Oesterreich in den ungarischen und deutschen Erbstaaten bestanden habe. Gleichwohl kann wohl kaum daran gezweifelt werden, da bekannt ist, dass sie in den österreichischen Niederlanden, vorzüglich in Brabant und Flandern, Fuss gefasst hatte, indem der Kaiser sich veranlasst sah, auf Andringen der dortigen Geistlichkeit und der Stände sie im Jahre 1736 zu unterdrücken.

Gleiche Versuche, die in Wien bei dem Kaiser gemacht wurden, um ein gleiches Verbot in Betreff der Logen in den übrigen Erbstaaten von ihm zu erlangen, blieben ohne Erfolg, was vermuthlich dem Umstande zugeschrieben werden muss, dass einflussreiche Personen sich am kaiserlichen Hofe befanden, die den Bund beschützten.

Dieser Schutz war so mächtig, dass selbst die Bannbulle vom 27. April 1738, welche Papst Clemens XII. gegen die Freimaurerei erliess, worin er sie mit Gefängniss, Confiscation der Güter, Verbannung und selbst mit der Todesstrafe bedrohte, in Wien nicht öffentlich bekannt gemacht wurde und keine andere Folge hatte, als das Verbot der Freimaurerei in den österreichischen Niederlanden aufrecht zu erhalten.

Es unterliegt nicht dem mindesten Zweifel, dass am Hofe Karl's VI., der einer der besten und aufgeklärtesten Fürsten aus dem Hause Habsburg war, der Orden dem

kaiserlichen Schwiegersohne Schutz und Schirm zu verdanken hatte.

Franz I. Herzog von Lothringen, der Gemahl der grossen
Theresia, ein mächtiger Beschützer und Beförderer der
Künste und Wissenschaften, war selbst Mitglied des Maurer-Bundes. Im Jahre 1731, mithin in seinem 23. Lebens-
jahre, wurde er, noch als Herzog von Lothringen, in Haag,
bei der ersten maurerischen Versammlung, welche in den
vereinigten Niederlanden Statt fand, unter dem Vorsitze
des Philipp Dorner Stanhope Grafen von Chesterfield, englischen Gesandten beim Prinzen von Oranien, zum Lehrling
und Gesellen der Maurerei aufgenommen.

Hierbei versah Exquire Strickland das Amt des Depu-
tirten-Meisters, Benjamin Hadley und ein holländischer Bruder (nach Einigen Wilhelm·Ducth, ein bei der englischen
Gesandtschaft angestellter Britte) die Aufseherstellen. In
demselben Jahre noch wurde er in London zum Meister
befördert.*)

Die Begünstigungen, welche der Orden durch ihn erhielt, haben seinen Namen in den Annalen der Maurerei
unsterblich gemacht.

Als er nach Gaston's von Medici's Tode im Jahre 1737
die Regierung des Grossherzogthums von Toskana antrat,
untersagte er nicht nur jede weitere Verfolgung des Bundes, die dort an der Tagesordnung war, sondern nahm ihn
öffentlich gegen die Geistlichkeit in Schutz.

Dieser Fürst lebte, wie bekannt, mit seiner kaiserlichen
Gemahlin in einer beispiellos glücklichen Ehe. Gleichwohl
musste er durch die ganze Dauer derselben bis an seinen
im Jahre 1765 erfolgten Tod seinen ganzen Einfluss bei
Maria Theresia aufbieten, um die nie ruhenden Einflüsterungen der erklärten Feinde des Maurerbundes und deren
öffentliches Auftreten zu dessen Unterdrückung dermaassen

Siehe Anmerkungen: I.

zu neutralisiren, dass die Freimaurerei in Oesterreich während der 40jährigen Regierung dieser Fürstin wenigstens geduldet wurde. Einzelne Versuche, die zur Vertreibung der Maurer gemacht wurden, vermochte er jedoch nicht ganz zu verhindern, da die Vorbereitungen dazu im Verborgenen gemacht wurden, und Franz davon nicht früher als das Publikum Kenntniss erhielt.

Franz selbst war Mitglied der Wiener Loge zu den drei Kanonen, die ihre erste Verpflanzung dahin der Breslauer Loge zu den drei Todtenköpfen unter ihrem Grossmeister, dem Grafen Johann von Schaffgotsch, Fürstbischof von Breslau verdankt, welcher der zuerst genannten Loge durch die Brüder Grafen Albrecht von Hoditz und Charles François Sales de Grossa das Licht geben liess.

Diese Loge zu den drei Kanonen (aux trois canons) ist die erste bekannte Wiener Loge. Sie wurde, wie das hier unten mitgetheilte Protokoll zeigt, den 17. September 1742 eröffnet.

Vienne le 17. September 1742.
La Très-Vénérable Société des Fr. Maçons
de la Très-Respectable Gr. Loge
s'est assemblée aujourdhui 17. Sept. auprès du T. R.
Gr. Maître Frère Hodiz
Sous la domination des Frères cy-dessous nommés

Hodiz, Gr. Maître,

Wallenstein, ⎫
Gilgens,   ⎬ Surveillants,

Colmann, Trésorier,
Czernichew, Secretaire,

Duni,   ⎫
Michna, ⎬ Compagnons,
Blair,   ⎭

Arnaud, Apprenti.
2 Portiers, 6 Frères Servants.

Reçus: Doria, Hamilton, Joerger, Gondola, Zinzendorf, Tinti, Camellern, Schram, Engel, Benedetto Testa. Et comme le T. R. et Ds. Ms. se sont unis d'établir une Grande Loge ici; c'est aujourdhui qu'on a fait l'ouverture, par la reception des Frères cy-dessous nommés, lesquels ont étés reçu avec toutes les formalités requises et qu'ils se sont soumis à toutes les loix de la T. V. Société, avec la meilleure grace du monde.

Damit war aber nicht blos eine schlichte St. Johannes-Loge, sondern eine Grossloge in's Leben gerufen, ein Institut, das man gewöhnlich nur dann für möglich hält, wenn mehrere Johanneslogen das Bedürfniss fühlen, die Leitung ihrer Angelegenheiten einer aus ihren Mitgliedern erwählten Behörde zu übertragen. Da die Wiener Brüder dem Verrathe vorsichtig aus dem Wege gehen mussten, so hatten sie kein bestimmtes Locale zu ihren Versammlungen, sondern sie wechselten damit beständig. Die ersten beiden Logen wurden in der Wohnung des Grossmeisters Hodiz gehalten; die folgende beim Dep. Meister de Grossa; zwei beim Br Buirette im Gundelhofe, drei im Garten von Dallberg in der Favoritenstrasse; zwei beim Br. Gondola in der Renngasse, dem Arsenale gegenüber; eine beim Br. Drackovich im 3. Stockwerke der Gatterburg in der unteren Bäckerstrasse, eine beim Br. von der Lith in Hartmann's Hause, dem Salzspeicher gegenüber; eine und die letzte im Stachelschweine im 1. Stockwérke am Kienmarkte.

Die Loge bestand grösstentheils aus Adeligen und Militärpersonen; die Eigenschaften, welche zur Aufnahme und Beförderung befähigen sollten, waren daher dieselben, die einem chevaleresken Charakter beigelegt werden.

Hodiz blieb aber nur wenige Tage Grossmeister; er erschien am 30. September 1742 zum letzten Mal in der Loge, und scheint unmittelbar darauf Wien verlassen zu haben. Sein Nachfolger war Gondola. Von nicht viel längerer Dauer war der Bestand der Loge selbst, welche am

1. des Monates März 1743 mit Gewalt aufgehoben wurde; ein Ereigniss, welches damals nicht nur in Wien, sondern in ganz Europa viel Aufsehen machte. Die Loge zählte damals 9 Mitglieder des ersten Grades, 13 des zweiten und 23 vom dritten Grade.

Imhof theilt in seinem historischen Bildersaal (Band V., Seite 1177), das Ereigniss folgendermassen mit:

„Bei der zur Fastenzeit angestellten Wirtschaft erschien unter andern auch eine Maske, welche einen Freimaurer vorstellte, welche Jedermanns Auge auf sich zog. Nun hatten sich viele vornehme Personen in Wien seit einiger Zeit bemüht, öffentlich eine Loge der Freimaurer wie an andern Orten aufzurichten, welchem Vorhaben die Geistlichkeit beständig zuwider war. Man hat aber unter der Hand dergleichen Logen insgeheim errichtet und weil verschiedene Damen als verkleidete Mannspersonen in den Orden aufgenommen zu werden suchten, in ihrem Vorhaben aber eine abschlägige Antwort bekamen, so suchten sie aus Rache diese Zunft bei Jedermann verdächtig zu machen. Als man nun Nachricht eingezogen, dass am 7. März in einem Hause (und zwar im Margarethenhofe am Bauermarkt) dreissig Personen eine solche Zusammenkunft hielten, so wurde das Haus sogleich auf Befehl des Hofes mit etlich 100 Mann der Beyreuthischen Grenadier-Compagnie sowohl, als der zu Wien befindlichen Cürassirer besetzt, und gegen 18 sogenannte Freimaurer, worunter etliche von hohem Adel mit Arrest belegt; auch aus ihrer Gesellschaft verschiedene Schriften, Sessel, nebst drei silbernen Leuchtern, weggenommen. Da man aber selbige zum Verhör gebracht, welchem selbst der Cardinal und Erzbischof (von Kollonitsch) von Wien und der päpstliche Nuntius beiwohnten, und einige grosse Neuigkeiten von den Geheimnissen dieser grossen Gesellschaft zu erfahren verhöffte, so blieben die Freimaurer bei ihrem alten Wahlspruch, nämlich bei einem standhaften Stillschweigen, da selbst das Gefängniss ihnen kein

Wort abpressen konnte. Es wurde hierauf ein ausserordentlicher Expresser mit Berichten dieser Sache nach Rom geschickt. Der Ausgang der ganzen Sache ist endlich dieser, dass an dem Namenstage des Kronprinzen Joseph (den 19. März) allen in Arrest gehabten Freimaurern die Freiheit ertheilt worden, mit Beibehaltung ihres Charakters, jedoch mit der Bedingung, inskünftige dergleichen nicht weiter vorzunehmen, widrigen Falls sie ihrer Bedienungen entsetzet werden, und die königliche Ungnade empfinden sollten."

Die Brüder, welche einen hohen Rang bekleideten, erhielten Zimmerarrest, die übrigen wurden in's Rumorhaus (Polizei-Gefängniss) und ein englischer Abt in den erzbischöflichen Palast gebracht.

Zu den überfallenen Brüdern gehörten:
Der Graf von Starhemberg,
der Freiherr von Livenstein,
der Baron von Kunitz,
der Graf Karl von Trautmannsdorf,
der Graf von Gall,
Herr von Pfuhl,
Graf von Gondola, Grossmeister,
Baron Tinti.

In allen Nachrichten findet man keine Spur, dass der Gemahl der Kaiserin selbst, der Grossherzog Franz Stephan von Toskana, bei der Aufhebung in der Loge anwesend war. Die Sage erzählt, es sei ihm nur mit vieler Mühe gelungen, den Verfolgungen der Soldaten auf einer Hintertreppe zu entgehen und einen Tragsessel zu erreichen, der auf ihn wartete, um ihn in die kaiserliche Burg zu bringen.

Dieser Umstand beweist, dass dieser Streich von der Geistlichkeit gegen die Freimaurerei geführt worden war. Franz von Lothringen, der damals (1743) noch nicht die deutsche Kaiserkrone trug, welche er erst zwei Jahre später (1745) erhielt, verwendete sich alsogleich bei seiner

Gemahlin zu Gunsten der gefangenen Brüder und erlangte ihre Freiheit nach 12 Tagen.

Das im Jahre 1754 erschienene Pocket Companion and History of F. M. sagt in dieser Beziehung: „Niemand anders, als S. K. M., der vornehmste Maurer in Europa, hemmte ihr (der Kaiserin) Verfahren, und erklärte sich selbst bereit, ihr (der Maurer) Betragen zu verantworten und jedem Einwurfe zu begegnen, den man gegen sie machen könne. Die Damen oder ihre Aufhetzer mussten einen besseren Grund zur Klage finden, ehe sie (die Kaiserin) in die Sache sich einlassen würde, da das, was bis jetzt vorgebracht worden, nur Falschheit und unrichtige Darstellung sei."

Nebst den bereits oben angeführten Personen gehörten zur Loge der drei Kanonen noch folgende Brüder:

Johann Bapt. v. Amadei, Obrist-Lieutenant,

Arnaud,

Baar,

Ignaz Banozzi, Lieutenant im Regimente Forgatsch,

Bartuska,

Philipp Casimir Berg,

Graf Bethlen,

Bioni,

Samuel von Brückenthal, stiftete später die Loge zu den drei Schlüsseln in Halle,

Marquis von Buirette,

Buol,

Marquis Camellern,

Graf Joseph Robert de la Cerda, k. k. General-Major,

Franz Kolmann,

Czernichew,

Marquis Doria,

Casimir Graf Drackovich von Trakoczan, k. k. Major,

Duni,

Engel,

Anton von Freienthal, Unterlieutenant im Grenadier-Regiment Beyreuth,

Gilgens,

Hager,

Graf Hamilton,

Helferding,

Prinz Constantin von Hessen-Rheinfels-Rothenburg, aufgenommen am 9. Nov. 1742, erhielt am 4. Jänner 1743 den zweiten, und am 19. Febr. den dritten Grad,

Heunisch,

Graf Hodiz, Gründer und erster Grossmeister, vermählte sich am 14. Juli 1734 mit der Markgräfin Sophie von Brandenburg-Beyreuth, geborne Prinzessin von Sachsen-Weissenfels,

Hofmann,

Graf Johann Ernst von Hoyos,

Graf von Joerger,

Baron Ladislaus Keming,

Baron Johann Keming,

Andreas von Kemple, Hauptmann im Regimente Forgatsch,

Strumenau,

Graf Karl von Ligny,

Marquis de Lieth,

Graf Ferdinand von Michna,

Jacob Andreas Gallert, Juwelier,

Perol,

Peroni,

Joseph Riga,

Röck,

Graf Salm,

Schramm,

Franz Ignaz Schwartzenberger,

Graf von Seilern, Oberster Hofkanzler,

Silagy (auch Szillagy),

Graf Philipp von Sinzendorf, Capitän im Regiment Nadasti,

Benedetto Testi,

Jean de Vigneau, Secretär bei der englischen Gesandtschaft,

Graf Wallenstein,

Graf Windischgrätz, bekannt als Verfasser des in London 1788 erschienenen Werkes: Objections aux socié-
tés secrètes, wovon in demselben Jahre in Nürnberg
unter dem Titel: „Ueber geheime Gesellschaften" eine
Uebersetzung erschien,

Graf Zinzendorf.

Allein trotz der erzählten Verfolgung und der den Or-
dens-Mitgliedern bei ihrer Freilassung gemachten Andro-
hung der höchsten Ungnade setzten die Brüder ihre Versammlungen heimlich fort, was aus Kloss's Annalen (der
Loge zur Einigkeit §. 33, Seite 19) hervorgeht, indem dort
eines Bruders Köster erwähnt wird, welcher in Wien am
4. Februar 1744 die Weihe erhalten hatte. Die Versammlungen der Wiener Loge zu den drei Kanonen erstreckten
sich aber auch noch in das folgende Decennium.

Die Loge Friedrich zu Hannover stellte dem dänischen
Kammerjunker Johann Raban von Spörke den 22. Mai 1754
ein Diplom aus, kraft welchem er in Wien eine Deputations-Loge, die den Namen zu den drei Herzen annahm,
constituirte, deren Dasein, ungeachtet der getroffenen Vor-
sichtsmassregeln, nicht unbekannt blieb.

Zwischen dieser neuen Loge und der älteren Wiener
Loge entstanden jedoch Streitigkeiten, worüber Spörke in
einem Schreiben vom 12. Juli 1754 Nachstehendes sagt:

„Ich muss sie noch von den Streitigkeiten benachrich-
tigen, die entstanden sind zwischen unserer Loge und der
hier unter dem Namen „die alte Loge von Wien" fortbe-
stehenden, die bekanntlich 1742 (?) aufgehoben wurde. Ihre
Papiere befinden sich, wie Sie wissen, in Hannover. Der
Schatz, welcher sehr beträchtlich sein soll, ist, wie man

2

mir gesagt hat, nach England gebracht. — — Einige Mitglieder dieser Loge haben sich unter der Hand fortwährend versammelt und Aufnahmen vorgenommen. Da sie gehört hatten, dass ich beabsichtige, hier eine Loge zu bilden, so kamen mehrere zu mir, und ich empfing sie um so lieber, als mir noch die nöthige Zahl fehlte, um eine Gesellenloge vollkommen zu halten. Bald nachher machten sie Vorschläge zu einer Vereinigung; auch sollte ich ihnen bei meiner Abreise die Bekleidung, den Schatz und die Möbeln unserer Loge überlassen. Ich antwortete, dass ich nur berechtigt sei, in Wien während meines Aufenthaltes eine Deputations-Loge zu halten, und dass ich die Utensilien der Mutter-Loge zurückgeben müsste. Wenn sie aber nach meiner Abreise mit den zurückbleibenden Brüdern im Verein die Loge, abhangend von der in Hannover, fortsetzen wollten, so sei ich bereit, ihnen auch die Möbel der Loge zu überlassen. — — Da sie einsahen, dass ihnen diese Grube nichts nütze, brachten sie vor, es seien ihnen einige arme Maurer bekannt, zu deren Unterstützung wir ihnen unsere Armensäckel überlassen möchten. Wir antworteten, das sei ein Gemeingut der Loge, die darüber verfüge. Dieser Bescheid vermehrte ihre üble Laune, die in der vorletzten Loge zum Ausbruch kam, wo es sich darum handelte, zwei Besuchende zuzulassen, Engländer von Stand und Verdienst, welche sich mir nach allen Regeln der Kunst zu erkennen gegeben hatten. Als sie aber zweien Wiener Brüdern zur Prüfung übergeben wurden, berichteten diese, dass man die Fremden durchaus nicht zulassen könne, weil sie keines der maurerischen Zeichen kannten. Ich schlug nun vor, die Besuchenden den Eid ablegen zu lassen, wie solches die grosse Loge zu London in Zweifelfällen vorschreibt. Die ganze Loge billigte diesen Vorschlag, und die Besuchenden unterwarfen sich gern. Kaum aber hatten die Wiener Brüder unsere Loge verlassen, so sprachen sie von dem Vorgange auf eine die Loge beleidigende Weise, weshalb

wir beschlossen, sie nicht mehr zuzulassen, bis sie sich ge-
reinigt haben würden."

Die päpstliche Bulle Benedict's XIV. vom 18. Mai 1751,
womit über der Freimaurerei der Kirchenbann ausgespro-
chen wurde, gab den Feinden des Ordens eine neue Waffe
zu seiner Verfolgung. Zu ihnen gesellte sich ein Theil des
weiblichen Hofstaates der Kaiserin und mehrere Hofdamen,
welche, von den Jesuiten geleitet, die Fürstin von der em-
pfindlichen Seite der Weiblichkeit angriffen, und ihr die
eheliche Treue ihres Gatten zu verdächtigen suchten. Unter den ältesten Bewohnern Wiens hat sich aus jenen Tagen noch die traditionelle Sage bis heute erhalten, Maria
Theresia soll eines Tages, um Gewissheit über diesen Punkt
zu erhalten, in Gesellschaft einer vertrauten Dame in männlicher Kleidung ihrem Gatten in die Versammlung der Loge
gefolgt sein, habe aber dieselbe alsbald verlassen, als sie
Niemand vom weiblichen Geschlechte daselbst gesehen hatte.

Da durch alle diese Umstände die Neugierde der Kaiserin in Betreff des Wesens der Freimaurerei rege geworden war, und die Ordensfeinde unaufhörlich in sie drangen,
den Maurerbund in ihren Staaten in Folge der erlassenen
zwei päpstlichen Bannbullen von 1738 und 1751 ganz aufzuheben, so glaubte sie in ihrer Verlegenheit darin einen
Ausweg gefunden zu haben, dass sie sich an drei bekannte
Maurer, welche angesehene Staatsämter bekleideten, mit
dem Ansinnen wandte, ihr über die Freimaurerei näheren
Aufschluss zu geben. Da der Erfolg dieser Massregel nicht
anders als unbefriedigend sein konnte, so hatten die Jesuiten freies Spiel, den Bestand der österreichischen Bauhütten nach und nach immer mehr zu untergraben und kamen
damit so weit, dass endlich 1764, ein Jahr vor dem in
Innsbruck den 18. August 1765 erfolgten plötzlichen Tode
des Kaisers Franz I., ganz unerwartet im Namen der Kaiserin eine Verordnung erschien, wodurch in allen österreichischen Staaten der Freimaurerorden, wie solches schon

2 *

ihr Vater, Kaiser Karl VI., im Jahre 1738 in den österreichischen Niederlanden gethan hatte, aufgehoben wurde.

Gleichwohl arbeitete die Loge in Wien im Geheimen fort und es ist gewiss, dass der Kaiser zur Zeit seines Todes Grossmeister der Loge zu den drei Kanonen war.

Auch in Prag, der Haupstadt des Königreichs Böhmen, schlug unter Maria Theresien's Regierung die Maurerei ihre Bauhütten auf. Die erste Loge, welche in dieser Stadt errichtet wurde, entstand im Jahre 1749 durch die grosse Loge von Schottland. Im Jahre 1776 zählte Prag vier Logen; sie zeichneten sich durch glänzende Persönlichkeiten aus, welche sie zu Mitgliedern hatten und legten zahllose Beweise von Wohlthätigkeit an den Tag, wovon besonders die im Jahre 1778 erfolgte Gründung des Institutes des dortigen Waisenhauses zu St. Johann dem Täufer, eine der herrlichsten Stiftungen jener Zeit, hervorgehoben werden muss.

Um im weiteren Verlaufe dieser Monographie nicht abermals auf die Prager Logen zurückkommen zu müssen, möge die Bemerkung Platz greifen, dass in der Hauptstadt Böhmens zeitweilig folgende Logen bestanden haben:

1. Die altschottische Loge: Kasimir zu den neun Sternen,
2. die Provinzial-Loge von Böhmen,.
3. die Loge zu den drei gekrönten Sternen und Redlichkeit,
4. die Loge Union,
5. die Loge zu den drei gekrönten Säulen, und
6. die Loge Wahrheit und Einigkeit zu den drei gekrönten Säulen.

Die letztgenannte Loge war die berühmteste und ausgezeichnetste; ein in Druck erschienenes Werk unter dem Titel: „System der Freimaurerloge Wahrheit und Einigkeit u. s. w. (Philadelphia 1794)" enthält ihr Gesetzbuch, die Rituale der drei symbolischen Grade und ihre Annalen. Sie zählte im Jahre 1790 hundert und ein Mitglied, wozu die

berühmtesten und gelehrtesten Männer jener Zeit gehörten,
wovon hier nur namentlich angeführt werden:

Graf Joseph von Canal, Meister des Stuhles,

Doctor Ignaz Cornova, Professor,

Doctor Franz Gerstner, Professor,

Franz Graf von Hartig, k. k. Kämmerer,

Johann Rudolf Jablonszky, Doctor der Rechte,

die Grafen Vincenz und Anton Franz von Kolowrat,

Graf Procop von Lazansky,

August Gottlieb Meissner, Professor und bekannter
Schrifsteller,

Franz Karl v. Reilly,

Georg Prohaska, Professor,

Karl Ungar, Domherr,

Dagobert Sigmund Graf von Wurmser, General der Ca-
vallerie.

Nach dem Tode Kaiser's Franz I. (1765) regierte Maria Theresia noch fünfzehn Jahre, ohne dass die Freimaurerei in ihren Staaten weiter behelligt oder beunruhigt
wurde, was eine natürliche Folge der diplomatischen Verhandlungen war, welche um diese Zeit zwischen den katholischen Höfen und dem päpstlichen Stuhle wegen Aufhebung der Jesuiten geflogen wurden. Da dieser geistliche
Orden während dieser Zeit um seine eigene Erhaltung, obgleich, wie die Geschichte gezeigt hat, ohne Erfolg, zu
kämpfen hatte, so musste er schon deshalb seine Angriffe
gegen die Freimaurerei einstellen.

Wir können den Geschichtsabschnitt der Freimaurerei
in Oesterreich unter Maria Theresia, die den 19. Nov. 1780
starb, nicht schliessen, ohne von einer ihrer Töchter Erwähnung zu thun, die sich um den Maurerbund nicht wenig verdient gemacht hat. Es ist die Erzherzogin Karolina
(geboren den 13. August 1752 und gestorben im k. k. Lust-
schlosse zu Hetzendorf bei Wien 8. Sept. 1814), welche die
Gemahlin Ferdinand's VI., Königs beider Sicilien war. Als

anerkannte Beschützerin der Freimaurerei nahm sie sich, als nach Erlassung des königlichen Edictes vom 12. Sept. 1775, womit über die Brüder die härtesten Strafen verhängt wurden, in Neapel eine Loge aufgehoben worden war, der gefangenen Mitglieder derselben bei ihrem Gemahle kräftigst an, so dass sie insgesammt die Freiheit erhielten. Sie trug auch wesentlich dazu bei, dass im Jahre 1783, und zwar mit dem königlichen Edicte vom 28. Jänner d. J. in Neapel alle gegen die Freimaurerei früher ergangenen Dekrete und Verbote förmlich widerrufen und den Brüdern sogar gestattet wurde, sich unter der Aufsicht der Stadt-Junta von Neapel unbeirrt versammeln zu dürfen.

Die Gründung der St. Josephs-Loge in Wien fällt in das Jahr 1771, hiermit in die Theresianische Regierungs-Epoche, wie solches in der Folge ausfürlicher dargelegt werden wird.

II.

Die Freimaurerei unter Kaiser Joseph II.
1780—1790.

Die Josephinische Regierungszeit, oder das Decennium von 1780—1790, war die Glanzperiode des Maurerordens in Oesterreich. Dieser Zeitraum schliesst daher den grössten Theil der Geschichte der Maurerei in Oesterreich in sich, denn beinahe alle ausgezeichneten und gelehrten Männer Wiens waren, wie wir sehen werden, damals Freimaurer. In der sicheren Voraussetzung, dass Joseph II. die Freimaurerei in seinen ausgedehnten Staaten nicht nur dulden, sondern auch unterstützen würde, hatten sich schon in den letzten Jahren der Regierung seiner Mutter die hellsten Köpfe der Hauptstadt in einem Bunde vereinigt, dessen allgemeiner Zweck die Verbreitung der wahren Aufklärung, die Bekämpfung der lichtscheuen, clericalen Partei und Unterstützung talentvoller junger Männer war. Kaum lag Theresia in der Ahnengruft ihres erlauchten Hauses bei den Kapuzinern am neuen Markte, so trat dieser Männerverein auch schon als erste Wiener Loge jener Zeit an den Tag. Ihre erste äussere Wirksamkeit bestand darin, dass sie die vom Kaiser im Jahre 1781 freigegebene Presse benützte, um die grossen Reformen, die Joseph vor hatte, mit allen ihr zu Gebote stehenden Kräften zu unterstützen und sich selbst zu consolidiren.

Diese Wirksamkeit der Maurerei zog des Kaisers Aufmerksamkeit auf sich. Die Gegner des Ordens suchten ihn in der ersten Zeit seiner Regierung gegen denselben einzu-

nehmen, er entgegnete aber denselben, dass er zwar in die
Geheimnisse der Freimaurerei nicht eingeweiht sei, da er
aber wisse, dass dieselbe nur gute Zwecke verfolge, indem
sie Nothdürftige unterstütze und sich es statutenmässig vor-
gesetzt habe, das menschliche Elend nach Möglichkeit zu
beseitigen und die Wissenschaften zu befördern, gestattete
Er, dass in seinen gesammten Staaten die Freimaurer-Logen fortbestehen und so lange auf seinen Schutz rechnen
dürften, als sie sich den Landesgesetzen fügen würden.

Diese anerkannte Duldung und dieser negative Schutz,
welchen Joseph dem maurerischen Bruderbunde angedeihen
liess, war so erfolgreich, dass nach einigen Jahren es im
ganzen Kaiserstaate nur sehr wenige Städte von einiger
Bedeutung gab, wo sich nicht eine oder mehrere Freimaurer-Logen erhoben hätten. Wir werden unten das Verzeichniss dieser Logen mittheilen und bringen hier nur vorläufig die Gründung der grossen Landesloge zur Sprache.

Am 22. April 1784 versammelten sich im Orient zu
Wien die Provinzial-Logen von Böhmen, Ungarn, Siebenbürgen und Oesterreich, um sich über die Wahl des Lan-
des-Grossmeisters zu vereinigen, und eine grosse Landesloge in Wien zu gründen. Nachdem die schon vorher ge-
meinschaflich verabredeten Obliegenheiten und Rechte, so
wie die innere Verfassung dieser neuen grossen Landesloge
von den versammelten vier Provinzial-Logen gutgeheissen
und angenommen worden waren, wurde jener Bruder, dem
der Orden vorzüglich in den k. k. Staaten seine Aufnahme
verdankt, der damalige Oberst-Stallmeister Franz de Paula
Graf von Dietrichstein, einstimmig zum Landes-Grossmeister
erwählt.

Die Gründung dieser grossen Landesloge, welche bestimmt war, in Zukunft den Vereinigungspunkt der ganzen
Maurerei in den österreichischen Staaten abzugeben, war
sehr wichtig und wurde daher von dem ganzen Orden freu-
dig begrüsst und gefeiert. Bei dieser Gelegenheit verlangten

die versammelten österreichischen Logen eine gänzliche Unabhängigkeit und eine Gleichstellung mit der grossen Landesloge zu Berlin. Allein die Verhältnisse, welche im Innern des Maurerbundes (vom Zinnendorf'schen Systeme) bestehen, machten die Gewährung dieses Wunsches unmöglich.

Man sandte daher den dänischen Husaren-Rittmeister
Franz Heinr. Aug. von Sudthauten, Zinnendorf's Vertrauten,
nach Wien, um die dortige Brüderschaft über diesen Punkt
zu belehren. Er entledigte sich dieses Auftrages mit so gutem Erfolge, dass die österreichischen Logen sich erst dann
von der grossen Landesloge von Berlin trennten, als ihnen
der Kaiser befahl, sich unabhängig und selbständig zu machen.

Auch hierüber beschwichtigte Sudthausen die Wiener
Brüder; er bestimmte die Verhältnisse der Provinzial-Loge
von Oesterreich näher und setzte den von ihnen gewählten
Grafen von Dietrichstein als Provinzial-Grossmeister ein.
Hierauf richtete Sudthausen mit dem Beistande des Ungars
Kossela di Solna die Säulen des Bundes auch in dessen
Vaterlande auf, beförderte den Herzog Albrecht von Sach-
sen-Teschen (Gemahl der Erzherzogin Maria Christine und
Schwager Joseph's II.) in der kaiserlichen Burg in Wien
selbst in die höheren Grade, versuchte es auch den Kaiser
dem Bunde zu gewinnen und kehrte hierauf nach Hamburg
zurück, wo er sich gewöhnlich aufhielt.

Die Freimaurerei bestand in den österreichischen Staaten von 1784 bis zu Ende 1785 aus 45 Johannes-Logen,
welche, wie gesagt, bei der eingeführten Verfassung die gesetzgebende und vollziehende Gewalt durch die unter sich
errichteten Bezirks- und Provinzial-Logen und endlich durch
die grosse Landesloge in Wien, als die Versammlung der
Repräsentanten aller österreichischen Logen ausübten, je
nachdem der Fall einzelne Logen, Provinzen oder das Allgemeine betraf.

Zur Provinzial-Loge in Oesterreich gehörten 17 Johannes-Logen, in folgenden sieben Städten vertheilt:

Wien: zu den drei Adlern, — zur Beständigkeit, — zur
wahren Eintracht, — zu den drei Feuern, — zur ge-
krönten Hoffnung, — zum h. Joseph, — zum Palm-
baum, — zur Wohlthätigkeit.
Freiburg im Breisgau: zur edlen Aussicht.
Görz: zur Freimüthigkeit.
Grätz: zu den vereinigten Herzen.
Klagenfurt: zur wohlthätigen Marianne.
Innsbruck: zu den drei Bergen, — zum symbolischen
Cylinder.
Linz: zu den sieben Weisen.
Passau: zu den drei vereinigten Wässern.
Triest: zur Harmonie und allgemeinen Eintracht.

Zur Provinzial-Loge von Böhmen gehörten sieben Jo-
hannes-Logen in drei Städten:
Prag: zu den drei gekrönten Säulen, — zu den drei ge-
krönten Sternen und Redlichkeit, — zur Union, — zur
Wahrheit und Einigkeit.
Brünn: zu den vereinigten Freunden, — zur aufgehen-
den Sonne.
Klattau: zur Aufrichtigkeit.

Zur Provinzial-Loge von Galizien gehörten vier Johan-
nes-Logen in drei Städten:
Lemberg: zur aufrichtigen Freundschaft, — zur runden
Tafel.
Tarnow: zu den drei rothen Bändern.
Temesvar: zu den drei weissen Lilien.

Die Provinzial-Loge der Lombardei bestand aus zwei
Johannes-Logen:
Mailand: à la Concordia.
Cremona: S. P. Celeste.

Die Provinzial-Loge in Siebenbürgen zählte drei Johannes-Logen in zwei Städten:

Hermannstadt: Andreas zu den drei Seeblättern, — zum geheiligten Eifer.

St. Philippen in der Bukowina: zu den tugendhaften Weltbürgern.

Die Provinzial-Loge in Ungarn bestand aus zwölf Johannes-Logen in zehn Städten:

Pest: zur Grossmuth.

Agram: zur Klugheit.'

Karlstadt: zur Tapferkeit.

Eberau: zum goldenen Rad.

Eperies: zu den tugendhaften Reisenden.

Essegg: zur Wachsamkeit.

Gyarmath: zum tugendhaften Pilgrim.

Miskolz: zu den tugendhaften Kosmopoliten.

Presburg: zur Sicherheit, — zur Verschwiegenheit.

Warasdin: zur Freundschaft, — zum guten Rathe.

Die grosse Landesloge in Wien hielt alle sechs Monate an bestimmten Tagen ihre ordentliche Versammlung und wurde in besonderen Fällen von dem Landes-Grossmeister zusammenberufen.

Auf gleiche Art versammelten sich die Provinzial-Logen alle drei Monate, und die Bezirks-Logen alle Monate.

Wie in den Johannes-Logen jedes Mitglied eine Stimme hatte, ebenso hatte jede Johannes-Loge, in ihrer Bezirks-Loge, diese in der Provinzial-Loge, diese wieder in der grossen Landesloge ihre Stimme; so dass in den Bezirks-Logen die Johannes-Logen, in den Provinziallogen die Bezirks-Logen und in der grossen Landes-Loge die Provinzial-Logen Vota curiata hatten, deren Mehrheit durchaus entschied.

Nach den Gesetzen übten die Repräsentanten der Johannes-Logen in den höheren Logen nur dann die gesetzvollstreckende Gewalt aus, wenn es sich um die Anwendung eines Gesetzes auf einen besonderen Fall handelte. Kam es dagegen auf die Einführung von Neuerungen oder auf authentische Erklärung schon bestehender Satzungen an, so wurde die Sache an die Johannes - Loge gebracht, welche sich zur Ertheilung eines gemeinschaftlichen Votums in den Bezirks-Logen, diese in den Provinzial-Logen, und diese in der grossen Landesloge vereinigten.

Nur in besonders dringenden Fällen'gestatteten die Johannes - Logen, dass dieser Geschäftsgang eine Aenderung erlitt. Sie sandten eigene Bevollmächtigte an die grosse Landesloge, um auf kurzem Wege eine Sache abzuthun, von deren Verzug Gefahr für das Ganze zu besorgen gewesen wäre.

Auf diese Weise wurden die Berathungen über die Einrichtung sämmtlicher, mit der grossen Landesloge verbundenen Logen bis zu Ende 1785 geflogen, und hierin bestand die Verfassung der Maurerei in den österreichischen Staaten von 1784 bis Ende 1785.

Die Loge zur wahren Eintracht war damals die vorzüglichste unter den Wiener Logen. Sie vereinigte die besten Köpfe jener Zeit; ihr Hauptverdienst bestand darin, dass sie den wissenschaftlichen Theil des Baues fleissig betrieb und den Afterbau der übrigen Logen niederzureissen suchte, worüber sie von diesen nicht wenig angefeindet wurde.

Dies beweiset der Umstand, dass ein aufgeklärter Maurer, nämlich der Verfasser der „Briefe eines Biedermanns an einen Biedermann über die Freimaurerei in Wien," München 1786, öffentlich sein Bedauern ausgedrückt hat, dass die Brüder der Loge zur wahren Eintracht, welchen er übrigens volle Gerechtigkeit widerfahren lässt, manchmal das Kind mit dem Bade verschütteten und in ihrem Eifer wesentliche Stücke des Ordens angriffen. Er macht dem grossen Sonnenfels den Vorwurf er habe in einer schön geschriebenen Rede den Maurer - Eid lächerlich machen, oder wenigstens beweisen wollen, dass es lächerlich sei, von Leuten, die nie etwas erfahren können, einen fürchterlichen Eid zu

verlangen, dass sie nichts sagen würden; indem dieser
grosse Redner nicht bedachte, dass dieser Eid als Hieroglyphe einen wesentlichen Theil der Ordensverhältnisse aus-
mache. Der Verfasser glaubt auch, dass Born in einer Ab-
handlung über die Wichtigkeit der Magie etwas zu weit ge-
gangen sei, indem der Mensch nicht alle Naturkräfte kenne,
und es Dinge in der Welt gebe, über die, wie Lavater sagt,
der grösste Philosoph den Finger auf den Mund legen
müsse. Er fällt daher über diese Loge das Urtheil, dass
sie zwar aus vortrefflichen und gelehrten Männern bestehe,
dass er aber nur einen einzigen echten Maurer unter ihnen kennen gelernt habe.

Die Loge zur wahren Eintracht wurde von Ignaz Ed-
lem von Born und Benedict Franz Hermann am 16. März
1780 gestiftet, erhielt unterm 25. Juni desselben Jahres von
der Provinzial-Loge zu Wien ihre Constitution und wurde
am 12. März 1781 eröffnet, daher auch schon sieben Tage
später (19. März) das erste Josephsfest zu Ehren des Kaisers begangen werden konnte.

Sämmtliche Brüder gehörten früher der Loge zur gekrönten Hoffnung an und folgende waren ihre ersten Würdenträger:

Joseph Martin Fischer, k. k. Rath und Professor der
. Anatomie an der Akademie der bildenden Künste,
Meister vom Stuhl.

Stöltzig, Deputirter Meister.

Johann Jakobé, k. k. Rath und Professor der Kupferstech-
kunst an der Akademie der bildenden Künste, I. Aufseher.

Freiherr v. Stegner, II. Aufseher.

Johann v. Roy, Secretär.

Karl Leonhard Reinhold, Lehrer der Logik, Metaphysik,
Ethik und geistlichen Beredtsamkeit an der Wiener
Universität, Redner.

Am 6. Juli 1782 wurde der berühmte Sonnenfels dieser Loge einverleibt, in welcher er nach dem Abgange Reinhold's das Amt des Redners übernahm. Bei der Einweihung des neuen Tempels am 7. Februar 1783 erschien von Blumauer ein Gedicht, welches gedruckt wurde. Denkwürdig sind die Tafellogen, welche am 15. August 1784 zu Ehren der Anwesenheit Johann Georg Forster's, des berühmten Weltumseglers, und jene die am 10. Mai 1785 zu Ehren der von Born gemachten wichtigen Entdeckung der Anquickung gehalten wurden.

Auch um die Literatur machte sich diese Loge verdient. Im Jahre 1783 vereinigten sich ihre Mitglieder, welche Naturforscher und Physiker waren, zur Herausgabe einer Vierteljahr-Schrift, woran auch auswärtige Maurer Theil nahmen. Der Titel war: „Physikalische Arbeiten der einträchtigen Freunde in Wien." (Sie erschien bei Christian Fried. Wappler in Quart, mit Kupfern. Von 1783 bis 1788 kamen sieben Quartale heraus.*) — Am 30. Jänner 1784 gründete diese Loge nach dem Antrage des Herrn von Sonnenfels eine Privat-Gesellschaft der Wissenschaften in. Wien; sie löste sich jedoch sehr bald wieder auf. In demselben Jahre erschienen die „Gedichte und Lieder der Loge zur wahren Eintracht im Oriente von Wien." — Endlich verdankt auch dieser Loge die maurerische Zeitschrift: „Journal für Freimaurer" ihre Entstehung, die, ohne Censur, als Manuscript gedruckt und in 500—600 Exemplaren unter die Brüder vertheilt wurde. (Von 1784—1786 erschienen 12 Bände in 8.**)

Mitglieder der damaligen Hauptloge zur wahren Eintracht waren:

Alxinger, Joh. Bapt. von, Hofagent bei der Hofkanzlei und Obersten Justizstelle, trat 1785 aus der Loge zum S. Joseph über.•

*) Siehe Anmerkungen: II.
**) Siehe Anmerkungen: II.

Baumberg, Johann Florian, Hofkanzlei-Archivarius.

Bianchi, Joseph Anton von, Adjunct an der k. k. Hofbibliothek.

Birkenstock, Melchior Edler von, Rath bei der Akademie der bildenden Künste, k. k. Hofrath und Director der Humanioren.

Blumauer, Alois, Bücher-Censor, Secretär und geschätzter Dichter.

Born, Ingnaz Edler von, Hofrath, Meister vom Stuhl und später Provinzial-Grossmeister.

Denis, Michael, Abbé und Custos an der Hofbibliothek.

Dietrichstein, Franz de Paula Graf von, Oberst-Stallmeister, Landes-Grossmeister.

Eckhel, Joseph, Doctor der Philosophie, Director des k. k. Münz- und Medaillen-Kabinets, Professor an der Universität.

Friedrich, Karl Julius, Secretär des Reichshofrathes Karl Chr. Grafen von der Lippe.

Greiner, Franz Sales von, Hofrath bei der Hofkanzlei und Beisitzer der Studien-Hofcommission (Vater der vaterländischen Schriftstellerin Karoline Pichler).

Gretzmüller, Joh. Nep. von, Rechnungsrath der Münz- und Bergwesens-Hofbuchhaltung.

Haegelin, Franz Karl von, Regierungsrath und k. k. Theatral- und Bücher-Censor.

Haidinger, Karl, Adjunct am k. k. Naturalien-Kabinet.

Haslinger, Johann Adam, Doctor der Philosophie und k. k. Rath.

Haydn, Joseph, Kapellmeister des Fürsten Nikolaus Esterhazy, berühmter Tondichter. (1785 aufgenommen.)

Hess, Franz, Accessist beim Hofkriegsrathe.

Kesner, Franz von, Weltpriester, Lehrer der höheren Mathematik an der Universität.

Kreil, Correpetitor der Philosophie am Theresianum (trat 1785 aus).

Kresel, Franz Freiherr von, geheimer Rath, k. k. Kämmerer und Präses der geistlichen Hofcommission.

Leber, Ferdinand Edler von, k. Rath und Professor der Chirurgie und Anatomie an der Universität.

Leon, Gottlieb, Amanuensis an der Hofbibliothek.

Märter, Franz Joseph, Professor der Naturgeschichte und Oekonomie am Theresianum.

Mayer, Jos., Doctor der Philosophie, Professor an der Universität.

Michaeler, Karl, Custos an der Universitäts-Bibliothek.

Oekhel von Helmberg, Jos., Doctor der Philosophie und Kanzlist der geheimen Reichshofkanzlei.

Paradis, Jos. Anton, Hofsecretär.

Pehem, Jos. Joh. Nep., Regierungsrath, Doctor der Rechte und Professor des Kirchenrechtes an der Universität.

Prandstetter, Martin Jos., damals magistratischer Rathsprotocollist, trat 1785 aus der Loge zum h. Joseph über.

Ratschky, Jos. Franz, Hof-Concipist.

Retzer, Joseph Edler von, Bücher-Censor und damals Hof-Concipist, 1785 aufgenommen.

Ribini, Daniel.

Sauer, Wenzel Graf von, Kämmerer und k. k. Hofrath der Hofkanzlei.

Saurau, Franz Graf von, Kämmerer und Kreiscommissär.

Sauter, Jos. Georg Anton, trat den 14. März 1783 aus, weil er zum Professor der Logik, Metaphysik und Moral an der Universität zu Freiburg im Breisgau ernannt worden war, wo er als Meister vom Stuhle die Loge zur edlen Aussicht am 20. Dec. 1684 eröffnete.

Schittlersberg, Augustin Veit von, damals Rechnungs-Official der Kameralhauptbuchhaltung, Meister vom Stuhle (ist der Verfasser des lateinischen Gedichtes über den Prater und wurde unter Franz II. General-Rechnungs-Director).

Sonnenfels, Joseph von, von europäischem Rufe.

Spielmann, Anton Edler von, k. k. Hofrath und geheimer Staats-Official, Erbauer des nach ihm genannten schönen Hauses am Graben.

Stoll, Maximilian, k. Rath, Professor der Arzneiwissenschaft an der Universität.

Stütz, And., Canonicus bei St. Dorothea in Wien und Professor der Naturgeschichte und Geographie an der Real-Akademie.

Struppi, Vincenz Georg Freiherr von, Ritter des Stephansordens, Hofrath, Oberst in der Armee (1785 aufgenommen).

Unterberger, Leopold, Major der k. k. Feld-Artillerie.

Weber, Franz Philipp, Hofsecretär des niederländischen Departements der geheimen Hof- und Staatskanzlei, er war Ceremonien-Meister der Loge zur Wahrheit.

Die Loge zur gekrönten Hoffnung ist nach jener zu den drei Kanonen die älteste Wiener Loge; sie entstand unter Theresia und erhielt im Jahre 1782 zu Josephs Zeiten einen neuen Tempel. Am 1. September 1783 feierte sie im Vereine mit den Logen zu den drei Adlern und zur Beständigkeit das Johannesfest, wobei eine Cantate vom Bruder Friedel „Joseph, der Menschheit Segen!" producirt wurde.

Die Loge zur Beständigkeit wurde im Jahre 1779 gegründet und ging 1786 ein. Die bekanntesten ihrer Brüder sind:

Bauernjöppel, Joseph, Kanzlist bei der Hofkanzlei.

Ellinger, Johann Michael, Raitofficier bei der Banko- und Gefällen-Hofbuchhaltung, später Hofrath bei dem General-Rechnungs-Directorium.

Friedel, Johann, Schauspieler im Schikaneder'schen Theater.

Gemmingen, Otto Freiherr von.

Max Jos. Freiherr v. Linden, k. k. Administrations-Rath.

Die Loge zu den drei Adlern wurde 1771 nach dem Systeme der stricten Observanz gestiftet. Zu ihren Mitgliedern gehörten: Franz von Hebenstreit, Platz-Oberlieutenant und Adjutant des Generals Grafen von Harrach und Johann Hackel, Handelsmann und Besitzer eines Glückshafens; ersterer war einige Zeit hindurch Meister vom Stuhl und sein Name, so wie jener Hackel's wurden in der Folge der Maurerei in Wien sehr unheilvoll. Unter den übrigen Mitgliedern befanden sich: Johann Edler v. Puthon, Grosshändler und 1785 Meister vom Stuhl, Jeline, Lutz, Riedl, Gotthardi, Gillofsky, Billeck von Billenburg, Superintendent, Fok u. s. w.

Die Loge zur Wohlthätigkeit wurde 1783 gestiftet und erhielt ihre Constitution 1784 von der grossen Landesloge in Wien. Unter ihren Mitgliedern befanden sich die bekannten Schriftsteller Johann Pezzl und Leopold Alois Hoffmann, welcher letztere durch seine Schriften schon beim Regierungsantritte Franz II. die Freimaurerei, ebenso ungerecht als schonungslos gegen seine Brüder, zu verdächtigen suchte und sie nach allen Kräften zu unterdrücken half; ferner der berühmte Tondichter Wolfgang Amadeus Mozart, der Exjesuit Hofstetter, Bolla, Hegrad, Wittola, Zaupser, Eibel, Risbeck, Roiko, Schmidt u. s. w. Zu ihren Arbeiten benutzte diese Loge die Localitäten der Loge zur wahren Eintracht.

Die Loge zum Palmbaum wurde gleichfalls im Jahre 1783 gestiftet und 1784 von der grossen Landesloge constituirt. Als Brüder derselben findet man aufgezeichnet: Loibel, Meister vom Stuhl, die beiden Grosshändler Johann Heinrich und Jakob Geymüller, den bekannten Dichter Lorenz Leopold Haschka, Johann Rozzl, Secretär und Bibliothekar des Staatskanzlers Fürsten Wenzel v. Kaunitz u. s. w.

Die Loge zu den 3 Feuern, welche die jüngste unter den Wiener Logen war, wurde erst zu Anfang des Jahres 1785 gegründet und von der grossen Landesloge zu Wien constituirt.

In Tyrol bestanden zu jener Zeit drei Logen zu Innsbruck:

1. Die Loge zu den drei Bergen, welche die älteste un-

ter denselben war, am 25. Januar 1777 gestiftet wurde, ihre Constitution von der grossen Landesloge von Deutschland erhielt und Anfangs den Namen „Berg Moria" führte;

2. die Loge zum symbolischen Cylinder, und

3. die Loge zu den drei Flammen.

Die Zeit der Gründung dieser beiden letzteren ist nicht bekannt und haben sich dieselben später miteinander zu einer Loge vereinigt, welche den Namen „zum symbolischen Cylinder" annahm.

Die Loge in Brünn zu den wahren vereinigten Freunden schloss sich, wie Kloss (I. in seinen Annalen der Loge zur Einigkeit, S. 227) sagt, im Jahre 1783 dem Freimaurerbunde in Frankfurt a. M. an. Dasselbe thaten auch die Logen zum symbolischen Cylinder und zu drei Feuern in Innsbruck, zur edlen Aussicht zu Freiburg im Breisgau, zur Fürsicht in Salzburg und zur Harmonie und allgemeinen Eintracht in Triest.

Die Loge zur edlen Aussicht zu Freiburg im Breisgau wurde am 20. Dec. 1784 von Joseph Georg Anton Sauter eröffnet, der Meister vom Stuhle und Professor an der dortigen Hochschule war.

Der Graf von Collowrat-Liebsteinsky, in dem System der strikten Observanz Eques ab Aquila fulgente genannt, erhielt im Anfange des Jahres 1784 von der Directorial-Loge zu Wetzlar das Constitutionspatent zur Errichtung der Loge der wahren vereinigten Freunde in Brünn. Bald darauf begab er sich nach Leipzig, wo er eine neue Loge errichtete, die er zu seinen Lieblingsstudien Alchimie und Magie benutzen wollte; diese Loge wurde deshalb von der Provinzial-Loge in Frankfurt (1786), wohin er sich zur Anerkennung wandte, abgewiesen.

Die im Jahre 1783 neu errichtete Loge zu den sieben Weisen in Linz beging ihr erstes Johannesfest nicht ohne Ausübung mildthätiger Handlungen. Sie wählte aus den

3*

lateinischen Schulen sechs und aus den deutschen drei der fähigsten, fleissigsten und zugleich dürftigsten Schüler, welche im Hause des Hofraths von Sorgenthal, der ebenfalls Freimaurer war, bewirthet und reichlich mit Wäsche und Kleidung beschenkt wurden. Der Maurer Scharf ermahnte sie zum Schlusse in einer im Drucke erschienenen Anrede zur Tugend und Rechtschaffenheit. Die deshalb erschienene kleine Schmähschrift: „Die Freimaurer auf der Gimpelinsel" zeigt, dass es auch in Linz Feinde des Ordens gab, und die auch das Gute begeifern, wenn es ihrer Selbstsucht nicht zusagt.

Ein Seitenstück zu diesem Acte der Mildthätigkeit hat Wien aufzuweisen, da die Loge zum h. Joseph ein Taschenbuch für Brüder Freimaurer auf das Jahr 1784 und zwar zum Besten der Armen herausgab. Obgleich dies auf dem Titelblatte ausdrücklich angegeben war; fand sich doch in Wien ein Nachdrucker, der den Dürftigen diesen Nothpfennig zu rauben trachtete.

Auch der Dichter von Alxinger, Mitglied derselben Loge zum h. Joseph, kündigte damals an, er werde sowohl seine maurerischen als profanen Gedichte zum Besten der Armen herausgeben. Die Mildthätigkeit der Freimaurer beschränkte sich aber nicht auf den Erlös dieser literarischen Erzeugnisse allein; sie that sich allenthalben weit nachdrücklicher hervor.

Als im Jahre 1784 die aus ihren Ufern getretene Donau in und um Wien vielen Schaden verursachte, suchten die Freimaurer-Logen demselben mit vereinigten Kräften zu steuern. Eine derselben schickte ihren Schatzmeister nach Schönau, ein Dorf, das durch Ueberschwemmung am meisten gelitten hatte, mit einer ansehnlichen Summe, um dort den Verunglückten nach Massgabe ihrer Dürftigkeit, jeden mit 10 fl. oder mit 5 fl. zu betheilen. Der Mangel an Lebensmitteln, den die ausgetretene Donau in den Vorstädten Rossau und Leopoldstadt verursacht hatte, veranlasste eine andere Loge, täglich, so lange die Noth währte, dort gekochtes Fleisch, Zugemüsse, Milch und Brod vertheilen zu lassen.

Ein Bruder der Wiener Loge zur Wohlthätigkeit hatte den glücklichen, vom schönsten Erfolge gekrönten Gedanken, ein Gedicht unter dem Titel: „Der Bettler für die durch die Wassergefahr verunglückten Armen an die Herzen aller Menschenfreunde", auf einem halben Bogen drucken zu lassen und zum Vortheil der Nothleidenden für 20 kr. zu verkaufen. Es floss eine Summe von 4184 fl. 24 kr. ein, welche dem neuen, unter der Direction des Grafen Bouquoi gestandenen Armeninstitute zur Vertheilung übergeben wurde.

Nicht weniger thätig war die Menschenliebe der Freimaurer in Prag. Einige angesehene Maurer unternahmen in eigener Person die Rettung der Unglücklichen, welche in Gefahr waren, als die ausgetretene Moldau die Kleinseite von der Alt- und Neustadt ganz abgeschnitten hatte. In Folge dessen erkrankte ein Maurer an einer Erkältung, und ein Anderer wäre ertrunken, wenn ihn nicht ein junger Jude aus Wien bei den Haaren aus den Fluten gezogen hätte. Auch traten in Prag 31 Maurer zusammen und erboten sich, nicht nur in den Häusern, sondern auch während der Fasten-Predigten durch drei Tage an allen Kirchen Prags Almosen für die Armen zu sammeln. Man sah nun manche Grafen, Kämmerer und hohe Beamte an den Kirchenpforten mit der Sammelbüchse stehen und für die Dürftigen um Almosen bitten. Eine Summe von beinahe 11,000 fl. war der Lohn dieser seltenen, nachahmungswürdigen Hingebung, zu welcher der Maurer Fürst Clary wesentlich beigetragen hatte.

In Leitmeritz, wo die Elbe Tod und Verderben brachte, erwarb sich der Freimaurer Caspar Wieser, Ziegel - Entrepreneur, um die Verunglückten ein unvergängliches Verdienst. Er belud ein Schiff mit Lebensmitteln und drang damit mit Lebensgefahr durch ein Meer von Eisschollen an

das andere Ufer, von woher das laute Angstgeschrei der
Nothleidenden zu ihm herüberklang. Fast einen ganzen Tag
rang er mit der stürmischen Flut und brachte am Abende
sein Fahrzeug, mit geretteten Weibern, Männern und Kindern ganz gefüllt, nach seiner Behausung zurück, wo sie
herzlich gehegt und gepflegt wurden.

Das schnelle Aufblühen der Maurerei, der hohe Rang
und die ausgezeichnete Stellung, welche die meisten Ordensbrüder im Staate einnahmen, und die grosse Zahl der entstandenen Logen bewogen gegen Ende des Jahres 1785 den
Kaiser, in Betreff der Freimaurerei unterm 11. Dec. des genannten Jahres ein von ihm eigenhändig geschriebenes Ca-
binetschreiben in Betreff der Regulirung der Freimaurerei
in seinen Staaten zu erlassen, in Folge dessen von der nie-
derösterreichischen Regierung unterm 16. Dec. eine besondere Kundmachung veröffentlicht wurde.*) Er verordnete
damit, dass in den Hauptstädten der verschiedenen Erblän-
der höchstens drei, in Provinzial-Städten aber, wo keine
Landesregierungen ihren Sitz hätten, gar keine Logen erlaubt sein sollten; — dass ferner die Verzeichnisse der
Mitglieder jeder Loge bei den Regierungen eingereicht und
die Tage der Logen-Versammlungen, so wie in jedem Jahre
die erwählten Logenmeister, angezeigt werden müssten, wogegen alle Landesregierungen den Freimaurern vollkommene
Freiheit und Schutz zu gewähren hätten. Zum Schlusse
verfügte der Kaiser noch, dass, wenn gegen diesen seinen
Befehl in Städten, in welchen keine Logen bestehen dürfen,
sich gleichwohl Winkellogen bilden sollten, die Theilnehmer daran nach den für verbotene Spiele bestehenden
Gesetzen zu bestrafen seien.

Diese kaiserliche Verfügung brachte in der österreichischen Freimaurerei überhaupt und insbesondere in den

---

*) Siehe Documente: I.

Logen der Hauptstadt Wien eine grosse Veränderung oder vielmehr eine gänzliche Umstaltung hervor.

Gleich nach dem Erscheinen dieser Verordnung forderte der Landes-Grossmeister, Graf von Dietrichstein, durch ein Schreiben alle acht Johannes-Logen in Wien auf, durch zwei mit unbedingter Vollmacht versehene Deputirte von jeder derselben den 20. Dec. 1785 um 5 Uhr Abends sich bei einer von ihm zusammengerufenen Versammlung vertreten zu lassen und von diesem Tage an alle maurerischen Arbeiten einzustellen, so wie am folgenden Tage alle Acten und Schätze unter Siegel zu verschliessen. Als die 16 Deputirten am 20. Dec. versammelt waren, kamen folgende 3 Punkte zur Verhandlung:

1. Dass alle Johannes-Logen in Wien aufhören sollten;

2. dass dagegen drei neue Logen zu errichten und zu diesen von der Landesloge im Vereine mit den 16 Deputirten drei Grossmeister zu bestimmen wären, und

3. dass die gesammten Brüder bei den drei neuen Logen die Aufnahme ansuchen sollten, was durch die gewöhnliche Ballotte entschieden werden müsste.

In Betreff des ersten Punktes waren die 16 Deputirten ganz einig; nur hinsichtlich einer Loge erhob sich ein Bedenken, da sie ohne Geräthe war und eine Schuldenlast von 600 fl. hatte. Ein Bruder von einer andern Loge übernahm aber die Tilgung dieser Schuldpost, wodurch jeder Anstand beseitigt war.

Die Vereinigung der acht Wiener Logen in drei geschah auf folgende Weise: die erste neue Loge entstand aus der Verschmelzung der Loge zu den drei Feuern, und der Loge zur Wohlthätigkeit, die zweite durch die Verbindung der Logen zur gekrönten Hoffnung, zum heiligen Joseph und zur Beständigkeit, und die dritte durch die Vereinigung der Logen zum Palmbaum, zu den drei Adlern und zur wahren Eintracht.

Fast eben so schnell wurde von den 16 Deputirten der

zweite Punkt entschieden; die drei vereinigten Logen zur gekrönten Hoffnung, zur Beständigkeit und zum heiligen Joseph wählten allsogleich ihren Grossmeister in der Person eines Cavaliers, der sich durch eifrige Verfechtung der Sache der Maurerei unvergessliche Verdienste um den Orden erworben hatte. Es war der Graf Ign. Jos. von Fuchs.

Ueber den dritten Punkt, die Aufnahme der Brüder in die drei neuen Logen und die Ballotte betreffend, entspann sich eine heftige Debatte. Man machte bemerklich, dass die Ballotirung ungerecht und gesetzwidrig und unbrüderlich sei; wogegen erwidert wurde, man wolle den durch die Ballotte ausgeschlossenen Brüdern wohl gestatten, die Logen zu besuchen, ohne sie aber förmlich als Mitglieder der Logen anzuerkennen. Als die Einwendung gemacht wurde, dass auf diese Weise der Kaiser, dem ein Verzeichniss sämmtlicher Brüder vorgelegt werden müsse, getäuscht werden würde, schlug ein Bruder die Abfassung einer doppelten Liste vor; nämlich eine der wirklichen und eine der besuchenden Brüder. Born, welcher sich unter den Deputirten befand, und der sah, dass die Ballotte dem grössten Theile derselben nicht zusagte, erklärte nun ein minder gehässiges Mittel ersinnen zu wollen, welches denselben Zweck, die Maurerei von ihrer Hefe zu reinigen, herbeiführen würde.

Bei der Abstimmung der Ballotte waren zwei von den neuen Logen gegen und eine für dieselbe. Gegen die Ballotte stimmten:

Sonnenfels und Sauer von der Loge zur wahren Eintracht;
Fürst Karl von Liechtenstein und Graf Paar von der
 Loge zur gekrönten Hoffnung;
Ellinger und Gemmingen von der Loge zur Beständigkeit;
Le Noble und Linden von der Loge zum heiligen Joseph.

Der Landes-Grossmeister Graf von Dietrichstein erstattete über die Resultate dieser Sitzung vom 20. Dec. einen Bericht nach Hof und theilte der Landesloge in der Abend-Versammlung vom 24. Dec. eine kaiserliche Vollmacht in

Betreff der ihm ertheilten Bewilligung zur Reformirung der Logen mit. Er erklärte, dass er, ungeachtet ihm das Recht zustände, für sich allein neue Einrichtungen treffen zu können, er diese gleichwohl der Loge in Vorschlag bringen wolle.

Diese neuen Vorschläge waren:

1. dass statt den drei von der Versammlung angetragenen neuen Logen deren in Zukunft in Wien nur zwei bestehen sollten;

2. dass, da jede der nun zu bildenden Logen aus vier alten Logen bestehen solle, aus jeder dieser vier Logen sechs Mitglieder ausgehoben werden sollten, welche aus ihrer Mitte den Grossmeister, den Deputirten-Meister und die Beamten zu wählen und überhaupt der Maurerei eine solche Umstaltung zu geben hätten, dass es von ihrem Ermessen abhinge, die Mitglieder der vorigen acht Logen aufzunehmen oder zu verwerfen;

3. dass bei jeder der zwei neuen Logen die von den 24 Bestimmenden anerkannten Brüder mit ihnen eine Stimme für die noch anzuerkennenden haben müssten, und

4. dass für jede der zwei neuen Logen nur 180 Mitglieder gestattet würden.

Da damals die Wiener Logen zusammen mehr als 600 Brüder zählten, so bemerkte der Grossmeister, dass, wenn durch diese Beschränkung (Punkt 4) würdige Brüder das Schicksal treffen sollte, überzählig zu werden, sie den Zeitpunkt abwarten müssten, bis sie durch Ableben oder Austritt eingereiht werden könnten.

Durch diese Reducirung der drei neuen Logen auf zwei wurden die drei Logen zur gekrönten Hoffnung, zum heiligen Joseph und zur Beständigkeit vernichtet.

Da der Grossmeister die kaiserliche Vollmacht hatte, so wurden seine Vorschläge angenommen, worauf er für jede der zwei neuen Logen einen Präsidenten ernannte, den er an die Spitze der 24 erwählten Mitglieder setzte. Bei

dieser Ernennung wurden zwei Districts- und zwei Johan-
nesgrossmeister ausgeschlossen; es waren Sonnenfels, der
Grossmeister der Loge zur gekrönten Hoffnung, Gemmingen und der Grossmeister der Loge zur Wohlthätigkeit.
So standen die Sachen als am 27. Dec. die einzelnen
alten acht Logen ihre letzte Zusammenkunft hielten, um
sich über ihre Vereinigung oder Nichtvereinigung, und in
wie weit sie die eine oder die andere würden bewerkstelli-
gen können, zu berathen. Bei dieser Berathung haben sich
jedoch nur die zwei Logen zum heiligen Joseph und zur
Beständigkeit einstimmig gedeckt, oder nach ihrem Ausdrucke nicht so sehr gedeckt, als dass sie von dem ganzen
jetzigen Maurer-Nexus austraten. Am folgenden 28. Dec.
traten in jeder der neuen zwei Logen die ernannten 94
Brüder unter ihrem Präsidenten zusammen, und wählten
den Grossmeister, den Deputirten-Meister und die Beamten.

Von den zwei neuen Logen nahm die eine den Namen
der Loge zur Wahrheit und die andere jenen der Loge zur
neu gekrönten Hoffnung an.

Die neue Loge zur Wahrheit bestand aus den Brüdern
der aufgehobenen Logen zum Palmbaum, zu den drei Adlern
und zur wahren Eintracht; — jene zur neu gekrönten Hoffnung aus den Brüdern der alten Logen zur gekrönten Hoffnung, zur Wohlthätigkeit und zu den drei Feuern.

Die Brüder der übrigen zwei alten Logen zur Beständigkeit und zum h. Joseph hoben ihre Logen damals ganz
auf, und nur wenige Mitglieder derselben traten in die zwei
neuen Logen ein. Zu den vorzüglichsten und ältesten Logen Wiens gehört jene zum heiligen Joseph, welcher ein
eigener Abschnitt gewidmet ist, und von welcher deshalb
nur insofern Erwähnung geschieht, als es zur Verständi-
gung der allgemeinen Geschichte der hiesigen Freimaurerei
nothwendig ist.

Beide neue Logen, jene zur Wahrheit und jene zur
neu gekrönten Hoffnung, welche der ersten bald den Vor-

rang abgewann, wurden am 28. Dec. 1785 constituirt. Die erstgenannte Loge zur Wahrheit wurde hierauf den 6. Jänner des folgenden Jahres 1786 in einem neuen Logenorte förmlich eröffnet; sie feierte in demselben Jahre auch mit vielem Gepränge den Schutz, den der aufgeklärte Kaiser dem Orden gewährt hatte.

Auch die zweite neue Loge zur neu gekrönten Hoffnung feierte 1786 ein Fest für den vom Kaiser Joseph dem Orden verliehenen Schutz, und am 13. März 1790 ein Trauerfest über den Tod dieses Fürsten; die dabei gehaltene Trauerrede gab Ignaz Alberti im Drucke heraus.

Im November 1791 wurde ihr neuer Tempel eingeweiht; Bruder Schikaneder verfasste dazu eine Cantate, die Bruder Mozart in Musik setzte, der im folgenden Jahre (1792) starb und zu dessen Andenken ebenfalls ein Trauerfest gehalten wurde. *)

Die vorzüglichsten bekannten Mitglieder der Loge zur neu gekrönten Hoffnung sind:

Buquoy, Joh. Jos. Graf von, k. k. geheimer Rath.

Deldono, Dominik von, k. Rath, Ritter des Stephansordens, geheimer Kammerzahlmeister, Schatzmeister und Wappenkönig des Ordens des goldenen Vliesses.

Esterházy, Franz Graf von, k. k. geheimer Rath und Kämmerer, wurde 1785 Grossmeister der Loge zur neu gekrönten Hoffnung.

Fuchs, Ignaz Jos. Graf von, Meister vom Stuhle.

Henschel, Leonh. Edl. von, Hofsecretär.

Ingen-Houss, Johann, k. k. Rath und Leib-Medicus.

Liechtenstein, Karl Fürst von, kommandirender General in Nieder-Oesterreich und Präses des k. k. Judicium deleg. m. m.

Mozart, Wolfgang Amadeus, k. k. Kammer-Compositeur.

*) Siehe Anmerkungen: III.

Paar, Joh. Wenzel Fürst von, oberster Reichs-, Hof- und General-Erbland-Postmeister.

Pálffy, Karl Graf von, erster Vicekanzler der ung. siebenb. Hofkanzlei.

Puthon, Carl Edl. von, Grosshändler, Meister vom Stuhle.

Schikaneder, Emanuel, Schauspieler und Theaterdirector.

Starhemberg, Ludw. Graf von, k. k. Kämmerer.

Thun, Joseph Graf von, geheimer Rath.

In demselben Jahre 1786 änderte in Folge Josephinischer Verordnung in Brünn die Loge zur aufgehenden Sonne ihren Namen und nannte sich sofort Loge zur Sonne der vereinigten Freunde.

III.

Die Freimaurerei unter Kaiser Leopold II., Franz II. (I.), Ferdinand I. bis zu unserer Zeit.
1790—1850.

Bei Joseph's im Jahre 1790 erfolgten Tode stand in Betreff der Freimaurerei im Publicum Wiens die Meinung fest, dass sie seit 10 Jahren alle Stände, die noch unter seiner Mutter so sehr von einander getrennt waren, mit sanften Banden umschlossen habe und in ihre Kreise alle gebildeten Menschen, ohne Rücksicht auf ihren Rang, zulasse.

Diese der Freimaurerei so zuträgliche und sie ehrende öffentliche Meinung blieb während der zweijährigen Regierung Kaiser Leopold's II. und in den ersten Jahren der Regierung seines Sohnes und Nachfolgers Franz II. vorherrschend und hatte zunächst die Folge, dass die edle Brüderschaft während dieser Zeit, wenn auch nicht ausdrücklich anerkannt, doch stillschweigend geduldet wurde und ganz unbeirrt blieb, so sehr auch die Gegner der Maurerei beflissen waren, sie bei den neuen Beherrschern Oesterreichs zu verdächtigen und zu verunglimpfen.

Und in der That war Leopold II. ein zu aufgeklärter Fürst und er wurde von den politischen Ereignissen seiner Zeit zu sehr in Anspruch genommen, um den Einflüsterungen gegen die Freimaurerei ein geneigtes offenes Ohr zu leihen: Dieselben Verhältnisse bestanden noch zu Gunsten des Ordens nach Leopold's plötzlichem Abtreten vom Schauplatze der Welt, als Franz II. das Scepter des Reiches in die Hand nahm. Aber bald trübte sich nun der Horizont

der edlen Freimaurerei. Die blutigen Kriege mit Frankreich
in Folge der dortigen Revolution und die Verbindung der
französischen Freimaurer mit den Logen in Deutschland
bewirkten einen so mächtigen Rückschlag nach Oesterreich
und vorzüglich nach Wien, dem Hauptsitze des österreichischen Bruderbundes, dass schon im Jahre 1794 ein Regie-
rungs-Erlass erging, womit die Freimaurerei in allen österreichischen Provinzen unterdrückt wurde. Die Art und
Weise, wie die Wiener Logen und insbesondere jene zum
heiligen Joseph, eine der vorzüglichsten jener Zeit, ihre Arbeiten einstellten, wird im folgenden IV. Abschnitte, der von
dieser Loge handelt, mitgetheilt werden.

Die im Jahre 1795 in Wien entdeckte Verschwörung
Hebenstreit's, Prandstetter's u. a. m. bot unseligerweise der
dem Orden stets feindseligen clericalen Partei und der mit
ihr ganz übereinstimmenden Polizei eine sehr willkommene
Gelegenheit, den Kaiser Franz in seinem Widerwillen, den
er ohnehin gegen die Freimaurer hegte, zu bestärken. Ein
gut unterrichteter Gewährsmann, der pseudonyme Schriftsteller Realis, erzählt in Nr. 105 des österr. Zuschauers vom
Jahre 1850 (wo eine historische Skizze der Freimaurerei in
Oesterreich mitgetheilt wird), dass der Prozess, der über
diese Verschwörung geführt wurde, nicht bei dem Wiener
Stadtmagistrate, als dem ordentlichen Criminalgerichte, sondern bei einer besondern dazu eigens eingesetzten Commission verhandelt und so geheim gehalten wurde, dass nach
Beendigung der Untersuchung die Commission und die geheime Polizei aus allen Kräften sich sogar dagegen stemm-
ten, dass die Prozessacten, wie es der Geschäftsgang vor-
schrieb, der Einsicht des Staatsrathes unterworfen würden,
und als sie sahen, dass dies nicht anginge, bemühten sie
sich, von der staatsräthlichen Commission wenigstens den
Staatsrath E . . ., der seiner Gerechtigkeit und Biederkeit
wegen bekannt war, auszuschliessen. Das Publikum erfuhr
von der ganzen Verhandlung nichts als die gefällten Ur-

theile, und nach Beendigung des Prozesses mussten alle Acten, ohne Ausnahme versiegelt bei der geheimen Polizei-Hofstelle hinterlegt werden.

Da die genannten zwei Personen unter mehreren hundert Angeklagten zufällig Freimaurer waren, so liess von nun an eine jedem Fortschritte abholde mächtige Partei es sich eifrigst angelegen sein, die öffentliche Meinung in Betreff des Wesens der Maurerei systematisch irre zu führen, und man ging darin so weit, dass diese edle Verbrüderung für einen Inbegriff von Irreligion, Unmoralität und staatsverderblicher Bestrebungen erklärt und mit den Rosenkreuzern und Illuminaten auf einen Haufen zusammengeworfen wurde.

Von diesem Zeitpunkte fängt nun die Periode der Verfolgungen an, welche die Freimaurerei in Oesterreich zu erdulden hatte, und welchen erst die unter Kaiser Ferdinand I. eingetretenen Märztage des Jahres 1848 ein Ziel gesetzt haben. Zunächst setzten die Gegner des Maurer-Ordens es bei Franz II. durch, dass er die Verordnung vom 23. April 1801 erliess, womit er befahl, von allen seinen Staatsdienern ohne Ausnahme einen eidlichen Revers abzuverlangen, worin sie bekennen mussten, in keiner geheimen Verbindung zu stehen und das Versprechen leisten mussten, unter keinem wie immer gearteten Vorwande sich in eine solche einzulassen.

Diese Verpflichtung wurde dann auch in die Eidesformel aller österreichischen Staatsdiener mit dem weiteren Beisatze aufgenommen, sich alsogleich von jeder geheimen Verbindung loszusagen, wenn man zu einer solchen gehören sollte. Dieses Versprechen musste seitdem sogar von jedem Staatsdiener bei jeder Veränderung der Dienstkategorien in dem dabei abzulegenden neuen Eide erneuert werden. Erst im Monate April 1848, nach dem Erscheinen des ersten österreichischen Constitutions-Entwurfes unter dem Ministerium Pillersdorf, erfolgte eine seither wieder zurückgenommene

Verordnung des Ministeriums des Innern, nach welcher in dem neuen, für Staatsbeamten vorgeschriebenen Diensteide diese, die geheimen Gesellschaften betreffende Klausel, weggelassen wurde.

Aus dem Gesagten lässt sich nun der Schluss ziehen, dass, obgleich in Wien und ganz Oesterreich seit dem Jahre 1794 keine Freimaurer-Logen mehr bestanden, es doch daselbst nicht an Brüdern gebrach, die wenigstens im Geiste das Leben des Ordens aufrecht hielten, und so ist es auch erklärlich, dass bei Gelegenheit der zwei Invasionen Wiens durch die Franzosen in den Jahren 1805 und 1809 die noch lebenden Wiener Brüder neue Vereinigungspunkte gründeten, von welchen insbesondere die im letztgenannten Jahre 1809, in welchem die Anwesenheit der Franzosen gegen 7 Monate währte, in Wien entstandene neue grosse National-Loge von Oesterreich vorzüglich genannt zu werden verdient, die mit dem grossen Orient in Paris eine Verbindung unterhielt.

Da im Jahre 1810 durch die Vermählung der Erzherzogin Maria Louise, ältesten Tochter Kaiser Franz II. (oder I. von Oesterreich) mit dem Kaiser Napoleon von Frankreich zwischen beiden Kaiserhöfen ein freundschaftlicher Verkehr eintrat, unterlag die Postverbindung mit Frankreich einer minder strengen Aufsicht und es blieb die maurerische Correspondenz der Wiener Loge mit dem Oriente in Paris der österreichischen Polizei verborgen, und die erste arbeitete im Stillen fort, bis die Ereignisse des Jahres 1813 und Napoleon's Entthronung die Nothwendigkeit herbeiführte, diesem Wirken um so mehr Einhalt zu thun, als der römische Stuhl schon unterm 13. August 1814 ein vom Staatssecretär Cardinal Consalvi unterzeichnetes Edict erliess, womit Papst Pius VII. ein neues Anathema gegen die Freimaurer aussprach.

So stand die Maurersache als im Jahre 1848 unter Kaiser Ferdinand I. die Wiener Unruhen, von dem intelli-

genten Theile der Bevölkerung der Hauptstadt angeregt,
ausbrachen. Als die Verleihung einer freien Staatsverfas-
sung zugesagt worden war, hielt es der in Wien anwesende
Bruder, Doctor Ludwig Lewis, für angemessen, die ersten
nothwendigen Einleitungen zur Wieder-Einführung der edlen Maurerei und zwar dadurch zu treffen, dass die im
Jahre 1794 geschlossene Loge zum heiligen Joseph, welche
seit Ende Dec. 1785 im Stillen fortgewirkt hatte, wieder
eröffnet werde. Da sich von diesem Zeitpunkte an die Geschichte der Freimaurerei in Wien auf jene der besagten
Loge beschränkt, so verweisen wir auf den folgenden IV.
Abschnitt, der ausschliesslich der Loge zum heiligen Joseph
gewidmet ist, und worin deren Geschicke ausführlich be-
schrieben sind.

So wie in Wien, der Hauptstadt des österreichischen
Kaiserstaates, ist man auch in Pest, der Hauptstadt des
Königreichs Ungarn, gleich nach Ausbruch der März-Ereig-
nisse 1848 damit umgegangen, eine Freimaurer-Loge in's
Leben treten zu lassen und ihre Gründung hätte schon im
Monate August 1848 stattfinden sollen. Wie die freimaurerische Vierteljahrs-Schrift „Latomia" berichtet (Leipzig
1848. Verlagshandlung von J. J. Weber. XII. B. Nr. 23,
I. Heft, Seite 114), soll die Grossloge des eclectischen Bundes zu Frankfurt durch einen ihrer Beamten damals die
Rituale ihres Systems nach Pest befördert haben und der
projektirte Name der neuen Loge „Kossuth zur Morgenröthe des höheren Lichts" gewesen sein.

Die Loge scheint sich im Jahre 1849 gebildet zu haben, denn man ersieht aus dem genannten Central-Organe
der Maurerei (Nr. 24, S. 196), dass in diesem Jahre durch
die eclectischen Brüder in Pest sogar mit den Brüdern des
türkischen Reiches Verbindungen angeknüpft worden sind.

Auch in öffentlichen Prager Blättern zu Anfange des
Monats Februar 1849 las man einen aus der Hauptstadt
des Königreichs Böhmen datirten Aufruf an die im genann-

4

ten österreichischen Kronlande zerstreut lebenden Freimaurer, sich an einem festgesetzten Tage und Orte einzufinden,
um sich wegen Gründung einer Loge zu berathen. Aber
die eingetretenen politischen Ereignisse und der in Folge
derselben über Wien, Pest und Prag verhängte Belagerungszustand hat seitdem, wie wir im folgenden Abschnitte zeigen werden, der Entwicklung des Bundes Schranken 'gesetzt, die hoffentlich unter günstigeren Umständen beseitigt
werden dürften und dem edlen Neubaue der österreichischen
Maurerei freien Raum geben werden.

IV.

Die Loge zum heiligen Joseph in Wien von ihrer Gründung (1771) bis zum heutigen Tage.

Diese Loge war eine der vorzüglichsten und geachtetsten aller österreichischen Freimaurer-Logen, und sie kann als die Pflanzschule und treue Bewahrerin der Satzungen der wahren Maurerei in der Hauptstadt des Kaiserstaates betrachtet werden. Sie verdient daher sowohl in dieser Beziehung als auch des weiteren Umstandes wegen, dass sie im Jahre 1794 nicht eigentlich geschlossen wurde, sondern dass sie damals nur ihre Arbeiten mit dem Vorbehalte einstellte, zu einer günstigeren Zeit ihre Wirksamkeit wieder zu beginnen, eine besondere Besprechung.

Uebrigens ist die Loge zum heiligen Joseph eine der ältesten Logen Wiens und sie hat auch die Vorsehung ausersehen, den Bruderbund in dieser grossen Stadt wieder in das Leben zu rufen.

Die Loge zum heiligen Joseph entstand unter Maria Theresia im Jahre 1771, in welchem am 15. des Monats November sich viele zerstreute Brüder zusammenfanden, um eine Loge zu stiften. Diese Loge war auch die erste, welche am 21. Juli 1775, ungeachtet des von der Kaiserin im Jahre 1764 erlassenen Gesetzes, welches jede maurerische Verbindung in ihren gesammten Erbstaaten untersagte, die Constitution der grossen Landesloge von Deutschland in Berlin nachsuchte und auch erhielt.

Die Josephs-Loge feierte im Juni 1782 ein Trauerfest für Zinnendorf, wobei Bruder Alxinger ein Gedicht „Auf

4*

Zinnendorfs Tod", verfasste, welches im Drucke erschien. Dieselbe Loge zum heiligen Joseph gab im Jahre 1784 ein „Taschenbuch für Brüder Freimaurer" heraus, dessen Ertrag wohlthätigen Zwecken gewidmet war. Die bekanntesten damaligen Mitglieder waren:

Alxinger, Joh. Bapt. v., Hofagent bei der Hofkanzlei und bei der obersten Justizstelle, ein geschätzter Dichter jener Zeit, der im Jahre 1782 zum ersten Aufseher ernannt wurde und 1785 zur Loge zur wahren Eintracht übertrat.

Bacchiochi, Thomas, Bankal-Beamter.

Braun, Peter, wurde in späterer Zeit in Wien ein sehr bekannter Mann, in den Freiherrnstand erhoben und Hofbankier.

Calvi, Karl Fortunat, Beamter der Hofkriegsbuchhaltung.

Doppler, Joseph, bekannt als Schriftsteller.

Ehrenberg, Johann von.

Fries, Moritz Graf von, der Erbauer des schönen Palais am Josephsplatz.

Gräffer, Rudolph, Buchhändler.

Kratter, Franz, Doctor der Philosophie und Staatsraths-Beamter, bekannt durch seinen Streit mit Born. Er ist der Verfasser der Schrift „Briefe über die neueste Maurer-Revolution in Wien" und erhielt in seiner Loge den ersten Grad.

Linden, Freiherr von.

Le Noble von Edlersberg.

Prandstetter, Martin Joseph, Magistratsrath; er trat 1785 zur Loge zur wahren Eintracht über.

Stubitza, Freiherr von.

Als Kaiser Joseph im December 1784 das Logen-Wesen in Oesterreich reformirte und in Folge dessen die damals in Wien bestandenen acht Johannes-Logen sich in zwei neue Logen vereinigten, widersetzten sich zwei Logen, nämlich die Loge zum heiligen Joseph und jene zur Beständigkeit, dieser Verschmelzung. Die Brüder derselben hoben im Jänner des Jahres 1785 ihre Bauhütten ganz auf und nur wenige von ihnen traten in die zwei neu errichteten Logen zur Wahrheit und zur neu gekrönten Hoffnung.

Schon bei dieser Auflösung erliess die Loge zum heiligen Joseph an ihre Schwester-Logen ein Schreiben, worin gesagt wurde, sie habe beschlossen, ihre ferneren Arbeiten einzustellen. Die übrigen Brüder dieser Loge schlossen sich dann der Provinzial-Loge von Oesterreich an.

Gleichwohl trat die Loge nach kurzer Unterbrechung wieder in Thätigkeit und sie wirkte bis zum Jahre 1794 fort, wo sie unter Kaiser Franz II. am 15. Jänner ihre Arbeiten abermals einstellte. Wie aber im Oesterr. Courier (1848, Nr. 243) richtig bemerkt wird, lag in der Art, wie dieses geschah, nichts Gewaltsames; es war kein Gebot der Noth, das dabei vorwaltete, vielmehr eine Handlung der Resignation, die den Kaiser, der sich nun einmal von Antipathien gegen den Orden umgeben sah, überzeugen konnte, dass er es mit einer Gesellschaft zu thun hatte, die selbst die Ungeneigtheit des Fürsten, unter dessen Scepter sie bisher thätig gewesen war, zu ehren wusste. Jene Resignation stellt sich um so grossherziger heraus, als sich die Loge zum heiligen Joseph sagen konnte, dass ihr Wirken immer rein gewesen, dass keine Verdächtigung auf ihr lastete, die jene in den Bewegungen jener Zeit wurzelnde Ungeneigtheit des Kaisers gerechtfertigt hätte. Wir legen in das, was wir von Antipathien, die Franz II. gegen die Freimaurer hegte, sagten, nichts verletzendes, denn wir wissen nur zu gut, dass Antipathien den privilegirten Naturen geläufig sind, die sich der Angabe von Gründen überheben dürfen. Dass die römisch-katholische Geistlichkeit, die dem Vorurtheile anhing, dass die Freimaurerei den Boden der alten Kirche unterminire, dabei die Hände im Spiele hatte, ist ausser Zweifel. Dieses Vorurtheil dürfte jetzt verschwunden und der katholische Clerus Oesterreichs der Meinung sein, dass er von der Freimaurerei, die sich von allem Confessionellen fern hält und darum das römisch-katholische Dogma nicht befehdet, für die Interessen seiner Kirche nichts zu fürchten habe. Durch das Festhalten des christlichen Principes, das hier freilich keine Livrée trägt, sondern in dem einfachen bürgerlichen Rocke erscheint, und so jede dogmatische Parteifarbe ausschliesst, kann die römisch-katholische Kirche nur gewinnen. Der leere Indifferentismus, welcher die Bande des Staates nur allzusehr lockert, findet in den Maurerlogen kein Asyl.

Wenn es in der, an den Kaiser Franz gerichteten Erklärung vom 15. Jänner 1794, welcher neben der Loge zum heiligen Joseph auch die Bauhütte zur neu gekrönten Hoffnung beigetreten war, am Schlusse heisst: „dass, da es unter den angeführten Umständen immer unmöglicher wird, den schönen Zweck der Freimaurerei mit jener unumwölkten Heiterkeit des Geistes, die zum segensvollen moralischen Anbau so nothwendig ist und in dem Umfange zu erreichen, als es die Regel des Institutes, das Beste des Staates und der Menschheit und die eigene Zufriedenheit der Arbeiter erfordert, die Logen beschlossen haben, ihre Versammlungen und Arbeiten so lange einzustellen, bis günstigere Zeitumstände ihren gegenwärtigen Betrachtungen weniger Gewicht, ihrer sodann erneuerten Wirksamkeit einen gedeihlicheren Erfolg, und ihren Wünschen die lebendige Zuversicht geben,“ — so glaubte der Orden nach den Tagen des Märzes 1848 unter Ferdinand I., dem Gütigen, diese günstigeren Zeitumstände begrüssen zu dürfen.

Der in Wien seit mehreren Jahren ansässige Doctor Ludwig Lewis fand es daher für zeitgemäss, die ersten Einleitungen zur Wieder-Eröffnung der, wie gesagt, im Jahre 1794 geschlossenen Loge zum heiligen Joseph dadurch zu treffen; dass er sich an die Provinzial-Loge von Schlesien zu Breslau und an die grosse Landesloge von Deutschland zu Berlin wendete, worauf ihm die Bewilligung ertheilt wurde, die besagte Wiener Loge zum heiligen Joseph reactiviren zu dürfen, doch nur unter der Bedingung, wenn die Staatsbehörde dazu ihre Bewilligung gebe.

In Folge dessen wandte sich Doctor Lewis mittelst Einschreiten an den Minister des Innern, den Freiherrn von Doblhoff, von welchem er unterm 2. September 1848, Nr. 2436/M. J., ein bewilligendes Antwort-Schreiben erhielt. (Siehe Beilage Nr. I.)

Da hierdurch der Eröffnung der Loge von Seite der österreichischen Regierung kein Hinderniss in den Weg trat, und dadurch zugleich die Bedingung erfüllt war, welche die grosse Landesloge zur Wieder-Eröffnung der hiesigen St. Josephs-Loge gemacht hatte, so wurde der Provinzial-Grossmeister von Schlesien mit der Wieder-Eröffnung dieser Tochter-Loge beauftragt (Beilage Nr. II.), und in Folge dessen setzte der Provinzial-Grossmeister Professor Dr. J. Kampmann (siehe Anhang), ein in der gelehrten Welt verehrter Mann, ein Mann, dessen erklärte Humanität eine eigenthümliche Anziehungskraft hat, in Gegenwart mehrerer schlesischer Maurer, königlicher Officiere und anderer Brüder nach dem vorgeschriebenen Ritus die Reactivirung der Loge zum heiligen Joseph in Wien in's Werk.

Die Feierlichkeit fand am 5. October 1848 im Graf d'Harnancourt'schen Hause (Nr. 76) in der Teinfaltstrasse 7 Uhr Abends statt.

Nach Beendigung der Ceremonie wurde im Gasthause „zum Fischhof" nächst dem hohen Markte in einem eigens dazu gemietheten Zimmer des ersten Stockwerkes ein festliches Brudermahl gehalten.

Von mehreren deutschen Logen waren bei dieser Feier Beglückwünschungsschreiben eingelangt.

Aber leider verstummten die ersten Hammerschläge der freien Maurer in Wien, welche die ganze deutsche Brüderschaft mit Jubel vernommen hatte, nur zu bald. Die nach dem 6. October 1848 eingetretenen stürmischen Zeit-

Ereignisse hatten diese beklagenswerthen Folgen nach sich gezogen.

Nach der Einnahme Wiens durch die kaiserliche Armee in den letzten Octobertagen des besagten Jahres schien wieder ein Zeitpunkt eingetreten zu sein, die Arbeiten der Loge fortsetzen zu können. Da jedoch die Hauptstadt in Belagerungsstand erklärt war, so hielt Bruder Lewis für angemessen, sich nebst dem Bruder A., als die Ruhe hergestellt war, in Begleitung mehrerer anderer Brüder zu dem Gouverneur von Wien, dem Herrn Feldmarschall-Lieutenant Freiherrn von Welden zu verfügen, um die Erlaubniss zu erhalten, sich wieder versammeln zu dürfen. (Beilage Nr. III.) Freiherr von Welden nahm jedoch die Deputation höchst ungnädig auf und wendete derselben, ohne Ertheilung einer bestimmten Antwort, den Rücken, nachdem er die Abhaltung der Loge von dem Erscheinen eines militärischen Aufsehers hatte abhängig machen wollen und Dr. Lewis dem Feldmarschall-Lieutenant den persönlichen Eintritt in die Bruderschaft vorgeschlagen hatte, um sich so von dem Geiste ihres Wirkens zu überzeugen. Nach diesem Vorfalle begab sich Dr. Lewis zum Stadthauptmann Noë von Nordberg, und erhielt von diesem den Rath, sich an den Minister des Innern, Dr. Bach, zu wenden. Dieser wollte ihn nur als Privatmann, nicht als Minister, sprechen, erklärte ihm, nicht an eine heilige Vehme zu glauben u. a. m., worauf Dr. Lewis, welcher bemerkte, nicht den Privatmann, sondern den Minister aufgesucht zu haben, den Audienzsaal verliess.

So von allen Militär- und Civil-Autoritäten zurückgewiesen, blieb der Loge nichts übrig, als die Zeit abzuwarten, wo günstige Verhältnisse für die Maurerei eintreten.

Um aber doch ein Lebenszeichen während dieser bedauernswerthen Periode von sich zu geben, begab sich eine Auswahl hiesiger Brüder den 24. Juni 1849 nach der Curstadt Baden, um dort das Johannesfest zu begehen, was sie in Wien des Ausnahmszustandes wegen nicht thun durften. Bei dieser Gelegenheit legten die Brüder auf den Altar der Mildthätigkeit einen Betrag von achtzig Gulden Conv. Mze. nieder, welcher dem Kriegsministerium zum Besten der k. k. Armeen in Ungarn und in Italien übergeben wurde. (Beilage V. und VI.)

Mittlerweile zog die Wiener Polizei-Direction in Folge eines ihr vom Minister des Innern Dr. Alexander Bach gewordenen Auftrages genaue Erkundigungen über die Mitglieder der bestandenen Freimaurer-Loge zum heiligen Joseph und deren Wirken ein und erstattete sodann 1851 einen umständlichen Bericht an das Ministerium, welchen ich im zweiten Abschnitte dieses Buches, der die Geschichte der Freimaurerei in Ungarn enthält, näher zu berühren Gelegenheit haben werde.

Als endlich im Jahre 1867 in Oesterreich ein Vereinsgesetz erlassen wurde, machte ich noch einmal den Versuch, die Bewilligung zur Wiedereröffnung der Loge zum heiligen Joseph zu Wien zu erlangen, in der Hoffnung, dass es mir gelingen werde, auf diese Weise der Freimaurerei eine Freistätte in den österreichischen Staaten zu erringen. Aber auch dieser Versuch blieb fruchtlos. (Beilage VII.)

Beilagen.

Beilage I.

Bescheid des Ministers Doblhoff,

Ueber Ihr Ansuchen vom 30. v. M. um Bewilligung, dass die bereits früher in Wien bestandene und nun wieder in das Leben gerufene Freimaurer-Loge zum heiligen Joseph fortbestehen dürfe, habe ich die Ehre Ihnen zu bemerken, dass ich mich bei dem Umfange, in welchem das freie Vereins- und Associations-Recht allgemein anerkannt wurde, nicht berufen fühle, eine besondere Genehmigung hiezu zu ertheilen, zumal ich von der Voraussetzung ausgehe, dass diese Verbrüderung staatsgefährlichen Zwecken wohl eher entgegenwirken, als dieselben begünstigen werde. Das Attest der grossen Landesloge der Freimaurer-Logen in Deutschland schliesse ich zurück.

Wien, am 2. September 1848.

Doblhoff m. p.

Beilage II.

Attest.

Die unterzeichneten Vorsteher der grossen Landesloge der Freimaurer in Deutschland bescheinigen hierdurch, dass dem Professor an der k. k. Ingenieur-Akademie zu Wien, Herrn Doctor L. Lewis, ordensgesetzlich gestattet worden ist, im Vereine mit gleichgesinnten edlen Männern, die Reactivirung der in den Jahren 1771 bis 1794 unter Constitution der hiesigen grossen Landesloge der Freimaurer von Deutschland zu Wien bestandenen, seitdem aber, in schuldiger Beachtung der desfallsigen landesherrlichen Verordnung, quiescirenden St. Johannes-Freimaurer-Loge, genannt „zum heiligen Joseph," in's Werk

zu setzen, oder auch den Umständen nach die Stiftung einer
neuen St. Johannes-Freimaurer-Loge in Wien, dergestalt vor-
zubereiten, dass wir dazu die nach den Vorschriften unseres
alten, die Ehre Gottes und das Wohl der Menschheit be-
zweckenden Ordens, erforderliche Genehmigung ertheilen und
die Constitutions-Urkunde ausfertigen können.

Vor allen Dingen ist zu dem beregten Vorhaben die Genehmigung der betreffenden hohen Staatsbehörde in Wien ein-
zuholen und uns in Urschrift vorzulegen.

Urkundlich unter der grossen Landesloge der Freimaurer
von Deutschland Insiegel und unserer eigenhändigen Unter-
schrift ausgefertigt.

So geschehen Berlin, am 22. Juli 1848.

(L. S.)

Die Vorsteher der grossen Landesloge der Freimaurer von
Deutschland:

Folgen die Unterschriften.

Beilage III.

Sr. Excellenz des Freiherrn von Welden, k. k. F.-Z.-M., Militär-
und Civil-Gouverneur von Nieder-Oesterreich etc. etc.

Die Wiener Loge zum heiligen Joseph bittet unter-
thänigst, das allerhöchste Geburtsfest Sr. Majestät des
Kaisers festlich begehen zu dürfen, um einen wolthätigen
Zweck damit verbinden zu können.

Euer Excellenz!

Von jeher ist das allerhöchste Geburtsfest des Landes-
herrn in allen Maurertempeln gefeiert worden, denn es ist das
grösste Fest, welches der Maurer feiern soll; nicht aus Dankbarkeit, Liebe und Ehrfurcht allein soll er dieses Fest feiern,
sondern aus Pflicht — eingedenk der Worte der heiligen
Schrift: „Gieb dem Kaiser, was des Kaisers ist, thut Gutes,
fürchtet Gott, ehret den Kaiser."

Dieses Gebot kann nicht anders als dem Maurer heilig
sein und bleiben, und die Maurer müssen in der Erfüllung

dessen allen ihren Mitbürgern mit gutem Beispiele vorangehen, und die zum rechten Wege zurückführen, welche auf Abwegen sich befinden.

Die hiesige Loge zum heiligen Joseph, von diesen Grundsätzen beseelt, wagt es daher Eu. Excellenz unterthänigst zu bitten, obgleich es ihr während des Ausnahmszustandes nicht gestattet worden ist, ihre Versammlungen zu halten, doch ausnahmsweise gestatten zu wollen, das Geburtsfest Sr. Majestät des Kaisers in der hiesigen Loge festlich begehen zu dürfen, um so mehr bittet sie ganz ergebenst darum, weil sie zugleich damit einen wohlthätigen Zweck zu verbinden gedenkt, ähnlich dem, den sie bei einer anderen Gelegenheit laut Wiener Zeitung Nr. 177 vom 27. Juli d. J. bethätigt hat.

Einem geneigten Bescheide gehorsamst entgegensehend zeichnet mit der grössten Hochachtung
Euer Excellenz

unterthänigster Diener
Dr. L. Lewis,
Professor an der k. k. Ingenieur-Akademie und Vorsteher der hiesigen Loge zum heiligen Joseph.
(Stadt Nr. 70—71 wohnhaft.)

Wird dem Herrn Dr. Lewis im Auftrage Sr. Excellenz des Herrn Gouverneurs mit dem Bemerken zurückgestellt, dass dem Gesuche mit Rücksicht auf den Belagerungszustand keine willfahrende Folge gegeben werden kann.

Von der Central-Commission der k. k. Militär-Stadt-Commandatur.

Wien, am 16. August 1849.

———— ——

Beilage IV.
Gesuch um Bewilligung zur Wiedereröffnung der Freimaurer-Loge in Wien.

Hohes Ministerium des Innern!

Den ergebenst Unterzeichneten wurde über Einschreiten

beim früheren Ministerium unterm 2. Sept. 1848 die Bewilligung ertheilt, die seit dem Jahre 1794 in Wien aufgehobene Freimaurer-Loge zum heiligen Joseph zu reactiviren und wurde diese Loge auch nach erhaltener hoher Bewilligung am 5. October v. J. constituirt; durch die beklagenswerthen October-Ereignisse aber und den darauf folgenden Belagerungszustand ist das fernere wohlthätige Wirken des Bundes aufgehoben worden.

Der Unterzeichnete erlaubt sich nun ein hohes Ministerium gehorsamst zu bitten: „ihm die Concession zu ertheilen, die „Loge wieder eröffnen zu dürfen und die Fortsetzung der hu-„manistischen Arbeiten der Gesellschaft durch keinen Ausnahms-„zustand influenciren lassen zu wollen."

Der gehorsamst Unterzeichnete erlaubt sich zur Begründung seiner Bitte nachfolgende Grundsätze des Freimaurerbundes einer weisen Erwägung zu unterbreiten:

Der Bund ist in seinem innersten Principe auf das Christenthum gegründet; er strebt in einer eigenthümlichen Weise dahin, wahrhaft christliche Bruder- und Nächstenliebe unter seinen Anhängern zu verbreiten, der reinen Erkenntniss Gottes und unseres kindlichen Verhältnisses zu Ihm überall Eingang zu verschaffen, menschliches Elend nach bestem Vermögen zu mildern und in allen Lebensverhältnissen diejenige Mässigung und Selbstbeherrschung sich anzueignen, durch welche die Wohlfahrt und das Glück der Menschheit befördert werden kann. Der wahre Maurer ist stets gehorsam dem Gesetze und bewahrt in seinem Herzen eine Pietät gegen alles Verehrungswürdige, wie sie von wahrer christlicher Demuth und Bescheidenheit zu erwarten ist. Sein innerstes Wesen beruht auf kindlichem Glauben an Gott und Unsterblichkeit, auf wahrer Nächstenliebe; der wahre Freimaurer ist der beste Geist, der beste Mensch, der beste Staatsbürger.

Der Freimaurerorden schliesst nicht nur streng jede politische oder religiöse Tendenz aus seinem Wirken aus, und bietet schon hierdurch dem Staate die sicherste Garantie, sondern er hält es vielmehr auch für seine heiligste Pflicht zur Aufrechthaltung der bestehenden Staatsformen nach Kräften

mitzuwirken und verpflichtet seine Mitglieder sich von jeder
politischen Bewegung fern zu halten.

Nicht weniger Garantie mag der Umstand bieten, dass
der Orden nur solche Männer aufnimmt die eine selbstständige
Stellung im Leben einnehmen und sittlich guten Ruf haben,
— so wie wohl auch hier nicht unerwähnt bleiben darf, dass
Seine Königliche Hoheit der Prinz von Preussen nicht blos
Protector sämmtlicher Freimaurer in Preussen ist, sondern namentlich im Systeme der grossen Landesloge von Deutschland
eine Zeit lang in einer der höchsten Stellen des Ordens als
Beamter fungirt hat und nicht anzunehmen ist, dass ein Mann
seines Charakters und seiner Stellung Mitglied einer Gesellschaft sein könnte, die irgend welche unsittliche oder staats-
gefährliche Grundsätze hat: und dass endlich Seine Majestät
Friedrich Wilhelm III., selbst dem Orden angehörend, die Freimaurer als seine treuesten Unterthanen gegen Verdächtigungen
in Schutz genommen hat.

Indem der gehorsamst Unterzeichnete die Grundzüge der
Statuten des Ordens beizulegen die Ehre hat, schmeichelt er sich
einer hochgeneigten Berücksichtigung seiner ergebensten Bitte.
Wien, am 20. Mai 1849.

Dr. L. Lewis,
Professor an der k. k. Ingenieur-Akademie etc. etc.
(Stadt, Teinfaltstrasse Nr. 70—71, I. Stock.)

Diesem Einschreiten wird über ausdrückliche Weisung des
k. k. Militär- und Civil-Gouvernements während des Ausnahmszustandes keine gewährende Folge gegeben.
Wien, am 1. Juni 1849.

Von der Central-Commission der k. k. Stadt-
Commandatur.

Ganz.

Beilage V.

Auszug aus der „Wiener Volkszeitung" Nr. 22. 1849.

Unter den patriotischen Gaben, welche jüngst in der Wiener Zeitung veröffentlicht wurden, fiel ein von der Freimaurer-

Loge St. Joseph in Wien durch einige Mitglieder bei einem
Festmahle gesammelter und gespendeter Betrag auf. Man frug
sich, wie es möglich sei, dass während des Belagerungszustandes Freimaurer, die doch einen Verein bilden und Versammlungen halten, hier existiren und sogar als solche mittelbar
anerkannt werden. Dies dürfte dadurch erklärt werden, dass
die Freimaurer, welche nach ihren Statuten keineswegs politische, sondern rein humanistische Zwecke verfolgen, in diesem
Falle als eine Privat-Wohlthätigkeitsanstalt, welcher jede staats-
gefährliche Tendenz fremd ist, erscheinen und sich insoferne
der behördlichen Anerkennung erfreuen, die ihnen bereits im
verflossenen Jahre zu Theil wurde. Uebrigens fand das Fest-
mahl derselben nicht in Wien, sondern ausserhalb des Bela-
gerungsrayons in Baden am 24. Juni, d. i. am Tage Johannis
des Täufers, an dem jährlich das bedeutungsvollste Ordensfest
der Freimaurer gefeiert wird, statt.

Beilage VI.

Empfangs-Bestätigung
über achtzig Gulden Conv.-Münze,
welche dem k. k. Kriegs-Ministerium für die k. k. Armeen
zum Besten verwundeter k. k. Krieger von fünf Herren Mitgliedern der Freimaurer-Loge zum heiligen Joseph in Wien
übergeben worden.

Wien, am 5. Juli 1849.

Konicek m/p.,
Ministerial-Concipist.

Beilage VII.

An Herrn Dr. Ludwig Lewis.

Die k. k. Statthalterei findet sich bestimmt, die von Eu.
Wohlgeboren beabsichtigte Bildung der Freimaurer-Loge in
Wien zum heiligen Joseph im Sinne des §. 6 des Vereinsgesetzes vom 15. November 1867 als ihrer Einrichtung nach gesetzwidrig zu untersagen, weil der §. 8 der vorliegenden Sta-

tuten die Bestimmung enthält, dass n u r Mitgliedern einer gerechten, gesetzmässigen Loge der Zutritt in die Versammlung
gestattet werden darf, somit ein Abgeordneter der Behörde von
der Versammlung ausgeschlossen wäre, während es nach §. 18
des Vereinsgesetzes der Behörde freisteht, zu jeder Vereinsver-
sammlung einen Abgeordneten abzusenden, und weil ferner die
Statuten auch keine Bestimmung über die Art der Bildung des
Vereines, über die Beschaffung der Vereinsmittel und über die
Art der Beschlussfassungen, endlich auch keine Aufklärung
über das Wesen der in §. 2 der Statuten erwähnten symbolischen Gebräuche enthalten.

Von den vorgelegten 5 Statuten-Exemplaren folgen 4 im
Anschlusse mit und wird das 5. Exemplar hieramts zurück-
behalten.

Wien, am 13. November 1868.

Weber.

Die Freimaurerei

in

Ungarn.

———

Schon in dem ersten, die „Geschichte der Freimaurerei in Oesterreich" behandelnden Hauptabschnitte dieses Buches wurde darauf hingewiesen, welche günstige Ansicht sich beinahe unter der gesammten Bevölkerung Wien's über die Freimaurerei überhaupt und ihre Wirksamkeit in Oesterreich insbesondere, so lange sie sich des Schutzes Joseph's II. erfreuen konnte, gebildet und wie sich dieselbe Anschauung in dem Volke auch unter dessen Nachfolger Leopold II. und selbst noch während den drei ersten Regierungsjahren Kaisers Franz II. erhalten hatte.

Zugleich wurde aber auch bemerkt, wie es schon zur Zeit der kurzen, nur zweijährigen Regierung Leopold's II. nicht an Gegnern fehlte, die sich bestrebten, die Freimaurerei beim Kaiser zu verdächtigen, ein Bemühen, das jedoch erst gegen das Ende des dritten Regierungsjahres Franz II. einen Erfolg errang, indem sich der Kaiser — eingeschüchtert durch die Verläumdungen, welche gegen den Freimaurerbund vorgebracht wurden — bestimmt fand, den Orden im Jahre 1794 in den Oesterreichischen Staaten aufzuheben.

In den zur Stephanskrone gehörigen Ländern bestanden zu jener Zeit 17 Johannis-Logen in 13 verschiedenen Städten, und zwar in Ungarn 8 Logen in 7 Städten, in Siebenbürgen 2 Logen in 2 Städten, in Croatien 4 Logen in 3 Städten, in Slavonien 1 und in der Bukowina ebenfalls 1 Loge, welche drei Provinzial-Logen zugewiesen

5

waren, nämlich der Provinzial-Loge in Ungarn, in Siebenbürgen und Galizien.

Zur ersteren gehörten die Loge zur Grossmuth in Pest,
— die beiden Logen zur Sicherheit und zur Veschwiegen-
heit in Pressburg, — die Loge zu den tugendhaften Reisenden in Eperies, — zum Kosmopoliten in Miskolcz, —
zum tugendhaften Pilgrim in Gyarmath — und zum goldenen Rad in Eberau; — ferner die vier croatischen Logen
zur Klugheit in Agram, — zur Tapferkeit in Karlstadt, —
die beiden Logen zur Freundschaft und zum guten Rathe
in Warasdin — und die slavonische Loge zur Wachsamkeit in Essek.

Der Provinzial-Loge in Siebenbürgen waren drei Johannis-Logen zugewiesen, als die beiden Logen Andreas
zu den drei Seeblättern und zum geheiligten Eifer in Hermannstadt, — und zu den tugendhaften Weltbürgern zu
St. Philippen in der Bukowina; endlich

der Provinzial-Loge von Galizien, die Loge zu den drei
weissen Lilien in Temesvár.

Die ungarischen Logen lebten mit den österreichischen
in vollster Eintracht und in friedlicher Gemeinschaft suchten sie jede politische Meinungsverschiedenheit auszugleichen, um zu verhindern, dass der Logenverband in der
österreichischen Monarchie durch dieselben irgend eine
Störung erleide.

Aber bald sah man den Horizont der echten edlen
Freimaurerei in Ungarn getrübt. Die blutigen Kriege mit
Frankreich, welche die im Jahre 1789 daselbst zum Ausbruche gekommene Revolution zur Folge hatte und die Verbindungen der französischen Freimaurer mit den Logen
in Deutschland übten ihren Einfluss auch auf die ungarischen Logen aus. Die Nationalitätenfrage wurde sogar
in denselben in den Bereich ihrer Verhandlungen gezogen
und die von den französischen Logen ausgegangene Parole
„Freiheit, Gleichheit und Brüderlichkeit" fand auch bald ihren

Nachhall in den Logen Ungarns. Wenn auch unter den Brüdern derselben in dem gegenseitigen Kampfe um den Sieg der von den verschiedenen Parteien vertretenen Ansichten zeitweise ein Stillstand eintrat und die Einigkeit unter ihnen wieder hergestellt schien, so war dieselbe doch keineswegs eine wirkliche und freiwillig herbeigeführte, sondern nur eine scheinbare und durch die damaligen Verhältnisse und besondere Umstände erzwungene.

Es würde zu weit führen hier näher zu erörtern, welche Folgen dieses Abweichen von den altehrwürdigen Satzungen der echten Freimaurerei nach sich zog und es möge genügen hier nur anzudeuten, dass eben diese Abweichungen von den alten maurerischen Vorschriften es waren, welche wesentlich dazu beitrugen die österreichische Regierung zu bestimmen, die Ausübung der Freimaurerei in den österreichischen Staaten zu unterdrücken und den der Freimaurerei niemals besonders günstig gewesenen Kaiser Franz II. zu bewegen, dieselbe durch ein besonderes Gesetz in seinem Reiche zu verbieten; ein Gebot, dem auch die ungarischen Logen zu gehorchen sich gezwungen sahen, als zu Anfang des Jahres 1794 sämmtliche Logen im gesammten Reiche aufgehoben wurden.

Mehr als ein halbes Jahrhundert ging vorüber bevor die Maurerei in den österreichischen Staaten wieder erwachte. Da trat in Folge der verrosteten Zustände auch in diesem Reiche im Jahre 1848 die Revolution heran, welche in Ungarn bis in das Jahr 1849 bekämpft werden musste und diesem Lande Alles brachte, nur nicht die Einigkeit.

Wie in Wien, so war man auch in Pest schon bald nach dem Ausbruche der März-Ereignisse des Jahres 1848 bemüht, nach so langer Zeit des Stillstandes in der Maurerei wieder eine Loge zu errichten.

Es war dies die Loge „Kossuth zur Morgenröthe des höheren Lichtes", welche in demselben Jahre noch in Pest in's Leben trat. Aber das Licht erlosch bevor noch die Morgenröthe sichtbar wurde, und sehr richtig bemerkt Freemasons Magazine: „a temporary resumption of Maconic la-„bours followed the down of liberty in 1848, but soon „ceasd again when in 1849 the national aspirations were „suffocated with pouder and lead by the hordes of the Win-„dischgraetzs, the Jellachichs and Haynaus."

Im Sommer des Jahres 1861 versuchte zwar eine Anzahl dem Maurerbunde zum Theil bereits angehöriger Männer sich zur Gründung einer Loge in Pest zu vereinigen.

Es waren dies die Grafen Eduard Károly, Theodor und Coloman Czáky, Stephan Esterházy, Julius Teleky, Baron Béla Vay, Georg Komarómy, Paul Almásy, Emmerich Zcarnay, Eduard Szérenyi und Dr. med. Alexander Lumnitzer.

Mehr als die Hälfte derselben gehörten dem katholischen Bekenntnisse an.

Graf Eduard Károly war vorläufig zum Meister vom Stuhle, Graf Theodor Czáky zum Secretär der zu gründenden Loge bestimmt. Graf Coloman Czáky zum ersten, Graf Béla Vay zum zweiten Aufseher derselben. Die Loge sollte den Namen „zum heiligen Stephan" führen.

Es war Anfangs zwar die Absicht, dass sich mehrere der genannten Persönlichkeiten nach Hamburg begeben sollten, um von der dortigen Grossen Loge die Constitution für die zu gründende Loge in Pest zu erwirken. Um Kosten zu ersparen zog man jedoch vor sich auf schriftlichem Wege um die Constitution bei der Hamburger Grossen Loge zu bewerben und wendete sich deshalb an den Verfasser dieser Schrift, welcher schon seit einer Reihe von Jahren in Pest domicilirt, indem man folgendes Schreiben, das fast von sämmtlichen oben genannten Persönlichkeiten unterzeichnet war, an ihn richtete.

„Les soussignes sont convenu de former à Pest une

„Loge de Franc-Maçons et priont le Dr. Louis Lewis de „l'instituer et de faire les démarches pour la Constitution."

„16. Aout 1861."

Es wurde sonach ein schriftliches Gesuch in diesem Sinne abgefasst und von mir unterm 22. October 1861 an die Grossloge nach Hamburg abgesendet.

Der Grossmeister dieser Loge Br. Buck, welcher schon vorher in einem Privatschreiben von mir von diesem Vorhaben in Kenntniss gesetzt worden war, erwiderte hierauf in eingehender Weise unterm 3. November desselben Jahres und bezeichnete unter Hinweisung auf die Principien der Freimaurerei überhaupt und die in den Paragraphen 6 und 10 des Constitutionsbuches der Hamburger Grossloge aufgestellten Grundsätze, insbesondere folgende Bedingungen als unerlässlich, unter denen allein nur die Gross-Loge in Hamburg zur Gründung einer Loge in Pest die Hand bieten könnte, und zwar:

1) Dass die Erlaubniss der Staats-Regierung zur Errichtung einer solchen Loge keinem Zweifel unterliege und der Beweis dafür durch Vorlage eines schriftlichen Documentes beizubringen sei;

2) dass die zu constituirende Loge sich durch einen von sämmtlichen Gründern unterzeichneten Revers verpflichte, alle politischen und kirchlichen (confessionellen) Verhandlungen und Bestrebungen von ihren Versammlungen fern zu halten; und

3) endlich, dass dieselbe sich verpflichte in deutscher Sprache zu arbeiten, wobei sich übrigens von selbst verstehe, dass die zu constituirende Loge sich ausserdem, wie alle Tochterlogen der Grossloge verpflichte, den Grundververtrag (namentlich die Beschränkung auf die drei Johannis-Grade), die Gesetze (das Constitutionsbuch) und das Rituale der Grossen Loge als Richtschnur bei ihren Arbeiten anzunehmen und an denselben unverbrüchlich festzuhalten.

Leider stiess ich jedoch bei meinen Bemühungen auf

die Erfüllung dieser Bedingungen hinzuwirken, auf Wider-. spruch von Seite der Mehrzahl derjenigen, die sich Anfangs zur Gründung dieser Loge bereit gezeigt hatten. Wenngleich mehrere derselben geneigt waren, auf diese Bedingungen einzugehen, so war doch die Partei derjenigen, welche nur ihre Stimme als massgebend betrachteten und derselben allein nur Geltung zugestehen wollten, dagegen, indem sie weder zu bewegen waren die Erlaubniss der Regierung zur Errichtung einer Loge nachzusuchen, noch dieselbe in einer anderen als der ungarischen Sprache abzuhalten.

Ich sah mich daher zu meinem Bedauern genöthigt, dies dem Grossmeister der Hamburger Grossloge Br. Buck zu melden und mich von der ganzen Angelegenheit zurückzuziehen, wodurch dieselbe zunächst auch ihre Erledigung fand.

Graf Theodor Czáky nahm sich dieser Sache aber ganz besonders an und liess eine Medaille mit dem Bildnisse des heiligen Stephan aus Silber prägen, die zum Logenzeichen bestimmt war. Hierauf verliess er jedoch Pest und nahm sämmtliche Logenzeichen mit sich.

Späteren Nachrichten zu Folge soll derselbe — namentlich im Zempliner Comitate — mehrere Personen in den Maurerbund aufgenommen und einige constitutionslose Logen im Geheimen errichtet haben, über deren Schicksal ich aber nichts Näheres in Erfahrung bringen konnte.

Noch muss ich eines auf die Freimaurerei in Ungarn Bezug nehmenden Zwischenfalles erwähnen, welcher sich im März des Jahres 1858 zugetragen hat und der so manches Streiflicht auf die damaligen Zustände in diesem Lande und insbesondere auf die politische Verwaltung desselben wirft.

Ich wurde nämlich in den letzten Tagen des Monats Februar jenes Jahres von einer Persönlichkeit, die mit mir dasselbe Haus bewohnte, bei der Pester Polizei-Direction denuncirt, dass ich Freimaurer sei, mit Freimaurern Umgang pflege und für die Freimaurerei Proselyten zu gewinnen suche.

Am 1. März erschien hierauf schon vor Tagesanbruch, als ich noch zu Bette war, ein Polizei-Commissär mit genügender Assistenz in meiner Wohnung, legitimirte sich als solcher mit seinem schriftlichen Auftrage und nahm eine genaue Untersuchung meiner Wohnung und aller daselbst aufgefundenen Schriften vor.

Nachdem er ausser den in meiner Bibliothek befindlichen maurerischen Büchern nichts auf diesen Orden bezügliches als vier silberne Maurerkellen fand, die er mit Beschlag belegte und mit sich nahm, entfernte er sich und ich musste ihm unverzüglich zur Polizei-Direction folgen, wo ich ein umständliches Verhör zu bestehen und meine Aussage zu Protokoll zu geben hatte, worauf ich mich sodann wieder entfernen durfte.

Es war dies der Beginn einer förmlichen Strafuntersuchung, welche gegen mich eingeleitet werden sollte, wie dies aus nachstehenden Acten, die den ganzen Gang dieser Verhandlung darstellen, hervorgeht.

Am 5. März 1858 erging unter der G. Z. $\frac{437}{P}$ folgender Erlass von der Pester Polizei-Direction an das k. k. Landesgericht in Strafsachen in Pesth.

An das löbliche k. k. Landesgericht in Strafsachen in Pest.

„Es wurde amher mitgetheilt, dass der an der Pester „Universität als Lehrer angestellte Dr. L. Lewis Mitglied „der geheimen Gesellschaft der Freimaurer ist.“

„In Folge dieser Mittheilung, der eine gerichtliche Aus„sage zu Grunde liegt, wurde in den Wohnungen des Lewis „und Otto eine Hausuntersuchung unternommen und vier „Maurerkellen mit Beschlag belegt.“

„Da nun Lewis selbst eingesteht Freimaurer zu sein „und bei ihm auch die obgenannten Abzeichen gefunden „wurden, so giebt man sich die Ehre, das löbliche k. k. Lan-

„desgericht zur weiteren gefälligen Amtshandlung mit dem „Bemerken in die Kenntniss zu setzen, dass in Betreff des „Otto unter Einem dem k. k. Landesgerichte zu Ofen die „nöthige Mittheilung gemacht wird."

„Die erwähnten 4 Maurerkellen, das mit dem Lewis „aufgenommene Protocoll und eine Abschrift des bei Otto „vorgefundenen Freimaurer-Programms folgen in der An-„lage mit."

Pest, am 5. März 1858.

Der k. k. Hofrath und Polizei-Director

Protmann m. p.

Um mich aus dieser keineswegs erquicklichen Situation zu befreien, fasste ich den Entschluss mich als geborener Hamburger an den Minister-Residenten der freien Hanse-Stadt Hamburg und Doctor der Rechte Herrn Moritz von Hekscher in Wien zu wenden und mich unter seinen Schutz zu stellen.

Ich richtete sonach folgendes Gesuch an denselben.

Hochwohlgeborener Herr!

„Im Jahre 1802 zu Hamburg geboren, nachdem ich „meine Jugend- und Mannesjahre in Preussen, Frankreich „und England zugebracht hatte, kam ich im Jahre 1842 „nach Wien, und hielt mich dort auf bis 1850, in der „Eigenschaft als Professor an der k. k. Ingenieur-Akademie „und Inhaber der ersten Jacotot'schen Lehranstalt der deut-„schen, englischen und französischen Sprache. Nachdem ich „im Jahre 1850 meinen Aufenthalt zu Wien mit Pest in „Ungarn vertauschte, habe ich durch Vermittelung Sr. Ex-„cellenz des Herrn Baron von Geringer den Katheder an „der k. k. Universität zu Pest über englische Sprache und „Literatur erlangt. Nebenbei wurde ich auch bei einer „Abtheilung der k. k. Polizei-Direction und zwar bei der „Bücher-Revisions-Commission mit Censorschaft betraut."

„Obgleich seit 16 Jahren in Oesterreich, habe ich mich „daselbst meiner Unterthänigkeit als Hamburger Staats-

„bürger nicht entschlagen, weshalb mir die freie Hanse-Stadt
„Hamburg über mein Ansuchen einen Reisepass vom 7. April
„1858 Z. 526 ausgefertigt und zugesendet hat, und welchen
„die löbl. k. k. Polizei-Behörde in Pest mir auch einhän-
„digte."

„Noch vor meinem Eintritte in den österreichischen
„Kaiserstaat war ich Freimaurer. Die österreichische Re-
„gierung hatte hiervon genaue Kenntniss, um so mehr, als
„mit Bewilligung der grossen Landesloge und mit Bewilligung
„der österreichischen Regierung, namentlich des Ministers
„Doblhoff, im Jahre 1848 zu Wien die Freimaurerloge zum
„heiligen Joseph ich errichtete, welche bei Gelegenheit der
„Verhängung des Belagerungszustandes über Wien ge-
„schlossen wurde."

„Ferner wusste die österreichische Regierung von mei-
„ner Eigenschaft als Freimaurer, weil ich gerade wegen
„meiner Eigenschaft als Freimaurer von Seiten des Minister-
„Präsidenten weiland Sr. Durchlaucht Fürst von Schwar-
„zenberg und des Herrn Baron von Geringer mit einer
„Mission nach Serbien betraut gewesen."

„Bei allen diesen Vorgängen habe ich den Weg der
„Ehre und Rechtschaffenheit betreten und bin von diesem
„nicht haarbreit abgewichen."

„Für diese und meine Dienstleistungen als Lehrer wur-
„den mir Seitens der österreichischen Regierung die beste
„Zukunft und Verdienstanerkennung zugesichert. Faktisch
„hat sich davon nur so viel bewährt, dass ich für meinen
„Unterricht als Lehrer der englischen Sprache und Lite-
„ratur an der k. k. Universität in Pest immer gegen wie-
„derholtes und kostspieliges Ansuchen eine Remuneration
„von nur — Ein Hundert Gulden in Conventions-Münze
„ausgeworfen erhalte."

„Ist auch diese meine derzeitige Stellung eine erbärm-
„liche, so habe ich am 1. März 1858 Seitens der Pester
„Polizei-Behörde eine rücksichtslose Hausdurchsuchung be-

„stehen müssen, und es wurden mir bei dieser Gelegenheit
„vier Maurerkellen abgenommen."

„Seitdem befinde ich mich in einer qualvollen straf-
„rechtlichen Untersuchung beim k. k. Landesgericht in Pest,
„— weil ich Freimaurer bin."

„Durch diese Behandlung fühle ich mich als Hamburger
„Unterthan sehr beschwert, und weil ich mich keines Schutzes
„erfreue, so glaubte ich Eure Hochwohlgeboren zu bitten,
„mich in meiner so bedrängten Lage bei der österreichi-
„schen Regierung — die hiervon kaum Wissenschaft haben
„dürfte, — geneigtest huldvoll in Schutz nehmen zu wollen."

Hochachtungsvoll
Dr. Ludwig Lewis.

Meine Bitte fand bei dem Minister-Residenten von
Hamburg Gewährung, denn unverzüglich verwendete er sich
für mich bei dem Gouvernement von Ungarn.

Hierauf wurde im Auftrage Sr. Kaiserl. Hoheit Erz-
herzogs Albrecht, damaligen Gouverneurs von Ungarn un-
term 10. März 1858 G. Z. $\frac{573}{\text{G. Präs.}}$ nachstehende Zuschrift
an das Präsidium des k. k. Oberlandesgerichtes erlassen.

„Der hamburgische Minister-Resident in Wien hat eine
„Beschwerde des Dr. Lewis, Lehrers der englischen Sprache
„und Literatur an der Pester Universität, mit dem Ersu-
„chen um Schutz und Abhilfe für denselben als Hamburger
„Unterthan an das k. k. Ministerium des Innern geleitet."

„Diese durch dasselbe zur Bekanntgabe des bezüglichen
„Sachverhaltes hierher übermittelte Beschwerde bezieht sich
„auf die Folgen, welche die Angabe des Oberwundarztes
„Dr. Joseph Hufnagel, dass er in den Wintermonaten vom
„Jahre 1856 auf 1857 von dem genannten Lehrer der eng-
„lischen Sprache zur Theilnahme an einer geheimen Ge-
„sellschaft, zum heil. Joseph genannt, aufgefordert worden
„sei, nach sich gezogen, und es erwähnt Dr. Lewis in der
„bezeichneten Eingabe insbesondere in entschuldigender
„Weise, dass er vor seinem Eintritte in den österreichischen

„Kaiserstaat Freimaurer war, und dass die östereichi-
„sche Regierung hievon Kenntniss gehabt habe,
„da ihm im Jahre 1848 die Bewilligung ertheilt worden sei,
„die im Jahre 1791 bestandene Freimaurerloge zum heil.
„Joseph in Wien wieder zu reaktiviren, welche dann bei
„Gelegenheit der Verhängung des Belagerungszustandes über
„Wien von ihm selbst wieder geschlossen worden sei."

„Da diese Aeusserung des Beschwerdeführers von eini-
„gem Belange für die gegen ihn obschwebende Untersu-
„chung erscheint', so wird das k. k. Oberlandesgerichts-
„Präsidium hiervon mit Beziehung auf den diesfälligen Er-
„lass vom 14. März d. J. Z. $\frac{888}{334}$ Präs. zur weiteren Mitthei-
„lung an das k. k. Landesgericht in Pest hiermit in Kennt-
„niss gesetzt."

Im Namen Sr. Kaiserlichen Hoheit

G. Haller m. p.

In Folge dieses erzherzoglichen Erlasses wurde die Untersuchung gegen mich eingestellt, wovon ich unterm 26. Juni
1858 durch das k. k. Landesgericht in Strafsachen zu Pest
mit nachstehendem Decrete G. Z. $\frac{7954}{818}$ in Kenntniss gesetzt
wurde.

An Herrn Dr. Ludwig Lewis.

„Es wird hiermit bekannt gegeben, dass die Vorunter-
„suchung wegen Vergehens durch Theilnahme an einer ge-
„heimen Gesellschaft eingestellt und die Ihnen abgenom-
„menen vier Stück Maurerkellen an die k. k. Polizei-Di-
„rection eingesendet wurden."

Pest, am 26. Juni 1858.

Das k. k. Landesgericht in Strafsachen.

Der k. k. Vice-Präsident.

Fabini m. p.

Zu dieser Entscheidung hat wesentlich ein Bericht der
Wiener Polizei-Direction beigetragen, welchen dieselbe schon
im Jahre 1851 an den damaligen Minister des Innern
Dr. Alexander Bach über die Freimaurerloge zum heiligen

Joseph in Wien und deren Mitglieder zu erstatten hatte und der nun als ein wichtiges Aktenstück bei der Untersuchung gegen mich im Jahre 1858 benützt wurde.

Ich habe auf denselben schon in der ersten Abtheilung dieser Geschichte, welche die Geschichte der Freimauerei in Oesterreich behandelt hingewiesen und muss hier näher denselben berühren.

Minister Bach hatte gelegentlich der von mir nachgesuchten Bewilligung zur Wiedereröffnung der Loge zum heiligen Joseph in Wien im Juli 1851 die Wiener Polizei beauftragt ihm über diese Loge und deren Mitglieder zu berichten.

Unterm 29. Juli 1851 erstattete nun die Wiener Polizei-Direction mit der G. Z. $\frac{1021}{1134}$ einen umständlichen, an den Minister des Innern in dieser Angelegenheit gerichteten Bericht, dessen wesentlichen Inhalt ich hier in einem Auszuge wortgetreu wiedergebe.

„Die Idee, nach der Umgestaltung der Dinge im März „1848 in Wien eine Freimaurerloge zu gründen, scheint „nach allen vorgekommenen Daten vorzugsweise vom Pro„fessor L. Lewis ausgegangen zu sein."

„Dieser ist von Hamburg gebürtig, jedoch in London „erzogen und dahin zuständig, gegenwärtig 50 Jahre alt, „evangelischen Glaubensbekenntnisses, ledigen Standes, Doc„tor der Philosophie und kam im Jahre 1842 zum ersten „Male nach Wien, um sich durch Zuhilfenahme der hiesi„gen Bibliotheken dem Studium der deutschen, französischen „und englischen Literatur als Vorbereitung zum höheren „Lehrfache in diesen Sprachen zu widmen."

„Obwohl seine Existenz durch den Besitz eines kleinen „Vermögens vom Hause gedeckt war, nahm Lewis aus An„lass verschiedener Berührungen, in welche ihn seine Stu„dien brachten, in mehreren mitunter distinguirten Häusern „Unterrichtsstunden im Französischen und Englischen an, „und erhielt in der Folge die Stelle eines zeitweiligen Lehrers

„an der protestantischen Hauptschule und an der k. k. In-
„genieur-Akademie allhier, bis er im Jahre 1850 in seinem
„Vortheile fand, einem Rufe nach Pest zu folgen, um da-
„selbst die Stelle eines Lehrers an der Industrie-Schule zu
„übernehmen."

„Der über Lewis allgemein verbreitete Ruf bezeich-
„net ihn als einen sehr gebildeten und zum Theile geist-
„reichen Mann, welcher sich jedoch durch seine Vorliebe
„zur Jacotot'schen Lehrmethode zu einigen Extravaganzen
„in dieser Richtung verleiten liess und im Umgange mit
„Gleichgestellten bisweilen einen zu dominirenden Charak-
„ter äussert, was ihm schon verschiedene Zerwürfnisse ver-
„ursachte."

„Nach seiner während des hiesigen Aufenthaltes beob-
„achteten Haltung rechnet sich Lewis in die Kathegorie der
„Conservativ-Liberalen der vormärzlichen Zeit, war jedoch
„immer sehr gemässigt und hat sich auch während der
„Ereignisse des Jahres 1848 ungeachtet einiger vorüber-
„gehenden Exaltationen bei keiner Gelegenheit compro-
„mittirt."

„Nachdem, wie bemerkt, Lewis, welcher schon früher
„einer ausländischen Loge angehört haben soll, mit den im
„Jahre 1848 sich gestalteten neuen Verhältnissen nicht nur
„die Möglichkeit dargeboten, sondern nach seinen Ansichten
„auch die Nothwendigkeit der Errichtung einer Freimaurer-
„loge hervorgerufen sah, um durch deren Wirken das zer-
„störende Treiben feindseliger Parteien möglichst zu para-
„lysiren, machte er bei dem damaligen Ministerium Dobl-
„hoff die nöthigen Schritte und erhielt im September 1848
„die Genehmigung zur Eröffnung einer Loge, die den Na-
„men zum heiligen Joseph führte."

„Es wollten sich jedoch, so weit es zu erfahren mög-
„lich war, nicht so viele Theilnehmer finden, welche man
„in die Geheimnisse des Bundes einzuweihen für gut fand,
„als Lewis sicher erwartete, so dass kaum die im Gesetz-

„buche vorgezeichneten Stellen der Vorgesetzten und Beam-
„ten besetzt werden konnten."

„Auch gab es sowohl über die zur Gründung bestimmte
„Erlagsumme von 25 Gulden und den weiteren monatlichen
„Beitrag von 1 Gulden, so wie über andere mehrere Punkte
„einige Differenzen zwischen den Mitgliedern."

„Die Einweihung der Loge wurde auf den 5. October
„1848 festgesetzt und fand in einem Hause der Teinfalt-
„strasse auf eine einfache und ganz unauffällige Weise un-
„ter Vorlesung der Gesetze und Abhaltung von Reden statt
„und wurde mit einem sehr mässigen Mahle beschlossen."

„Zu derselben wurde als auswärtiges Mitglied der be-
„kannte Philolog Professor Kampmann aus Breslau einge-
„laden. Als Meister vom Stuhle fungirte Dr. Lewis und
„als Redner der aus früherer Zeit bekannte Schriftsteller
„Dr. Baldamus."

„Die übrigen Mitglieder des Bundes, welche die ver-
„schiedenen Aemter bekleideten, waren — so viel erhoben
„werden konnte, — der Hofschauspieler und Regisseur An-
„schütz, die beiden Söhne Koberwein's, der hiesige Goldar-
„beiter Richter, der Buchhandlungs-Associé Kollmann, ein
„Custos des Naturalien-Cabinetes — wahrscheinlich Doctor
„Diesing*), — der kürzlich verstorbene k. k. Hofrath Bütt-
„ner und ein Cameral-Beamter unbekannten Namens."

„Doch scheint die Constituirung der hiesigen Loge
„einigen ausländischen, namentlich jener zu Berlin und
„Breslau, einfach mitgetheilt worden zu sein."

„Die unmittelbar auf die Einweihung gefolgten Schreckens-
„tage und traurigen Veränderungen, und der hierauf einge-
„tretene Belagerungszustand hatten von selbst jedes weitere
„Zusammentreten der Bundesglieder unzulässig gemacht,
„wenn auch nicht die förmliche Auflösung der Loge selbst

---

*) Diese polizeiliche Angabe ist unrichtig, denn Dr. Diesing war
nicht Mitglied dieser Loge.

„herbeigeführt. Kampmann verliess noch vor Ausbruch des
„Kampfes Wien und auch die übrigen Glieder zerstreuten sich."

„Hatten schon früher nur einige Elemente der Frei-
„maurerei sich zusammengefunden, so war dieses später nur
„noch weniger zu erwarten, indem man durch eine Ver-
„sammlung dieser Art gegen die positiven Ausnahmegesetze
„verstossen hätte."

„Nur so viel ist gewiss, dass nach der Herstellung der
„gesetzlichen Ordnung zwischen einzelnen Gliedern Bespre-
„chungen stattfanden, welche die Frage zum Gegenstande
„hatten, ob man es versuchen sollte vom Civil- und Mili-
„tär-Gouvernement die Ausübung des vom früheren Mini-
„sterium gestatteten Vereinsrechtes unter Beobachtung ge-
„wisser vorzuzeichnender Förmlichkeiten sich zu erbitten."

„Wieder war es Lewis, welcher seine Beharrlichkeit für
„das Interesse seiner Schöpfung vorzugsweise an den Tag
„legte, indess andere Glieder sich mehr und mehr zurück-
„zogen."

„Er entwarf Statuten, in denen mehrere, den Zeitver-
„hältnissen angepasste Varianten des englischen Gesetzes
„vorkommen, denen zu Folge namentlich jede Discussion
„über' politische und kirchliche Gegenstände in den Ver-
„sammlungen vermieden, ein Verzeichniss aller Mitglieder
„der Behörde bekannt gegeben und sogar jene Personen in
„die Loge aufgenommen werden sollten, welche von der Re-
„gierung ihren Ansichten gemäss dem Bunde vorgeschlagen
„werden würden."

„Das Gouvernement ging jedoch in diese Vorschläge
„nicht ein und bestand auf der Kontrole jeder Bundesver-
„sammlung durch einen abzusendenden Militär-Commissär,
„und so ergab sich die faktische Auflösung der hiesigen
„Loge, welche auch von jenen in Berlin und Breslau als
„nicht mehr bestehend betrachtet wird."

„Uebrigens glaubt man mit Gewissheit annehmen zu
„können, dass, wenn auch die erwähnten Glieder der hie-

„sigen Loge ihre gesinnungsverwandte Verbindung unter
„einander nicht aufgaben, dieselben doch keine bestimmten
„Versammlungen mehr gehalten haben."

„Bezüglich der Charakteristik der genannten Freimaurer
„muss man bemerken, dass sie alle mehr oder minder der
„früheren liberalen Partei angehören, jedoch sich streng
„conservativ gerirt und nie einen Anlass zu einer bedenk-
„lichen Wahrnehmung durch ein aufreizendes Hervortreten
„gegeben haben."

„Ein Mehreres über den Gegenstand des hohen Er-
„lasses auf unauffälligem Wege in Erfahrung zu bringen,
„war man bis nun nicht in der Lage; denn die Glieder des
„Freimaurerbundes sind schon nach ihren Satzungen ver-
„pflichtet, sich in der profanen Welt nicht gegenseitig als
„Freimaurer bekannt zu machen und dürften unter den
„Verhältnissen der Gegenwart um so mehr sich an diese
„Verpflichtung halten, als sie dem als Freimaurer erklärten
„Bruder Verlegenheiten zu bereiten glauben mögen."

„Eine förmliche amtliche Vernehmung über die hiesige
„Loge dürfte, mit Hinblick auf die bereits in Pest stattge-
„fundene Verhandlung, am erfolgreichsten mit Dr. Lewis
„vorgenommen werden."

„Von den Gliedern der Pester Loge sind übrigens nur
„der Gasbeleuchtungs-Director Joseph Zimmermann und der
„Zuckerraffinerie-Director Vornzagen aus ihren öfteren
„Durchreisen bekannt. Beide sind Preussen; ersterer ist
„auch in politischer Beziehung nicht völlig rein, letzterer
„dagegen bisher unbedenklich erschienen."

„Was insbesondere den Schriftsteller Baldamus betrifft,
„welcher in früherer Zeit während seines Aufenthaltes in
„der Schweiz wegen der Schärfe seiner Feder gegen die
„k. k. Regierung beanstandet wurde, so befindet sich der-
„selbe, nachdem er eine Tochter des fürstlich Liechten-
„stein'schen Leibarztes Dr. Tschebultz geheirathet hat, seit
„15 Jahren abwechselnd theils auf seinem Besitzthume zu

„Mistelbach, theils hier, wurde schon in der vormärzlichen
„Zeit rehabilitirt, und lebt in Berührung mit wenigen be-
„freundeten Familien um so mehr ganz zurückgezogen, als
„ihm in neuester Zeit sein vorgerücktes Alter und seine
„zerstörte Gesundheit dies zur Nothwendigkeit machen."

Da in dem mir vom k. k. Landesgerichte zu Pest unterm 26. Juni 1858 zugestellten Decrete, womit ich von der
Einstellung der gegen mich eingeleiteten Untersuchung in
Kenntniss gesetzt wurde, die Gründe, welche diese Einstellung veranlassten mir nicht bekannt gegeben worden
waren, so richtete ich unterm 28. Januar 1861 an dasselbe die
Bitte mir diese Begründung mitzutheilen, worauf ich unterm
29. Januar 1861 G. Z. $\frac{889}{861}$ nachstehenden Bescheid erhielt.

„Hierüber wird dem Herrn Gesuchsteller eröffnet, dass
„mit Rathsbeschluss vom 26. Juni 1858 Zahl 7954 die Vor-
„untersuchung gegen ihn wegen Vergehens durch Theil-
„nahme an einer geheimen Gesellschaft, in Ermangelung
„des Vorhandenseins eines solchen Vergehens nach § 197.
„Z. 1. St. P. O. eingestellt wurde."

Pest, am 29. Januar 1861.

Das k. k. Langesgericht in Strafsachen.

Der k. k. Vice-Präsident

Szekrenéngery m. p.

So endete diese so eifrig gegen mich in Angriff ge-
nommene Untersuchung, nachdem dieselbe nahe an vier
volle Monate in Anspruch genommen hatte.

Nach dieser Episode wende ich mich wieder der eigentlichen Geschichte der Freimaurerei in Ungarn zu.

Gänzlich verschieden von dem im Jahre 1861 unter-
nommenen Versuche zur Gründung einer Freimaurerloge
in Pest sind die zwei Jahre später getroffenen Einleitungen
zur Errichtung einer deutschen Loge daselbst, über welche
bereits in Nr. 10, der Freimaurer-Zeitung vom Jahre 1864,
so wie in demselben Jahrgange der Latomia, Seite 54, eine
kurze Mittheilung gemacht worden ist.

Noch einmal traten — wie aus jenen Berichten hervorgeht — am 28. Dezember 1863 mehrere Brüder in der Wohnung des Br. Barbieri zu einer Besprechung zusammen, um die Frage zu behandeln, ob man es für geeignet fände in Pest eine deutsche Loge zu errichten.

Es waren dies, ausser mir, folgende Brüder. Kapellmeister Carl de Barbieri, der k. k. Hof-Opernsänger F. Steger, die Kaufleute L. Hausner, Rosner, Dr. Bernhardi, Lehrer Rohmade und Fabrikant Scheurer.

Bei dieser Gelegenheit erklärte ich, dass ich die Gründung einer deutschen Loge in Pest sogar für nothwendig erachte, um das zerstörende Treiben feindseliger Parteien zu paralysiren; denn nur die wahre Freimaurerei — bei welcher jede Discussion über Politik und Religion vermieden werde — könnte für eine Nation heilsam sein. Eine Gesellschaft, die dem conservativen Fortschritte huldigt und alle Nationen in ihrem Schoosse birgt, könne nur segenbringend für Ungarn sein, wo die Parteien sich feindlich einander gegenüber stehen. — Auch sollte, wenn wir den Namen „deutsche Loge" gebrauchen, nicht gerade das deutsche Element vorherrschend sein, sondern es solle der Verein alle Nationen umfassen.

Da aber in Ungarn keine grosse rechtmässige Loge besteht, so müsse man sich an eine auswärtige Grossloge anschliessen.

Sämmtliche Anwesende stimmten dieser Ansicht bei und sprachen zugleich auch die Hoffnung aus, dass die Regierung eine solche Loge wenigstens stillschweigend dulden werde.

Diese Voraussetzung gründete sich auf ein Zugeständniss, welches mir von dem damaligen Polizei-Director in Pest, Regierungsrath Worafka, gemacht wurde, welches er in der Folge aber wieder zurücknahm und mir auf's Strengste verbot Logen zu halten, widrigenfalls ich vor ein Kriegsgericht geladen werden würde.

Um unser Vorhaben zur Ausführung bringen zu können, erbot sich Bruder Barbieri für ein Lokal zu sorgen und sämmtliche Anwesende zeichneten sofort Summen zur Anschaffung der nöthigen Utensilien, sowie sich auch jeder zu einem Monatsbeitrage von zwei Gulden verpflichtete.

Die Brüder Scheurer und Rohmade wurden provisorisch mit den Aemtern eines Secretärs und Schatzmeisters betraut, ich aber zum Vorsitzenden bestimmt.

Das Logen-Lokal wurde mit einem Kostenaufwande von nahe an 200 Gulden eingerichtet, doch konnte die Loge, zu welcher bereits aus verschiedenen Gegenden Ungarns zahlreiche Beitrittsgesuche eingegangen waren, zu jener Zeit ihre Arbeiten noch nicht beginnen, da es bis dahin noch nicht möglich war, den von der Hamburger Grossloge bei einer ähnlichen Gelegenheit im Jahre 1861 geforderten und zur ersten Bedingung gemachten Nachweis der Bewilligung der Staatsregierung beizubringen und in Folge dessen die Constitution von dieser Grossloge zu erhalten.

Mittlerweile ging uns aus Wien die Nachricht zu, dass wenn das Vereinsgesetz in Oesterreich geordnet sein werde, der Errichtung von Freimaurer-Logen kein Hinderniss mehr im Wege stehen dürfte. „Es gehöre aber — schrieb man uns — viel Energie dazu, in Ungarn Derartiges zu Stande zu bringen."

Die Brüder der beabsichtigt gewesenen deutschen Loge in Pest hielten zwar muthig zusammen, doch stand es sehr im Zweifel ob es ihnen gelingen würde ihr Vorhaben in Ausführung bringen zu können.

Nach reiflicher Ueberlegung wurde endlich der Beschluss gefasst, eine Petition an den damaligen Staatsminister Ritter von Schmerling zu richten und diese durch mich demselben überreichen zu lassen, damit ich unsere gemeinschaftliche Bitte vorwortlich unterstützen und nöthigen Falles nähere Aufschlüsse hierüber geben könne.

Ich nahm diesen Antrag gerne an, reiste nach Wien,

trug dem Staatsminister unser Anliegen vor und erhielt
von demselben, ohne dass er näher in diesen Gegenstand
eingegangen wäre, zur Antwort: „Ich glaube nicht, dass das
Logenwesen in Ungarn genehmigt werden kann." Dies
war der Bescheid auf unsere Eingabe, denn eine schriftliche Erledigung kam uns nicht zu.

Die Polizei-Behörde dagegen erwies sich wieder thätig,
lud sämmtliche Mitglieder vor, nahm sie in's Verhör, proto-
collirte ihre Aussagen und drohte sogar mit Kriegsgericht.
So stand die Logenangelegenheit in Ungarn im Jahre 1864.

Staatsminister von Schmerling legte seine Würde nieder und Graf Belcredi übernahm an dessen Stelle den wichtigen Posten eines Lenkers des Staates.

Der Ruf, welcher diesem Manne vorausging, ermuthigte
die Brüder zu versuchen, ob es nicht möglich wäre unter
seiner Regierung ihr gehabtes Vorhaben, an welchem sie,
ungeachtet der Verfolgungen von denen sie seither bedroht
worden waren, mit männlicher Ausdauer festhielten, zur
Ausführung bringen zu können.

Es erging sonach von den genannten Brüdern die Aufforderung an mich, bei dem neuernannten Staatsminister
zu versuchen, der Freimaurerei freie Ausübung in den österreichischen Staaten zu erringen, um hierdurch auch für
Ungarn die Erlaubniss zur Errichtung einer Loge zu erlangen.

Dieser Aufforderung entsprechend, wurde am 23. September 1865 folgende Eingabe an den Staatsminister Belcredi
gerichtet:

Eure Excellenz!

„In einem Augenblicke, in welchem Eure Excellenz im
„Begriffe stehen die Verhältnisse des österreichischen Kaiser-
„staates auf soliden Grundlagen wieder herzustellen, Ihren
„ohnehin schon historischen Namen mit neuem Ruhme zu be-
„kleiden, wage ich es Eurer Excellenz mich mit einer Bitte,
„rücksichtlich mit einem Vorschlage zu nahen, welcher nach

„meiner Ansicht in hohem Grade geeignet ist, zur Conso-
„lidirung der Verhältnisse beizutragen, loyale Gefühle der
„Treue und Hingebung an das allerhöchste Kaiserhaus zu
„stärken."

„Schon im Jahre 1848 erwirkte ich mir vom Minister
„des Innern, Baron Doblhoff, die Erlaubniss zur Gründung
„einer Loge, rücksichtlich zur Wiederherstellung der schon
„früher bestandenen Loge zum heiligen Joseph."

„Es wurde mir dies ohne Anstand zugestanden und
„wenn die Loge seit einer Reihe von Jahren ihre Arbeit
„einstellte, hat dies seinen Grund nur darin, dass der
„unmittelbar nach Gründung derselben eingetretene Bela-
„gerungszustand und die Verlegung meines Aufenthaltes
„nach Pest es mir unmöglich machten, mit Erfolg um die
„Wiederaufnahme der Logenarbeiten anzusuchen, deren Si-
„stirung ausschliessend nur von dem Aufhören des Belage-
„rungszustandes abhängig gemacht worden war."

„Ich habe die diesfälligen Schritte und Verhandlungen
„in meinem bei Zamarski und Dittmarsch erschienenen
„Buche „„Geschichte der Freimaurerei in Oesterreich"" hin-
„länglich und ausführlich dargestellt und berufe mich auch
„in Bezug auf Einzelnheiten darauf."

„Wenn ich es nun wage, in diesem Augenblicke wegen
„Wiederaufnahme der Arbeiten der Loge zum heiligen Jo-
„seph Eurer Excellenz die unterthänigste Bitte vorzulegen,
„so geschieht dies nicht ohne reifliche Ueberlegung."

„Zunächst flösst Eurer Excellenz hochgediegener Cha-
„rakter, Eurer Excellenz bekannte Gerechtigkeitsliebe, das
„wahrhaft edle Streben, welches Eure Excellenz auf ver-
„schiedenen hohen Posten an den Tag gelegt haben, mir
„das Vertrauen ein, dass Eure Excellenz diese der rein-
„sten Humanität, Wissenschaftlichkeit und dem conserva-
„tiven Fortschritte gewidmete Institution günstig beurthei-
„len und einer Loge in Wien Zeit und Musse gönnen wer-

„den, ihren wahren Charakter zu entfalten, ihre reinen edlen
„Bestrebungen darzulegen."

„Es würde zu weit führen, alle Einsprüche zu wider-
„legen, welche gegen das Logenwesen im Allgemeinen, ge-
„gen die Existenz einer Loge in Wien erhoben werden
„könnten. Die Widerlegung dieser Einwürfe fällt aber mit
„der Begründung meiner Bitte so innig zusammen, dass ich
„es versuchen werde beide Aufgaben gleichzeitig annähernd
„zu lösen."

„Man wendet gewöhnlich ein, dass Logen Geheimbünde
„seien, dass sie revolutionären Ideen dienen würden. Ich
„bemerke, dass die Freimaurerei eigentlich einen Orden bil-
„det, welcher erst später zu einem Bunde sich umgestaltet,
„dass dieselbe in ihrer ersten Gestalt nur conservative, lo-
„yale, monarchische Zwecke fördert, zur Gottesfurcht, Näch-
„stenliebe, zur Wohlthätigkeit anleitend."

„In Oesterreich und Ungarn würde eine Loge, insofern
„sie überhaupt mit der Politik zusammenträfe, obwohl sie
„an und für sich Politik und Religion zu berühren vermei-
„det, die verfassungsmässigen Institutionen, wie selbe von
„Sr. Majestät dem Kaiser genehmigt sind oder noch ge-
„nehmigt werden sollten, eifrigst zu fördern suchen, den
„Gesammtverband der Monarchie stärken, indem sie die
„einzelnen Nationalitäten sich nähert und versucht dem
„Fortschritte auf conservativen Grundlagen förderlich zu sein."

„Die Logen würden daher in allen Fällen der k. k. Re-
„gierung nur unverbrüchlich Dienste leisten und nützlich
„zu sein sich bestreben."

„Die katholische Kirche hat die Freimaurerei allerdings
„der Ketzerei verdächtig erklärt; allein dieser Verdacht
„ging bisher in kein Verbot der Freimaurerei über. Es
„haben in früherer Zeit sogar würdige katholische Priester
„an Logenarbeiten Theil genommen; es dürfte daher von
„dieser Seite um so weniger ein Einspruch dagegen noth-
„wendigerweise erhoben werden müssen, als die Logen,

„moralische, ethische Zwecke, Sittlichkeit, Gottesfurcht auf
„das lebhafteste unterstützen."

„Die Freimaurerei ist gegenwärtig fast in allen Staaten
„Europa's zugelassen. Man kann, seitdem Logen in der
„Türkei und in Spanien arbeiten und die Existenz einer
„Loge in Rom notorisch ist, nur Oesterreich und Ungarn
„nennen, wo eine solche nicht besteht."

„Oesterreich und Ungarn sind auf der Bahn unwandel-
„baren Fortschrittes begriffen; es ist daher sehr wünschens-
„werth, dass man auch dieser Institution allmählig und in
„kleinem Maasstabe Zulassung gewähre, so dass die Ueber-
„wachung der Logen nicht allzugrosse Kosten und Mühe
„verursache, um so mehr, als viele Fremde bei längerem
„Aufenthalte gern zu maurerischen Zwecken zusammen-
„treten."

„In Bezug auf diesen letzteren Punkt, die Ueberwachung,
„mache ich auf die Stellung der Logen im Königreiche
„Sachsen aufmerksam, wo dieselben nur geduldet sind."

„Es werden die Protokolle der Logen dem Ministerium
„vorgelegt und haben dieselben stets das anerkennende
„Zeugniss der Loyalität und des besten wünschenswerthe-
„sten Strebens sich zu erringen gewusst."

„In vielen anderen Ländern nimmt dagegen das Lo-
„genwesen einen sehr hohen Grad der Thätigkeit ein, in-
„dem Regenten, Mitglieder des Regentenhauses sich daran
„betheiligen. Die Logen erscheinen dann als ein beson-
„deres Band der Treue und Hingebung zwischen dem Re-
„genten und dem in denselben eingereihten Theile seiner
„Unterthanen; ein Vorzug, welcher in den Tagen der Prü-
„fung sicher nicht zu unterschätzen ist."

„Die Einführung von Logen in Oesterreich und Ungarn,
„an welchen theilzunehmen es dem h. Adel und der Fi-
„nanzwelt völlig frei stände, würde auf die conservative
„Seite des politischen Lebens, auf die höchsten Staatsinter-
„essen den günstigsten Einfluss ausüben können."

„Es ist wahrlich nur ein Vorurtheil dabei zu überwin-
„den, ein vielleidht neues Hilfsmittel politischer und fin a n-
„zieller Natur zu entdecken. So wie König Friedrich
„Wilhelm III. in Verona zur Zeit einer Monarchenconferenz,
„bezeichnen auch jetzt noch alle Regenten, welche an der
„Spitze des Ordens stehen, die Mitglieder desselben als ihre
„treuesten Diener und Anhänger.“

„Namentlich in Ungarn, wo die Freimaurerei schon in
„den höchsten Klassen Anhänger zählt, (allerdings' ist zu
„fürchten, wenn keine Bewilligung gegeben wird, man sich
„im Geheimen versammeln wird und Winkellogen entstehen
„werden, die der Regierung früh oder spät gefährlich wer-
„den können), dürfte dieselbe zur Lösung der Verfassungs-
„frage in günstiger Weise beitragen können.“

„Ich kann nur wiederholen, dass allerdings die Ein-
„führung der Freimaurerei in Oesterreich und Ungarn Ge-
„genstand eingehender Berathung sein müsste, welche bei
„der Weitläufigkeit des Gegenstandes' in's Unermessliche
„führen würde. Es wäre daher vorzuziehen, Eure Excel-
„lenz genehmigten die unterthänigste Bitte, eine Loge in
„Wien und in Pest nicht allein zu gründen, sondern auch
„die Loge zum heiligen Joseph wieder eröffnen zu lassen.“

„Indem ich Eurer Excellenz hohe Gnade im Namen
„sämmtlicher Maurer Wiens diese Bitte an's Herz lege, ver-
„harre ich

Eurer Excellenz

unterthänigster Diener

Dr. Lugwig Lewis,

Professor der französischen und englischen
Sprache an der Universität in Pest.

Staatsminister Belcredi nahm diese Petition ruhig und
gelassen entgegen, stellte noch einige Fragen an den Pe-
tenten und entliess denselben mit den kurzen Worten:
„Ich werde die Sache überlegen.“

Es vergingen Monate, der Staatsminister trat mittler-

weile von seinem hohen Posten ab, eine Erledigung erfolgte
aber nicht! —

Schon im Jahre 1864, als von der Pester Polizeibe-
horde ein strenger Befehl ergangen worden war, mich vor
ein Kriegsgericht zu stellen, falls ich mich unterfangen
würde, noch ferner für die Freimaurerei zu wirken, sah ich mich
genöthigt sämmtliche freimaurerische Utensilien an einem
sicheren Orte zu verbergen und die Zeit abzuwarten, bis
jene längst ersehnte günstigere Gelegenheit eintreten würde,
um für die königliche Kunst unbehindert wirken zu können.

Der provisorische Zustand in der politischen Verwaltung Ungarns dauerte bekanntlich bis zum Jahre 1867,
und wenn gleich die Verhältnisse sich damals noch wenig
geändert hatten, so erwachte doch unter den in Pest wei-
lenden Brüdern der Gedanke, wieder ein Zeichen des Lebens von sich zu geben und von vielen Seiten ging mir die
Aufforderung zu, den Impuls hierzu zu geben und öffentliche Vorlesungen über die Geschichte der Freimaurerei zu
halten.

Mit Vergnügen kam ich dieser Aufforderung entgegen
und wandte mich sogleich an den damaligen Tavernicus
Freiherrn von Sennyei, der mich freundlich und wohlwol-
lend aufnahm und mich anwies, meine Bitte schriftlich bei
der ungarischen Statthalterei einzubringen und derselben
ein Programm meiner Vorlesungen beizufügen.

Unverzüglich hatte ich mein Gesuch überreicht, aber
bald darauf und zwar am 17. Januar 1867 einen abweis-
lichen Bescheid über dasselbe erhalten. (Beilage I.)

Nachdem ich jedoch von mehreren Seiten fortwährend
angeeifert worden war, ungeachtet des Verbotes der Regierung Vorlesungen über die Freimaurerei zu halten, so sah
ich mich genöthigt ausdrücklich die Erklärung abzugeben,
dass ich den Grundsätzen des Bundes zu Folge den Anord-
nungen der Obrigkeit gehorchen zu müssen verpflichtet sei.

Als jedoch im Frühjahre 1867 durch die Ernennung

eines eigenen verantwortlichen Ministeriums für Ungarn die politische Gestaltung dieses Landes im liberalen Sinne gelöst wurde, erfüllte auch mich die Hoffnung, von nun an unbehindert und frei für die königliche Kunst wirksam sein zu können.

Dies veranlasste mich zunächst, den Gedanken, Vorlesungen über Freimaurerei zu geben, wieder aufzunehmen und mich an den damaligen Minister des Innern Baron Béla Wenkheim, einen leutseligen und liberalen Mann, mit der Bitte zu wenden, mir zu gestatten, zwölf Vorlesungen über die Freimaurerei öffentlich in Pest halten zu dürfen.

Mein Gesuch war — wie ich von diesem aufgeklärten Manne wohl erwarten konnte — auch mit dem besten Erfolge gekrönt, indem dasselbe bewilligt und mittelst eines besonderen Rescriptes an die Commune Pest geleitet wurde, welche mich unterm 29. Februar 1868 durch einen Protocollauszug von dieser ministeriellen Genehmigung in Kenntniss setzte. (Beilage II.)

Die rege Theilnahme, welche das Publikum meinen Vorlesungen zuwendete, bekundete sich insbesondere in dem eifrigen Bemühen einiger Brüder, diesen Zeitpunkt zu benützen, um in Pest eine Freimaurerloge zu gründen, indem sie mich mit dem Auftrage betrauten, die nöthigen Einleitungen zu treffen, eine solche zu Stande zu bringen.

Da dieses Bestreben mit meinen seit lange her gehegten Wünschen in vollem Einklange stand, so ergriff ich mit Freuden diese Gelegenheit, meinen Eifer für die königliche Kunst offen an den Tag zu legen und wandte mich, nachdem ich die Statuten für die zu gründende Loge entworfen hatte, unter Beischluss derselben im April 1868 an das Ministerium des Innern mit der Bitte um Genehmigung derselben.

Nachdem das Ministerium jedoch einige Abänderungen in demselben verlangt und mir unterm 2. August 1868 die nöthigen Andeutungen hierüber durch den Pester Magistrat gegeben hatte (Beilage III.), machte ich mich an eine Revision der Statuten und legte dieselben noch in eben diesem Monate dem Pester Magistrate zur Beförderung an das Ministerium des Innern vor. (Beilage IV. und V.)

Bald darauf, und zwar am 6. October 1868, langten vom Ministerium die genehmigten Statuten sammt der Bewilligung zur Errichtung einer Freimaurerloge in Pest, welche den Namen „zur Einigkeit im Vaterlande" erhielt, an mich herab. (Beilage VI.)

Jetzt konnte die Loge zu ihrer Constituirung schreiten, welche auch am 27. October 1868 statt fand und wobei mir das ehrenvolle Amt eines Meisters vom Stuhle übertragen wurde. (Beilage VII.)

Um diese Loge zu einer gerechten und vollkommenen zu gestalten, wandte ich mich schon im September 1868 an die Grossloge von England, um von derselben die Constitution für die Pester Loge zu erwirken und erhielt endlich, nach einer längeren und mühevollen Correspondenz, vom Grossmeister Grafen Zetland, im Mai 1869 die Zusicherung hierzu.

Mein Bemühen in dieser Beziehung wurde aber durch einen Beschluss der Brüder vereitelt, da sie sich nicht dazu entschliessen wollten mit einer auswärtigen Loge eine Verbindung einzugehen, durch welche sie in ihrem Wirken von derselben abhängig gemacht werden könnten und ihre Selbstständigkeit durch eine völlige Isolirung wahren zu müssen glaubten, daher ich mich aus diesen sowohl als anderen Gründen, die ich hier nicht näher erörtern will, da dieselben meine Person speciell betreffen, genöthigt sah, das mir übertragene Amt am Johannistage 1869 niederzulegen und dasselbe an den schon früher zu meinem Nachfolger designirten Herrn Franz von Pulszky abzutreten, der von mir vorher der Loge zur Einigkeit im Vaterlande affilirt worden war. (Beilage VIII.) Bei dieser Gelegenheit hielt ich in der Loge eine besondere Ansprache an ihn. (Beilage IX.)

Nachdem es bekannt geworden, dass die Ausübung der Freimaurerei in Ungarn von dem königlich ungarischen Ministerium gestattet worden sei, meldeten sich viele Freimaurer zur Aufnahme, so dass die Zahl der Brüder, als ich den Hammer niederlegte, in dieser Loge 57 betrug.

Durch auswärtige Mitglieder der Loge zur Einigkeit im Vaterlande wurde die königliche Kunst auch in den Provinzen verbreitet.

So ging mir nach einer längeren Correspondenz mit dem Theater-Director Raimann zu Temesvár die Aufforderung zu, mich dahin zu begeben, um die daselbst schon im Jahre 1784 bestandene Loge zu den drei weissen Lilien, dem Wunsche mehrerer Brüder zu Folge zu reactiviren. (Beilage X.)

Mit Vergnügen hatte ich derselben auch entsprochen, und da die Brüder schriftlich sich verpflichtet hatten, die von dem königlich ungarischen Ministerium genehmigten Statuten der Loge zur Einigkeit im Vaterlande auch als ihre eigenen anzuerkennen, so nahm ich keinen Anstand, die Loge zu den drei weissen Lilien in Temesvár am 3. April 1869 zu eröffnen.

Die Temesvárer Zeitung vom 6. April 1869 Nr. 77. giebt hierüber folgenden Bericht:

„Am 3. d. M. vollzog sich in den Mauern dieser Stadt „eine stille aber erhebende Feierlichkeit. — Es ward hier „nämlich die schon im Jahre 1784 bestandene Freimaurerloge „zu den drei weissen Lilien" in gesetzmässiger Weise reactivirt „und als Tochterloge der Pester Freimaurerloge „zur Einig- „keit im Vaterlande" constituirt. Die Pester Loge hatte „über Ansuchen zu diesem Zwecke ihren Meister vom Stuhle, „den um das Freimaurerthum hochverdienten schottischen „Meister, Professor Dr. Louis Lewis aus Pest (denselben, der „auch im Jahre 1848 in Wien eine Loge gegründet hat, „später aber von der Thun-Bach'schen Regierung seiner „Professur an der k. k. Ingenieur-Akademie in Wien ent-

„hoben ward) nebst zwei Beamten der Pester Loge nach
„Temesvár entsendet. In freierlicher und hochernster Weise
„erfolgte durch Dr. Lewis die Eröffnung der hiesigen Loge
„mit einer Ansprache an die versammelten Brüder, in wel-
„cher' der greise Redner sich über das Wesen und die Be-
„deutung des Freimaurerthums ergehend, die edlen Zwecke
„dieser Verbindung und ihre auf Förderung der Humanität,
„auf Veredlung der Menschheit, auf Erlangung und Ver-
„breitung wahrer Freiheit, Gleichheit und Brüderlichkeit
„gerichteten Bestrebungen entwickelte und seine wahrhaft
„meisterhafte Rede in dem Satze gipfeln liess, dass man zur
„wahren Freiheit nur durch Bildung, zur wahren Wohlfarth
„nur durch die Freiheit gelangen könne. Diese Rede des
„alten Meisters hatte auf die anwesenden Brüder einen
„tiefergreifenden Eindruck gemacht und wurde hierauf die
„Loge „zu den drei weissen Lilien" in Temesvár als gesetz-
„mässig constituirt erklärt und die Ernennung des Meisters
„vom Stuhle, sowie der Beamten dieser Loge vorgenommen.
„Mit diesem Akte schloss die ganze Feierlichkeit und ist
„sohin in Temesvár die zweite Freimaurerloge in
„Ungarn eröffnet und constituirt!" —

Kurze Zeit nach Errichtung der Loge zu Temesvár
erging von Br. Maine zu Oedenburg der Ruf an mich, die
nöthigen Vorkehrungen zur Errichtung einer Loge daselbst
zu treffen.

Da in Oedenburg noch nie eine Loge bestanden hatte
und mehrere Brüder von dem Wunsche beseelt waren, die
Errichtung einer solchen in jener Stadt anzubahnen, so ergriffen sie den günstigen Moment und versammelten sich
zu einer gemeinschaftlichen Besprechung, bei welcher sie
den Beschluss fassten, ihr Vorhaben zur Ausführung zu bringen und sich bereit erklärten, die vom königlich ungarischen
Ministerium genehmigten und auch von der Loge zu Temesvár angenommenen Statuten der Loge „zur Einigkeit

im Vaterlande" zu Pest, auch ihrer Loge zu Grunde zu
legen und dieselben als ihre eigenen zu erkennen.

Nach Unterzeichnung des erforderlichen Reverses (Beilage XI.) ward diese Loge sonach unter dem Namen „zur
Verbrüderung" constituirt.

Ueber diese Errichtung schreibt „der Wanderer" in
Nr. 151. unterm 2. Juni 1869:

„Vor einigen Wochen haben sich hier einige gleichge-
„sinnte Männer zusammengethan, um nach dem Vorbilde
„von Pest und Temesvár eine Freimaurerloge zu gründen.
„Um diesen Zweck zu erreichen, wandte man sich an den
„eifrigen Beförderer des Maurerthums, Herrn Dr. Lewis aus
„Pest, welcher die durch das ungarische Ministerium be-
„stätigten Statuten der Pester Loge zur Einigkeit im Va-
„terlande den Betreffenden zukommen und durch einen
„Eingeweihten Vorkehrungen treffen liess, damit das ange-
„strebte Ziel erreicht werde. — Dr. Lewis traf mit einem
„Wiener Freunde am 27. Mai hier ein, hielt eine entschei-
„dende Besprechung und erklärte nach einer wahrhaft er-
„hebenden Feierlichkeit die Oedenburger Loge „zur Ver-
„brüderung" auf Grund der Pester Logen-Statuten für con-
„stituirt, und wird hiervon den betreffenden hohen Behör-
„den demnächst die Anzeige gemacht. — Indem man mit
„dieser kurzen Notiz vor die Oeffentlichkeit tritt, kann man
„nicht umhin anzudeuten, dass der Zweck, welchen die Ver-
„brüderung erreichen soll, in der reinsten, aller Geheim-
„nissthuerei sich entziehenden Menschenliebe gipfelt."

Da das ungarische Ministerium der Verbreitung der
Freimaurerei nicht nur keine Hindernisse in den Weg legt,
sondern dieselbe vielmehr dadurch begünstigt, dass selbst
Ministerial-Beamte in den Bund ungehindert eintreten konnten, so hielt ich es für meine Pflicht, die königliche Kunst
überall, wo ich dazu aufgefordert wurde, durch Wort und
Schrift zu verbreiten.

Allenthalben suchte die Behörde mir willig entgegenzukommen, und so kam es, dass ich bei meiner Durchreise nach Wien, in Pressburg — wo ich von mehreren Seiten aufgefordert wurde eine Vorlesung über Freimaurerei zu halten — dieser Aufforderung entsprach, wozu mir von Seite des dortigen Bürgermeisters der Repräsentanten-Saal bereitwilligst überlassen wurde und worüber die Pressburger Zeitung vom 20. September 1869 Folgendes berichtet:

„Dr. Lewis, ein siebenzigjähriger Greis, der ein beweg-„tes, schwer geprüftes Leben hinter sich hat, hielt verflos-„senen Abend im hiesigen Repräsentanten-Saale eine un-„entgeltliche Vorlesung über Freimaurerei, welcher über „600 Personen beiwohnten. Der ganze Vortrag wurde mit „dem grössten Beifalle aufgenommen. Am späten Abend „versammelten sich mehrere Freunde in der Wohnung des „Dr. Lewis, um eine Besprechung über die Gründung einer „Loge in Pressburg zu pflegen."

Diese Loge kam — wie ich später erfahren habe — durch die Loge „zur Einigkeit im Vaterlande" in Pest auch wirklich zu Stande und erhielt den Namen „zur Wahrheit."

Gegen Ende des Monats December 1869 wählte die Loge „zur Einigkeit im Vaterlande" zu Pest sieben Meister aus ihrer Mitte, um die vormals bestandene und schon im Jahre 1861 von mir gegründete Loge „zum heiligen Stephan" zu Pest — welche gewaltsam durch die frühere Regierung aufgelöst worden war — zu reactiviren und wurde von denselben Dr. Theodor Bakody, ehemaliges Mitglied der Loge „zur Einigkeit im Vaterlande" zu Pest, zum Meister vom Stuhle in der reactivirten Loge ernannt, die nun den Namen „Szent István" erhielt und bestimmt war, blos in ungarischer Sprache zu arbeiten, während die Loge „zur Einigkeit im Vaterlande" das deutsche Idiom zu ihren Arbeiten gewählt.

Ausserdem wurden von der Loge „zur Einigkeit im Vaterlande" noch zwei Logen errichtet, und zwar die Loge „Széchényi" in Arád, in welcher Heinrich Goldscheid Meister vom Stuhle ist, und die Loge „Honszeretet" in Baja.

Auf diese Weise waren sieben Johannislogen in Ungarn entstanden, welche Zahl als Norm angenommen wurde, um eine Grossloge für Ungarn — die ihren Sitz in Pest haben sollte — zu bilden*), und dies war der Plan, den man auszuführen beabsichtigte.

Diese Grossloge sollte aber völlig frei und unabhängig bleiben, daher man auch bestrebt war, die Selbstständigkeit dieser einzelnen sieben Logen dadurch zu bewahren, dass man davon Umgang nahm für dieselben eine Constitution von einer auswärtigen Grossloge zu erwirken.

Mittlerweile hatte sich aber auch eine schottische Loge in Pest gebildet, welche ihre Gründung den Emigranten verdankt, von denen ein grossser Theil nach dem im Jahre 1867 stattgefundenen Ausgleiche der Krone mit dem Volke in die Heimath zurückgekehrt war und unter denen sich auch einige befanden, die schon im Jahre 1861 in die damals zu Pest bestandene Loge „zum heiligen Stephan" aufgenommen worden waren.

Die meisten derselben gehörten den auswärtigen Logen schottischen Systems oder des sogenannten „Rite ancien et accepté" an, an deren Spitze bekannte politische Agitatoren standen, und waren schon während ihres Asyls in Italien und der Schweiz bemüht, einen ungarischen und polnischen Grossorient zu errichten.

Mit den höheren Graden ausgestattet, suchten dieselben auch in Pest ihre Thätigkeit wieder zu entfalten und gründeten daselbst nach diesem Systeme die ungarische Loge „Corvin Mátyás", in welcher sie eine der hervorragendsten Persönlichkeiten aus dem Freiheitskampfe, General István Türr zum Meister vom Stuhle wählten.

Die übrigen bekannteren Mitglieder dieser Loge sind — so viel ich in Erfahrung bringen konnte — Georg Joannovics, I. Aufseher, Baron Albert Nyáry, II. Aufseher, August

*) Dass eine Grossloge auch dann errichtet werden könne, wenn nur fünf oder auch nur drei Logen sich hierzu vereinigen, ist bekannt.

Kubinyi, Sprecher, Stephan Göcze, Sekretär, Graf Theodor
Csáky, István Kapolnai und Schneider.

Da sich in Ungarn bereits eine grössere Anzahl von
Logen gebildet hatte, hielt die schottische Loge „Corvin
Mátyás" den Zeitpunkt für geeignet, das alte Vorhaben,
einen Gross-Orient für Ungarn in's Leben zu rufen, zur
Ausführung bringen zu können, indem sie es versuchte, die
Johannisloge „zur Einigkeit im Vaterlande" zu Pest, und
durch dieselbe auch die übrigen Johannislogen in Ungarn
zu bewegen, sich ihrem Systeme anzuschliessen oder sich
wenigstens mit ihr zu vereinigen.

Die Loge „zur Einigkeit im Vaterlande", welche gleichfalls darnach strebte eine Gross-Loge für Ungarn zu errichten und zur Erreichung dieses Zieles ihre Thätigkeit
ganz besonders zu entfalten suchte, entschloss sich .— als
sie von dem Vorhaben der Loge „Corvin Mátyás" Kenntniss erhielt — sich in bestimmtester Weise nur für die drei
Johannisgrade zu erklären und alle übrigen Johannislogen
Ungarn's aufzufordern, sich ihr anzuschliessen, um eine
Gross-Loge für die drei Johannisgrade in Ungarn zu bilden.

Unverzüglich wurde an die sieben zur Zeit in Ungarn
bestehenden Johannislogen die Aufforderung erlassen, in
jeder derselben zwei Deputirte zu wählen, welche sich bei
einem am 30. Januar 1870 in Pest abzuhaltenden Congresse
hierüber aussprechen sollten und der Meister vom Stuhle dieser Loge, Franz Pulszky, gab schon unterm 1. December
1869 nachstehende Erklärung ab, welche in Nr. 51. der
Freimaurer Zeitung vom Jahre 1869 veröffentlicht wurde.

Erklärung

der gerechten und vollkommenen Loge „zur Einigkeit im
Vaterlande" im Orient zu Pest.

„Der Freimaurerbund ist ein Bund der Menschenliebe,
„er trachtet den Menschen gut und milde, gesittet und edel
„zu machen, im Menschen die bessere Natur, und aus ihr
„die Menschenwürde zur höheren Entwickelung zu bringen,

„Er trachtet den Sinn für die Wahrheit, die Treue für das
„Gesetz, die Begeisterung für die Tugend zu wecken, und
„auf diesem Wege den Menschen für das grosse Menschen-
„thum heranzubilden."

„In diesem Sinne sollen und wollen wir als Freimaurer
„mit Kraft und Ausdauer, mit Muth und Beharrlichkeit
„und Ueberlegung alle Hindernisse und Hemmnisse hinweg-
„räumen, die der geistigen und sittlichen Vervollkommnung
„im Wege stehen."

„Aus diesem Grunde ist es unsere erste Pflicht: gegen
„den Irrthum als Gegensatz der Wahrheit, gegen die Lüge
„und geistige Beschränktheit — als die Hauptquelle der
„ungerechten Vorurtheile anzukämpfen."

„Sollen wir aber unser Glaubensbekenntniss speciell für
„unsere Verhältnisse formuliren, so wird es nach unseren
„Grundsätzen also lauten: Wir wollen die Tugend, als Basis
„unserer constitutionellen Monarchie, immer mehr und mehr
„zum leitenden Princip der Selbsterkenntniss und Selbst-
„bildung erheben."

„Die banale Formel der französischen Schreckenszeit:
„Gleichheit, Freiheit und Brüderlichkeit" weisen wir dem-
„nach von unserem Standpunkte in die ihr gebührenden
„Schranken zurück; denn wir wollen weder auf Rechnung
„der Gleichheit — die sittliche Freiheit, noch auf Rech-
„nung der Brüderlichkeit — die bürgerliche Freiheit be-
„einträchtigen."

„Da aber dieser Wahlspruch auch in die Freimaurerei
„aufgenommen wurde, müssen wir in Würdigung seiner mo-
„ralischen und socialpolitischen Bedeutung hervorheben, dass
„er nur durch die Achtung vor dem Gesetze — nur durch
„die Rücksicht, durch den Gerechtigkeits- und Billigkeits-
„sinn — wonach wir in unseren Handlungen — unser Recht
„nach dem Maasse unserer Pflichten bestimmen, ferner nur
„durch die Anerkennung und Werthschätzung des Guten
„und sittlich Berechtigten, und endlich nur durch die Liebe

„zur Gerechtigkeit — aufhört zu sein — was er bis nun an
„war: eine leere Phrase. — Und nur in diesem edleren
„Sinne ist er auch unsere Devise.“

„Dies ist das Glaubensbekenntniss der gerechten und
„vollkommenen Loge „zur Einigkeit im Vaterlande“ im
„Oriente von Pest — im Thale der Donau.“

„Nachdem nun all unser Streben darauf gerichtet ist,
„in allen unseren Handlungen unserm Gewissen treu zu
„bleiben, ist es selbstverständlich, dass wir von allem An-
„fange her, somit schon bei Errichtung unserer kleinen
„Bauhütte, alles vermieden hatten, was uns mit uns selbst
„und unseren Grundsätzen in Widerspruch zu bringen ver-
„möchte, und dies veranlasste uns, für unsere Arbeiten das
„lautere, wahre, keiner Täuschungen fähige, sich auf wahre
„Brüderlichkeit basirende, ursprüngliche System der drei
„Johannisgrade zu wählen.“

„Durch die Geschichte unterrichtet, wissen wir nur zu
„gut, welch nachtheiligen Einfluss die später auftauchen-
„den sogenannten Hochgradsysteme auf die echte, reine Frei-
„maurerei übten — und sind davon überzeugt: dass die-
„selben weder den Culturansprüchen der Jetztzeit entspre-
„chen — noch unseren nationalen Bedürfnissen zweckdien-
„lich wären; — denn das Schaffen ungerechtfertigter Stu-
„fenhöhen, die mehr der persönlichen Eitelkeit als dem in-
„neren Wesen Befriedigung geben, erwecken und nähren
„nur noch mehr den leeren schaalen Hang für gehaltlose
„Aeusserlichkeiten, geben zu unzähligen Ungerechtigkeiten
„Veranlassung, fördern das Geheimnisswesen und Cliquen-
„thum, stören das brüderliche Vertrauen und sind schon
„aus diesem Grunde mit unseren Tendenzen unvereinbar.“

„Da aber überdies die Hochgradsysteme meist in allen
„Landen, wo es um die eigentlichen Zwecke der Freimau-
„rerei Ernst ist — ein bereits überwundener Standpunkt
„sind, und wir eben mit jenen in innigere Beziehung zu
„treten gesinnt sind, unsere Grundsätze überdies über den

7 *

„verschiedenen Glaubens- und politischen Parteien stehen,
„wir somit weder speciell politische, noch confessionell re-
„ligiöse Tendenzen verfolgen, wäre schon aus diesem Grunde
„das Hochgradsystem unseren zu lösenden Aufgaben mehr
„hinderlich denn förderlich."

„Dies ist der Standpunkt der gerechten und vollkom-
„menen Loge „zur Einigkeit im Vaterlande" im Oriente zu
„Pest im Thale der Donau."

„Sollte sich in unserem Vaterlande, wo mehrere Brü-
„der der Hochgradsysteme leben und zu wirken beginnen,
„eines dieser Systeme zur Geltung bringen und lebensfähig
„erweisen, so möge sich, bei Wahrung der individuellen
„Freiheit, der Einzelne dahin wenden, wohin er sich auf
„Grund geistiger und moralischer Sympathien hingezogen
„fühlt, damit er inmitten der ihm verwandten Seelen und
„Geister — seine Thätigkeit um so erspriesslicher entwickeln
„könne; dies kann nur zur Folge haben, dass, auf Grund
„der natürlichen Attraction homogener Elemente, die Art-
„beit eine um so erfolgreichere werden dürfte — denn nur
„in der Einigkeit liegt Kraft!"

„Die gerechte und vollkommene Loge „zur Einigkei
„im Vaterlande" im Oriente zu Pest erachtet es aber für
„ihre Pflicht, hiermit feierlichst auszusprechen: — dass sie
„als solche ihrem Systeme treu bleiben werde — und fühlt
„sich hiebei zugleich veranlasst, die Idee einer Vereinigung-
„mit den Anhängern der Hochgradsysteme mit Bedauern
„abzulehnen, denn die freigewählten Principien des Systems
„werden uns von denselben für immer als scharf marquirte
„Grenzen trennen."

„Wir kennen die Pflichten gerechter Maurer, und wer-
„den zu allen Zeiten, und unter allen Umständen den Brü-
„dern anderer Systeme, in wahrer, treuer Brüderlichkeit
„unsere Herzen entgegentragen — sie in voller Liebe, Ach-
„tung und Anerkennung als unsere Lichtgenossen betrach-
„ten; durchdrungen von der Ueberzeugung: dass sie, wie

„wir, nur das Wohl der Menschheit fördern wollen, werden
„wir mit treuherziger Freudigkeit den Erfolg ihrer Arbeit
„begrüssen und sie, eingedenk des ewig wahren Satzes:
„dass endlich doch nur die Wahrheit siegen und die Welt
„beherrschen könne — unbehindert wirken lassen — die
„Zumuthung aber der endlichen Möglichkeit einer Ver-
„schmelzung mit ihnen müssen wir mit allem Nachdruck
„— leider für ewige Zeiten von uns weisen."

Im Orient zu Pest, 1. December 1869.

Carl Gross,   Franz Pulszky,
Schriftführer.   M. v. St.

Ungeachtet dieser von der Loge „zur Einigkeit im Vaterlande" abgegebenen bündigen Erklärung machte die dem
Hochgradsysteme angehörige Loge „Corvin Mátyás" noch
einmal einen Versuch um die von ihr angestrebte Vereinigung mit derselben zu Stande zu bringen; denn als die
Brüder dieser Loge am 26. Januar 1870 mit ihrer regelmässigen Arbeit beschäftigt waren, erschien unter ihnen
eine aus sieben Mitgliedern bestandene Deputation der Loge
„Corvin Mátyás", deren Sprecher Bruder Joannovics, Unter-
staatssecretär im Ministerium für Cultus und Unterricht —
nachdem die Deputation mit allen gebührenden Ehren empfangen worden war und ihre Ehrenplätze eingenommen
hatte — folgende Ansprache hielt:

„Geliebte Brüder. Die gerechte und vollkommene Loge
„Corvin Mátyás" hat uns beauftragt, an die gerechte und
„vollkommene Loge „zur Einigkeit im Vaterlande" ein brü-
„derliches Schreiben zu überreichen, und wir erfüllen eine
„nicht minder angenehme Pflicht, wenn wir den brüder-
„lichen Gesinnungen unserer gerechten und vollkommenen
„Loge Ausdruck geben und deren freundlichsten Grüsse
„melden. Ohne den Gegenstand der Zuschrift zu berühren,
„will ich ganz kurz die Motive mittheilen, die unsere Loge
„zu diesem Schritte veranlassten. Diese Motive lassen sich in
„die kurzen Worte zusammenfassen: In der Einigkeit liegt die

„Kraft. Es bestehen in Ungarn bereits mehrere Tempel
„mit zwei verschiedenen Riten. Diese Thatsache an sich
„selbst ist kein Uebelstand; es ist dies lediglich die ver-
„schiedenartige Verwendung edler Kräfte zur Erreichung
„eines und desselben gemeinsamen grossen Zieles, und die
„gute Sache wird siegen, ob wir nun die Fackel des ewi-
„gen Lichtes an unseren Altären in dieser oder jener Form
„anzünden, vorausgesetzt, dass wir sie anzünden und dort,
„wo es Noth thut, leuchten lassen. Uebelstände würden
„aus der hier erwähnten Thatsache nur dann hervorgehen,
„wenn Missverständnisse, vielleicht durch übertriebenen
„Eifer Einzelner zu Tage gefördert, Zwietracht streuen, die
„friedliche Eintracht zerstören würden und so ein gemein-
„sames Wirken der Logen verschiedener Riten unmöglich
„machte, und davor möge uns der a. Baumeister a. W.
„für immer bewahren. Ist ein gemeinsames Vorgehen und
„Wirken unter allen Umständen wünschenswerth, so ist es
„unseres Dafürhaltens in unserem in mancher Beziehung
„zerklüfteten Vaterlande ein Gebot der Nothwendigkeit.
„Verbreiten wir daher Licht, dieses hehre Element des
„Freimaurers, verkörpern wir die erhabenen Lehrsätze der
„Wahrheit, dieser unumstösslichen Liebe der Menschheit
„und stärken wir die Bande der Brüderlichkeit, auf dass
„sie die Bürger aller Nationalitäten, aller Glaubensbekennt-
„nisse, auf dass sie alle Interessen fest umschlingen mögen.
„Thun wir dies aber mit vereinten Kräften und geben wir
„hierdurch ein nachahmungswerthes Beispiel allen denen,
„die wir auf den Pfad der Selbstbeherrschung, der Tugend,
„die wir auf die Bahn des Fortschrittes zu lenken berufen
„sind. Nur so kann auch ausserhalb unserer Tempel Licht
„und Helle, nur so der schöne Wahlspruch: „Freiheit, Gleich-
„heit, Brüderlichkeit" zur Wahrheit werden. Dies der Be-
„weggrund des jüngsten Schrittes unserer Loge. Wir hegen
„die feste Ueberzeugung, dass die Manifestation dieses un-
„seres Strebens zur Befestigung der brüderlichen Bande

„und der friedlichen Eintracht in den Herzen so edler und
„erleuchteter Männer, wie Sie, geliebte Brüder, gewiss leb-
„haften Widerhall finden wird. Wir übergeben nun ach-
„tungsvoll dieses Schreiben; wir bitten es seiner Dringlich-
„keit wegen mit der möglichsten Schnelligkeit in Berathung
„ziehen zu wollen und empfehlen uns dem brüderlichen
„Wohlwollen des ehrwürdigen Meisters vom Stuhle und den
„verehrten Brüdern."

Diese Rede wurde von der Loge „zur Einigkeit im Vaterlande" beifällig aufgenommen, da man sich überzeugt
fühlte, dass der Redner es ehrlich meine und ein Zusam-
mengehen der beiden verschiedenen Systeme seiner Ansicht
nach für möglich hielt.

Das von der Loge „Corvin Mátyás" bei dieser Gelegenheit übersandte Schreiben lautet wie folgt:

„Wir Logenmeister, Lichter und gesammte Mitglieder
„der im Oriente von Pest arbeitenden gerechten und voll-
„kommenen Loge Corvin Mátyás, dem Logenmeister, Lich-
„tern und gesammten Mitgliedern der im Oriente von Pest
„arbeitenden gerechten und vollkommenen Loge zur Einig-
„keit im Vaterlande. Gruss, geliebte Brüder! Durchdrun-
„gen von jenem wahrhaft freimaurerischen Geiste und brü-
„derlichen Gefühle, welche allein das Gedeihen der könig-
„lichen Kunst vor Augen halten, hegen wir die Ueberzeu-
„gung, dass es im grössten Interesse der Freimaurerei liegt,
„in unserem geliebten Vaterlande alle unter dem Hammer
„arbeitende Brüder und Werkstätten durch ein engeres
„brüderliches Band aneinander zu reihen. Dieser Zweck,
„welchen wir von Anbeginn vor Augen hatten, ist nur durch
„die Errichtung des Grossen Orients von Ungarn zu er-
„reichen, unter dessen in der gleichberechtigten freien Wahl
„alle Werkstätten wurzelnden Autorität jede Werkstatt brü-
„derlich blühen kann, ohne Unterschied des Ritus, dem
„Beispiele anderer Länder gleich. Nur durch die Errich-
„tung eines solchen Grossen Orients ist es zu hoffen, dass

„die Freimaurerei Ungarns als selbstständige Freimaurerei
„von den übrigen freimaurerischen Mächten officiell aner-
„kannt werde, und nur auf diese Art können wir die Aus-
„arbeitung und Geltendmachung gleichmässiger Ordnungs-
„regeln und Statuten erreichen, denen ohne Unterschied des
„Ritus sich in unserem Vaterlande jede Werkstatt unter-
„werfen könne. Es ist zu unserer erfreulichen Kenntniss
„gelangt, dass in unserem Vaterlande die Anzahl der
„Werkstätten bereits auch schon eine solche ist, dass der
„Gründung eines Grossen Orients selbst kein formelles Hin-
„derniss mehr entgegensteht.‟

„Aus allen diesen Gründen (ein selbstständiges Vor-
„gehen meidend und für nützlicher erachtend, dass selbst
„die vorbereitenden Schritte mit brüderlich vereinten Kräften
„begonnen werden mögen) halten wir zur Erreichung dieses
„obenerwähnten Zieles eine brüderliche Besprechung der
„Pester Logen über diesen Gegenstand für zweckmässig, noth-
„wendig, ja dringend und darum, geliebte Brüder, fordern wir
„Sie auf und bitten Sie, zu einer solchen Besprechung mit dem
„Zusatze, Sie mögen belieben, Ihre ehrwürdige Pester Tochter-
„loge hierzu gleichfalls aufzufordern, wie auch wir unsere
„ehrwürdige Pester Tochterloge auffordern werden.‟

„In Anbetracht der Dringlichkeit der Sache schlagen
„wir zugleich vor, dass jede Pester Mutter- und Tochterloge
„zu dieser brüderlichen Besprechung drei Vertreter wählen
„möge, welche Besprechung am 1. Februar l. J. um 7 Uhr
„Abends eröffnet werden könnte und zwar unter dem Vor-
„sitze des ältesten Freimaurers unter den Erschienenen und
„im Lokale der ehrwürdigen Loge zur Einigkeit im Vater-
„lande, vorausgesetzt, dass Sie, geliebte Brüder, wie wir
„es hoffen, Ihr Lokal diesem Behufe zu widmen geneigt sind.‟

„Der Zweck dieser brüderlichen Besprechung kann kein
„anderer sein, als die Vorbereitung eines Bündnisses, nicht
„aber dessen endgültige Feststellung, darum können auch
„die Vereinbarungen dieser Besprechung keine bindende

„Kraft besitzen; die Abgesandten werden ihren Logen Be-
„richt zu erstatten haben und diese werden berufen sein,
„betreff der etwa zu Stande gekommenen Vereinbarungen
„zu beschliessen. In Anbetracht der bereits erwähnten
„Dringlichkeit der Sache ersuchen wir Sie, geliebte Brüder,
„diese unsere Aufforderung und Ersuchen in Verhandlung
„zu nehmen und uns je eher mit Ihrer weisen Anwort be-
„glücken zu wollen. Indem wir uns Ihrer brüderlichen
‚Huld empfehlen, grüssen wir Sie, geliebte Brüder, in der
„uns heiligen Zahl."

„Gegeben im Or. von Pest in unserer am 20. Tage des
„11. Monats im Jahre des w. L. 000870 gehaltenen ordent-
„lichen Arbeit I. Grades.

Der Logenmeister Stephan Türr 33,

der 1. Aufseher Georg Joannovics 18,

der 2. Aufseher Nyáry 33,

der Sprecher August Kubinyi 18,

der Secretär Stephan Göcze 3.

Nachdem die Deputation den Tempel verlassen hatte,
verlas der Meister vom Stuhle der Loge „zur Einigkeit im
Vaterlande" Franz Pulszky den versammelten Mitgliedern
dieses Schreiben und die Loge fasste einstimmig den Beschluss, dass in Anbetracht dessen, dass dieselbe sämmtliche in den drei St. Johannisgraden arbeitende Logen
des Landes zur Beschickung eines am 30. Januar 1870 behufs Constituirung des Grossen Orients zusammentretenden
Congresses eingeladen, dass ferner sämmtliche genannte
Logen die erfolgten Wahlen bereits officiell kundgegeben
und daher schon in wenigen Tagen die Vertreter aller
St. Johannislogen im Orient von Pest tagen werden, die
Loge „zur Einigkeit im Vaterlande" sich für Entscheidung
des ihr eingegebenen Antrages nicht mehr competent halte,
sondern dieses Aktenstück dem am 30. Januar zusammentretenden Congresse zur Berathung und Beschlussfassung
unterbreiten werde.

Am 30. Januar 1870 fand der Zusammentritt der Deputirten der sieben St. Johannislogen in Ungarn im Lokale der Loge „zur Einigkeit im Vaterlande" im Orient von Pest statt und wurde vor Allem der Antrag der schottischen Loge „Corvin Mátyás" im Orient von Pest, bezüglich einer Gegenseitigkeit der Logen verschiedenen Systems in sorgfältige Berathung gezogen.

Da sich jedoch unter den Deputirten eine, wenn auch nur sehr kleine Zahl befand, welche — von den Brüdern der schottischen Loge für dieses Projekt gewonnen — einer solchen Vereinigung nicht entgegen war und es im Interesse der Vertreter der übrigen Johannislogen lag, eine solche nicht nur zu vereiteln, sondern die Ablehnung dieses Ansinnens durch Einhelligkeit der Stimmen in schlagender Weise zu bekräftigen, so nahm diese Berathung, bis man völlig einig wurde, zehn Stunden in Anspruch.

Es wurde bei derselben beschlossen, den von der schottischen Loge „Corvin Mátyás" gestellten Antrag zu einer Vereinigung der dem Hochgradsysteme anhängenden Logen mit den St. Johannislogen Ungarns zurückzuweisen und nachstehendes Schreiben an die Loge „Corvin Mátyás" zu erlassen:

„Die bevollmächtigten Vertreter sämmtlicher gegen-
„wärtig in Ungarn bestehender gerechter und vollkommener
„sieben St. Johannislogen und zwar der ger. u. vollk. Mutter-
„loge „zur Einigkeit im Vaterlande", und der ger. u. vollk.
„Loge „St. István", beide im Or. von Pest, ferner der ger.
„u. vollk. Loge „zu den drei Lilien" im Or. von Temesvár,
„der ger. u. vollk. Loge „zur Verbrüderung" im Or. von
„Oedenburg, der ger. u. vollk. Loge „Honszeretet" im Or.
„von Baja, der ger. u. vollk. Loge „Széchényi" im Or. von
„Arád und der ger. u. vollk. Loge „Wahrheit" im Or. von
„Pressburg
      „an die ehrw. im Or. von Pest arbeitende ger. u.
„vollk. Loge „Corvin Mátyás."

Geliebte Brüder!

„Die von der königlich ungarischen Regierung sanctio-
„nirte ger. u. vollk. Mutterloge „zur Einigkeit im Vater-
„lande" im Or. von Pest hat den behufs Constituirung der
„Grossloge von Ungarn anher entsendeten bevollmächtigten
„Vertretern sämmtlicher gegenwärtig in unserem Vaterlande
„bestehender ger. u. vollk. sieben St. Johannislogen ein von
„der ehrw. ger. u. vollk. Loge „zur Einigkeit im Vaterlande"
„gelangtes Schreiben zur Berathung und eventuellen Be-
„schlussfassung mit dem Bemerken unterbreitet, dass sie
„am Vorabende des zu Constituirung der Grossloge von
„Ungarn zusammentretenden Congresses sämmtlicher im
„Lande bestehender ger. u. vollk. sieben St. Johannislogen
„sich als einzelne Loge für Entscheidung der in dem be-
„zogenen Schreiben enthaltenen principiellen Frage nicht
„competent halte."

„Die bevollmächtigten Vertreter sämmtlicher gegen-
„wärtig in Ungarn bestehender ger. u. vollk. sieben St. Jo-
„hannislogen haben daher das ihnen unterbreitete Akten-
„stück als ersten Gegenstand ihrer Verhandlungen einer
„reiflichen Erwägung unterzogen und sich einstimmig dahin
„geeinigt, dass sie es mit aufrichtiger Freude begrüssen,
„wenn ger. u. vollk. Werkstätten in je grösserer Anzahl in
„unserem Vaterlande errichtet werden, ohne Rücksicht dar-
„auf, nach welchen Riten und Systemen in diesen Werk-
„stätten gearbeitet wird. Sie sind der zuversichtlichen
„Hoffnung, dass die verschiedenen Riten und Systeme nur
„eine Verschiedenheit in der Form bedingen, dass aber
„sämmtliche Logen des Landes geistig durch das erhabene
„Ziel ihres Strebens nach sittlicher Veredlung, Aufklärung
„und brüderlicher Eintracht aller Sprachen und Religionen
„unseres theuren Vaterlandes verbunden sind." —

„Was jedoch den in dem Schreiben der ehrw. ger. u.
„vollk. Loge „Corvin Mátyás" gestellten Antrag zu Entsen-
„dung von je drei Brüdern aus den im Or. von Pest ar-

„beitenden Logen verschiedener Systeme behufs Vorbera-
„thung einer Vereinigung der beiden Systeme betrifft, so
„haben die bevollmächtigten Vertreter der im Lande be-
„stehenden sieben ger. u. vollk. St. Johannislogen es nicht
„für zweckmässig erachtet, dass durch diese erst einzulei-
„tende Verhandlung der Zweck ihres Zusammentrittes, die
„Constituirung und feierliche Eröffnung der. Grossloge von
„Ungarn für die drei Johannisgrade auf unbestimmte Zeit
„hinausgeschoben werde. Um aber den geliebten Brüdern
„des Hochgradsystemes den klaren Beweis dafür zu geben,
„dass die in den drei Johannisgraden arbeitenden Brüder
„weit entfernt, eine unsere gemeinsamen hohen Ziele schä-
„digende Rivalität anstreben, vielmehr entschlossen sind,
„dahin zu wirken, dass die beiden Systeme in brüderlicher
„Eintracht neben einander bestehen, haben die bevollmäch-
„tigten Vertreter sämmtlicher im Lande bestehender sieben
„ger. u. vollk. St. Johannislogen das von ihnen gewählte,
„im Or. von Pest arbeitende Beamtencollegium der Gross-
„loge von Ungarn für die drei Johannisgrade angewiesen,
„der ehrw. ger. u. vollk. Loge „Corvin Mátyás" einen Aus-
„zug aus dem Protokolle des Congresses der sieben ger. u.
„vollk. Johannislogen vom 30. December sammt der am
„selben Tage für die Grossloge von Ungarn für die drei
„Johannisgrade vereinbarten und einstimmig acceptirten Ver-
„fassung zu übersenden und in einem die ehrw. ger. u. vollk.
„Loge „Corvin Mátyás" brüderlich aufzufordern, dass die-
„selbe nebst ihren Statuten auch ihre auf Grund der ver-
„einbarten Verfassung der Grossloge von Ungarn für die
„drei St. Johannisgrade zu stellenden Propositionen behufs
„der durch die ger. u. vollk. Loge „Corvin Mátyás" bean-
„tragten Vereinigung der beiden Systeme dem genannten
„Beamtencollegium zustellen wolle, da dasselbe autorisirt
„worden ist, in dieser Hinsicht die weiteren Schritte vorzu-
„nehmen." —

„Gegeben im Or. von Pest in der Arbeit des zu Con-

„stituirung der Grossloge von Ungarn einberufenen Con-
„gresses der gegenwärtig in Ungarn bestehenden sieben ger.
„u. vollk. St. Johannislogen am 30. Tage des Monats Ja-
„nuar 000870."

Im Namen der bevollmächtigten Vertreter der sieben
gerechten und vollkommenen St. Johannislogen

Franz Pulszky m. p.

Hugo Maszák m. p.

Ferner wurde bei dieser Berathung des Congresses der
Beschluss gefasst, eine Grossloge für Ungarn unter dem
Namen „Grossloge von Ungarn für die drei St. Johannisgrade" zu errichten, für dieselbe die Verfassung der Grossloge „zur Sonne" im Oriente von Baireuth mit einigen wenigen, durch die Landesverhältnisse bedungenen Abänderungen — welche sich auf eine den einzelnen Logen zuge-
standene ausgedehntere Freiheit beziehen — anzunehmen
und für die neue Grossloge provisorisch die Beamten zu
wählen, welche Wahl jedoch erst dann für definitiv angesehen werden sollte, wenn von sämmtlichen Logen eine
endgültige Genehmigung bis zum nächsten Zusammentritte
der Grossloge erfolgt sein würde.

Zu Würdenträgern dieser Grossloge wurden folgende
Persönlichkeiten und zwar meist mit Stimmeneinhelligkeit
gewählt:

Franz Pulszky, Mr. v. St. der Loge „zur Einigkeit im
Vaterlande", zum Grossmeister;

F. L. Lichtenstein, I. Aufseher der Loge „zur Einigkeit
im Vaterlande", zum Deputirten Grossmeister;

Karl Mosch, Mitglied der Loge „zur Einigkeit im Vaterlande", zum Ehren-Grossmeister;

Dr. S. Rosenbaum, Sekretär der Loge „zur Einigkeit im
Vaterlande", zum correspondirenden Gross-Sekretär;

Hugo Maszák, I. Aufseher der Loge „Szent István" in
Pest, zum Gross-Archivar;

Joseph Holländer, Schatzmeister der Loge „zur Einigkeit im Vaterlande", zum Gross-Schatzmeister;

Eduard Reimann, Mr. v. St. der Loge „zu den drei Lilien" in Temesvár, zum I. Gross-Aufseher;

Franz Julius Schneeberger, Mitglied der Loge „zur Verbrüderung" in Oedenburg, Präsident der „Humanitas" in Wien, zum II. Gross-Aufseher;

Gosweg, Redner der Loge „zur Verbrüderung" in Oedenburg, zum Gross-Redner;

Thiering, Mr. v. St. der Loge „zur Verbrüderung" in Oedenburg, zum Gross-Ceremonienmeister;

Sigmund Papp, I. Aufseher der Loge „Honszeretet" in Baja, zum Gross-Censor;

Heinrich Goldscheider, Mr. v. St. der Loge „Széchényi" in Arad, zum Gross-Almosenier;

Simonyi, Sekretär der Loge „Wahrheit" in Pressburg, zum Gross-Schaffner;

Dr. Theodor Bakody, Mr. v. St. der Loge „Szent István" in Pest, zum Gross- Thürsteher.

Endlich wurde auch noch beschlossen, dass die Grossloge von Ungarn für die St. Johannisgrade die Parität der Sprachen im Principe anerkenne, wornach noch am selben Abend die feierliche Eröffnung der neuen Grossloge erfolgte.

Die Loge „zur Verbrüderung" zu Oedenburg, welche Anfangs der Ansicht der Loge „zur Einigkeit im Vaterlande" beitrat, eine Grossloge für Ungarn zu errichten, hatte schon früher um die Constitution bei der Hamburger Grossloge nachgesucht und dieselbe auch unterm 12. Februar 1870 erhalten.

Sie gab daher nachträglich die Erklärung ab, dass sie sich nur dann der Grossloge von Ungarn anschliessen werde, wenn dieselbe von der ungarischen Regierung und den übrigen Grosslogen als gesetzmässig anerkannt sein würde.

Nicht nur die Zahl der Johannislogen, sondern auch

jene der schottischen Logen hat sich in neuester Zeit in
Ungarn vermehrt.

So errichtete die nach dem Hochgrad-Systeme arbeitende Loge „Corvin Mátyás" zu Pest, welche das ungarische Idiom zu ihren Arbeiten gewählt, eine deutsche,
ihrem Systeme angehörige Loge in Pest, welche den Namen
„Humboldt" führt und in der István Kápolnai das Amt eines
Meisters vom Stuhle bekleidet, und ist überhaupt bestrebt,
sobald wie nur immer möglich sieben Logen nach ihrem
Systeme zu gründen, um den beabsichtigten Grand-Orient
und ein Suprême-Conseil zu Stande bringen zu können.

In Temesvár soll gleichfalls eine schottische Loge bereits zu Stande gekommen sein, indem 15 Mitglieder der
Johannisloge „zu den drei weissen Lilien" austraten und
sich zur Gründung einer schottischen Loge vereinigten.

Da ich aus Gründen, in welche ich hier nicht näher
eingehen will, die Loge „zur Einigkeit im Vaterlande", seit
ich den Hammer an Franz Pulszky übergab, nicht mehr
besuchte und mich überhaupt von den bis jetzt in Pest errichteten Logen ferne hielt, meiner Wirksamkeit für die
königliche Kunst aber nicht entsagte, und keine Gelegenheit vorübergehen liess um für dieselbe thätig zu sein, so
suchte ich abermals durch Vorlesungen über Freimaurerei,
die ich in Privat-Cirkeln gehalten, das Logenwesen in Anregung zu bringen, da mir wohl bekannt war, dass sich
viele noch in keine der Pester Logen einverleibte zerstreute
Brüder in der Hauptstadt Ungarns befinden, die sich weder der Loge „zur Einigkeit im Vaterlande", noch der Loge
„Corvin Mátyás" anzuschliessen geneigt sind.

So meldeten sich im Oktober 1869 fünf Brüder, Meister und Mitglieder der Loge „Pythagoras" zu Galacz *),
welche aber ihre Entlassung aus derselben schon früher
genommen hatten, und stellten das Ersuchen an mich, eine

---

*) Bekanntlich arbeitet die Loge „Pythagoras" zu Galacz nach
dem Rite ancien et accepté.

deutsche Loge nach den drei Johannisgraden in Pest zu gründen.

Es sind dies die Brüder Peter Kerekes, Maass, Orlofsohn, Haintjens und Karl Stadler.

Nach mehrfachen gemeinschaftlichen Besprechungen wurde der Entschluss gefasst, die schon im Jahre 1780 zu Pest bestandene Johannisloge „zur Grossmuth" zu reactiviren.

Ausser den obengenannten Personen schlossen sich der beabsichtigten Reactivirung noch Carl Seidel, Joseph Mattyus und Brenner an.

Sämmtliche Meister kamen darin überein, dass vor Allem die Anzeige an das Ministerium zu erstatten und eine Constitution für diese Loge nachzusuchen sei, und einstimmig wurde die Grossloge zu Dresden gewählt, um sich diese Constitution von ihr zu erbitten.

Hierbei muss ausdrücklich bemerkt werden, dass zur Zeit, als sich die Loge „zur Grossmuth" provisorisch constituirte — was am 28. November 1869 geschah —, noch keine Loge in Ungarn bestand, welche den Rang einer Grossloge einnahm.

Nur mit Widerstreben und schwerem Herzen nahm ich die mir einstimmig auf die Dauer von drei Jahren übertragene Würde eines Meisters vom Stuhle in der reactivirten Loge „zur Grossmuth" an, da meine schon oft ausgesprochene Ansicht feststeht, dass in Ungarn wie in Oesterreich die wahre Freimaurerei nie feste Wurzeln fassen werde.

Es werden zwar — wie sich bereits gezeigt hat — viele Bauhütten in diesem Lande entstehen und das Logenwesen wird sich in demselben nach allen Systemen ausbreiten, aber eine bleibende Stätte wird sie sicher hier nicht finden, und namentlich nicht unter den Magyaren, da die eingewurzelte nationale Abneigung derselben gegen die deutschen und slavischen Stämme noch immer fortbesteht, so sehr man auch bemüht ist, dieselbe abzuleugnen.

Wie kann auch ein Menschenbund in einem Lande

bestehen, wo die deutsche Sprache — wie erst jüngst ein
Bundesmitglied sich geäussert, — nur für die Sprache der
niedersten Diener angesehen wird.

Doch ich will mich von jeder Polemik ferne halten und
nur darauf hinweisen, dass Diejenigen, welche in dem Wahne
leben eine Grossloge errichtet zu haben, noch weit davon
entfernt sind das zu sein, was sie sein sollten, um hierzu
das Recht zu haben.

Jene aber, welche dem Suprême-Conseil angehören,
mögen wohl in's Auge fassen, dass es nur ein être suprême
und einen Grand-Orient gibt, wo der Grand Inspecteur Gé-
néral ganz überflüssig ist.

Und somit schliesse ich hier die Geschichte der Freimaurerei in Ungarn; vielleicht wird es mir gegönnt sein
späterhin eine Fortsetzung derselben zu liefern.

—⚹—

Anmerkungen.

I.

Die Aufnahme Franz I., Herzogs von Lothringen erfolgte am 14. Mai und 24. Juny 1731 in Haag durch eine von England eigens zu diesem Zwecke abgesandte Deputation und in demselben Jahre wurde er in England zum Meistergrade befördert. Anderson's Constitutionsbuch vom Jahre 1738 erzählt diese wichtige Begebenheit mit folgenden Worten: „Seine königliche Hoheit Franz von Lothringen (nunmehr Grossherzog von Toskana) ward in Haag vermittelst einer Deputation zu einer Loge daselbst als Lehrling und Gesell aufgenommen. Diese bestand aus dem Rev. Dr. Desaguliers als Meister, den beiden Esq. John Stanhope und John Holzendorff als Aufsehern und einigen anderen Brüdern, nämlich Phil. Stanhope Graf von Chesterfield, Lord Gesandter, Strickland Esq. Vetter des Bischofs von Namur, Benj. Hadley und einem holländischen Bruder. Da unser Bruder Lothringen dieses Jahr nach England kam, berief der Grossmeister Lovel eine zufällige Loge auf Herrn Rob. Walpole's Landhause Houghton-Hall in Norfolk und machte Bruder Lothringen und Bruder Thom. Pelham Herzog von Newcastle zu Meistermaurern. Von selbiger Zeit an erinnert sich die Brüderschaft sowohl in der Grossloge, als in besonderen Logen Sr. königlichen Hoheit mit Freuden und auf geziemende Weise.“

Es wurde nämlich Gebrauch, bei jeder Tafel auf das Wohl des Bruders von Lothringen nach einem ihm geweihten Trinkspruche zu trinken. Seine Kaiserwahl feierte die Loge Absalon in Hamburg durch eine besondere Festlichkeit.

Das von dem Schriftführer der Loge bei dieser Gelegenheit verfasste Gedicht erschien auch in öffentlichen Blättern; in demselben heisst es unter Anderem:

> Die Kunst, die sich auf Weisheit gründet,
> Die Dir, o Kaiser, selbst gefällt,
> Macht, dass man in der ganzen Welt
> Die Zeugen Deiner Grösse findet.

Dein Ruf durchströmet uns're Hallen,
Dein höchster Stand, Dein höchstes Glück
Verherrlicht uns und scheint uns allen
Der hohen Schickung Meisterstück.

Wie könnten wir den Zug verhehlen,
Der jeden Maurer zu Dir führt?
Wie? die der reinste Trieb der Seelen
Dreimal so stark als And're rührt!

Der Vorwurf, uns'rer Wünsch' und Lieder,
Dein Lob, kann nimmer bei uns ruhn
Und was wir widmen, was wir thun,
Stammt aus dem Herzen aller Brüder.

II.

Die Brüder der Loge zur wahren Eintracht, welche die
Pflege und Förderung der Wissenschaften zu einer ihrer Haupt-
aufgaben gemacht hatten, fassten auf Born's Anregung den Entschluss eine naturwissenschaftliche Zeitschrift herauszugeben,
die auch mathematische und auf Naturwissenschaft bezügliche
geschichtliche Aufsätze hätte umfassen sollen und unter dem
Titel „Physikalische Arbeiten der einträchtigen Freunde in
Wien" in vierteljährigen Heften zu erscheinen bestimmt war.

Die hierzu gewonnenen Mitarbeiter, von denen viele dieser
Loge als Brüder angehörten, waren folgende Persönlichkeiten,
die sich zur Uebernahme nachbenannter Fächer bereit erklärt
hatten.

Bergmann, Torbern, Professor in Upsala (für Chemie),
Born, Ignaz Edler von, k. k. Hofrath (für Mineralogie, Geo-
gnosie, Zoologie und Montanwissenschaften),
Denis, Michael, Abbé u. Custos der k. k. Hof-Bibliothek (für
Botanik und Entomologie),
Gruber, Tobias, k. k. Bau-Direktor auf den böhmischen Ka-
meral-Herrschaften (für Geognosie,
Haidinger, Carl, Directors-Adjunkt am k. k. Naturalien-Ca-
binete (für Mineralogie, Geognosie und Versteinerungskunde),
Hermann, Benedikt Franz, Professor der Technologie an der
k. k. Real-Akademie (für geschichtliche Naturgeschichte),
Jacquet, Abbé (für Physik),
Kesaer, Franz von, Weltpriester und Lehrer der höheren
Mathematik an der Wiener Universität (für Mathematik),
Märter, Franz Joseph, Lehrer der Naturgeschichte und Oeko-

nomie an der k. k. Theresianisch-Savoy'schen Ritter-Akademie (für Geognosie, Botanik, Zoologie und Reisen),

Mayer, Johann, Doctor d. Medicin und königlich polnischer Hofrath (für Botanik),

Mayer, Joseph, Adjunkt am Naturalien-Cabinete zu Prag (für Botanik),

Menz, Peter von, Doctor d. Medizin und königl. Physikus zu Bozen in Tyrol (für Montanwissenschaften),

Müller, Franz Joseph von, Thesauriatsrath (für Mineralogie und Chemie),

Pacassi, Johann Freiherr von (für Mathematik),

Pallas, Peter Simon, Professor und Collegien-Rath zu St. Petersburg (für Geognosie und Zoologie),

Ployer, Carl, Bergrichter in Kärnthen (für Mineralogie, Geognosie und Montanwissenschaften),

Raab, Joseph von, k. k. Sprachknabe an der ottomanischen Pforte (für Chemie),

Ruprecht, k. k. Bergrath und Lehrer der Chemie u. Bergbauwissenschaft zu Schemnitz in Ungarn (für Chemie u. Montanwissenschaften),

Schrank, Franz von Paula, Professor (für Botanik u. Zoologie),

Stütz, Andreas, Canonicus bei St. Dorothée in Wien und Professor der Naturgeschichte und Geographie bei der k. k. Real-Akademie (für Mineralogie und Geognosie),

Unterberger, Leopold, Major der k. k. Feld-Artillerie (für Astronomie),

Voigt, P., Adaukt (für geschichtliche Naturgeschichte),

endlich noch ein Mitarbeiter in Neapel (für Mineralogie und Geognosie) und ein zweiter in Spanien (für die gesammte Naturgeschichte).

Born hatte die Herausgabe dieser Zeitschrift übernommen, welche jedoch sehr unregelmässig erfolgte und wegen Mangel an eingegangenen Abhandlungen bald in Stockung gerieth. So erschien vom ersten Jahrgange das erste Quartal im Jahre 1783, das zweite 1784 und das dritte und vierte erst im Jahre 1785, vom zweiten Jahrgange das erste Quartal 1786, das zweite 1787 und das dritte, mit welchem das Unternehmen sein Ende erreichte, erst im Jahre 1788.

Zwei Quart-Bände mit 10 Kupfertafeln bilden das ganze Werk.

Die Loge zur wahren Eintracht war auch im Besitze einer Naturalien-Sammlung, welche aus Mineralien und Conchylien bestand und auch einige Vögel enthielt. Diese Sammlung wurde von Ignaz Edlen von Born gegründet und durch die zahlreichen Geschenke, welche ihr von vielen Seiten und namentlich von den dieser Loge angehörigen Mitgliedern Benedikt Franz Hermann, Karl Haidinger, Andreas Stütz, Joseph von Sonnenfels, Franz Grafen von Saurau, Franz Märter, Karl von Moll, Georg Helbling von Hirzenfeld, Bonsaing und Saldonner, so wie von dem Fräulein Eleonore von Raab zugeflossen, in kurzer Zeit ansehnlich vermehrt. Sie war in einem besonderen Gemache des Logen-Lokales in zierlichen Schränken aufgestellt, in dessen Mitte sich auf einem Marmor-Sockel die schön gearbeitete, aus carrarischem Marmor gemeisselte Büste Born's befand.

Nach Auflösung des Freimaurerordens in den österreichischen Staaten im Jahre 1794 wurde diese Sammlung einzeln verkauft und ein grosser Theil derselben sammt der Büste Born's gelangte in den Besitz der P. P. Carmeliten in der Leopoldstadt zu Wien, welche ihre Naturalien-Sammlung 1820 an Herrn Joseph Pittoni von Dannenfeldt und die Büste Born's an Moriz Grafen von Fries verkauften. Diese letztere wurde um das Jahr 1824 mit sämmtlichen Sammlungen des Grafen von Fries im Versteigerungswege verkauft und kam zuletzt in den Besitz des Directors der k. k. Hof-Naturalien-Cabinete zu Wien Carl von Schreibers, bis sie beim Brande des Naturalien-Cabinetes in Folge der Belagerung der Stadt am 31. October 1848 in den Flammen ihre Vernichtung fand.

In der Loge zur wahren Eintracht wurden auch Uebungslogen und literarische Sitzungen gehalten, und sie war auf dem Wege, unter der Leitung Born's eine Pflanzschule der Gelehrsamkeit und aller schönen und nützlichen Künste zu werden.

Das von den Brüdern dieser Loge herausgegebene „Journal für Freimaurer" enthält viele und zum Theile sehr wichtige historische, auf die Freimaurerei bezügliche Abhandlungen, Reden, Gedichte u. s. w.

Folgende Persönlichkeiten sind die Verfasser der nachstehenden hierin enthaltenen Aufsätze u. s. w., welche nur mit Namenschiffern bezeichnet sind:

Joseph Anton v. Bianchi „Ueber die Magie der alten Perser und die Mithrischen Geheimnisse."

Alois Blumauer „Versuch einer Geschichte der alten Ritterschaft in Bezug auf die Freimaurerei. Ein Fragment. — Des Maurers Wort. Eine Rede. — Ueber den Karakter des Maurers. Eine Rede. — Ueber die Leiden und Freuden des maurerischen Lebens. Eine Rede. — Ueber den Kosmopolitismus des Maurers. Eine Rede. — Gedichte und Lieder."

Ignaz Edler von Born „Ueber die Mysterien der Aegyptier. — Ueber den Ursprung der Tafellogen. — Ueber die Mysterien der Indier. — Geschichte einiger merkwürdigen Verfolgungen der Maurerey in den neueren Zeiten."

Franz de Paula Graf von Dietrichstein „Ueber die Mysterien der Etrusker."

Karl Julius Friedrich „Ueber das Verhältniss des Maurerordens zum Staate. Eine Rede. — Situation eines Maurers bei den Ruinen eines Tempelherren-Gebäudes. — Situation eines Maurers bei Adoniram's Grabe. — Situation eines ausgeschlossenen Maurers. — Gedichte."

Johann Nep. v. Gretzmüller „Ueber den Freimaurereid."

Karl Haidinger „Ueber die Magie. — Ueber die Fortschritte der Aufklärung. Eine Rede."

Johann Adam Haslinger „Auf den Hintritt unseres geliebten Bruders Oe. l. (Oekhel von Helmberg). Eine Rede."

Franz Hess „Ueber den Missbrauch der Bibel. Eine Rede."

Anton Holzer „Composition einiger Lieder (Gesellenreise, von Ratschky; — Lied im Namen der Armen, von Leon)."

Joseph Holzmeister „Ueber die Harmonie. Bei der Aufnahme von H—n. (Joseph Haydn)."

Kreil „Ueber das Buch: Des Erreurs et de la Verité. — Geschichte des pythagoräischen Bundes. — Geschichte der Neuplatoniker. — Ueber die eleusischen Mysterien. — Ueber den maurerischen Tempelbau. Eine Rede. — Von den Wirkungen der Maurerei auf den Muth und die Thätigkeit des Menschenfreundes. Eine Rede. — Beurlaubungsrede."

Gottlieb Leon „Von der Geistesduldsamkeit des Freimaurers. Eine Lehrlingsrede. — Von der Bildung des Geistes in Absicht auf unsere Handlungen. Eine Rede. — Gedichte und Lieder."

Joseph Mayer „Ueber die Verbindung der Künste und Wissenschaften in der Maurerei."

Karl Michaeler „Ueber Analogie zwischen dem Christenthume der ersteren Zeiten und der Freimaurerei. — Ueber die Mysterien der alten Hebräer. — Ueber die grösseren Mysterien der Hebräer."

Joseph Johann Nep. Pehem „Rechtliches Gutachten über die Freimaurerei."

Joseph Franz Ratschky „Ueber die kabirischen Mysterien. — Ueber die Wohlthätigkeit des Maurers. Eine Rede. — Von dem Einflusse der Maurerei auf die Bildung der Jugend. Eine Rede. — Ueber den Bann' der Freimaurer. Eine Rede. — Ueber die Eintracht unter den Freimaurerbrüdern. Eine Rede. — Ueber den Hang zum Wunder-

baren. Eine Rede. — Mönchthum und Maurerei. Eine
Rede. — Gedichte und Lieder."

Joseph Edler von Retzer „Ueber die Bildung des innern
Menschen. — Ueber die Freundschaft. Eine Rede."

Joseph Georg Anton Sauter „Etwas von dem Gesetz der maurerischen Verschwiegenheit. — Ueber die Bescheidenheit.
Eine Rede."

Augustin Veit von Schittlersberg „Uber das Ceremoniel. —
Ueber die Art unangenehme Wahrheiten beizubringen. —
Ueber den Einfluss der Mysterien der Alten auf den Flor
der Nationen. — Ueber den Zweck der Maurerei. Eine
Rede. — Ueber die Thätigkeit und den Genuss des Lebens. Eine Rede. — Ueber die Beobachtung der maurerischen Gleichheit ausser den Logen. Eine Rede. —
Ueber die Beschäftigung mit Wissenschaften in der Maurerei. Eine Rede."

Joseph von Sonnenfels „Torrubia, gegen das verabscheuungs-
würdige Institut der Freimaurer. Nach der spanischen
Handschrift. — Exodus, oder über das Anhalten und die
Bürgschaft. Zwei Gespräche. — Von dem Einflusse der
Maurerei auf die bürgerliche Gesellschaft. Eine Rede."

Andreas Stütz „Ueber die wissenschaftliche Maurerei. —
Ueber die Reisen des Maurers. Eine Rede. — Tod ist
Leben. Eine Rede. — Ueber den heutigen Wunderglau-
ben. Eine Rede."

III.

Mozart gehörte ursprünglich der Loge zur Wohlthätigkeit
an und trat erst später in die Loge zur gekrönten Hoffnung
über.

Die Maurer verdanken ihm mehrere vorzügliche Compo-
sitionen, von denen manche noch öfters in maurerischen Kreisen aufgeführt werden, und zwar:

1) Die Gesellenreise, componirt am 26. März 1785;
2) Zum Schluss der Loge;
3) Maurerfreude. Eine Kantate, componirt am 20. April
   1785 und gesungen am 24. April zu Ehren Born's in
   Gegenwart von Mozart's Vater;
4) Die kleine Freimaurerkantate, componirt am 15. November 1791 zur Einweihung des neuen Logentempels zur
   neugekrönten Hoffnung, die letzte Arbeit, welche er
   vollendete und zwei Tage vor Beginn seiner tödtlichen
   Krankheit auch dirigirte.

Diese Kantate wurde von seiner Loge zum Vortheile sei-

ner hilfsbedürftigen Witwe und Waisen herausgegeben. Die
Partitur mit dem Originaltexte erschien zu Wien bei Hra-
schanzky unter dem Titel „Mozart's letztes Meisterstück, eine
Kantate, gegeben vor seinem Tode im Kreise vertrauter Freunde."

    5) Die Kantate „Die ihr des unermesslichen Weltalls Schöpfer
       ehrt!"

    6) Maurerische Trauermusik bei dem Todesfalle der Brüder
       Meklenburg und Esterhazy, für Orchester; und

    7) Die Zauberflöte, das umfangreichste maurerische Musik-
       werk, welches die Freimaurerei auf der Bühne verherrlicht.

    Diese Oper, deren Text zum Theile Emanuel Schikaneder
lieferte, wurde zum ersten Male am 30. September 1791 aufgeführt und im darauffolgenden October 24 mal wiederholt.
Am 23. November 1792 fand die hundertste und am 22. October 1795 die zweihundertste Vorstellung derselben statt.

ANHANG.

Reden und Documente.

REDEN.

I.

Rede, gehalten bei der Einweihung der Loge zum heiligen Joseph. 1771.

Preiset mit mir den Ewigen, ihr Brüder von allerlei Ständen und Zungen, dass er unsern Tempelbau begünstigte, und wir anheute durch seine Güte das Fest der Einweihung dieses der ernsten Tugend und wahren Freundschaft gewidmeten Orts begehen können.

Opfert ihm warmen, herzerhebenden Dank, und jeder bezahle ihm seine Gelübde durch einen richtigen, schnurgeraden Lebenswandel, und durch die genaueste Beobachtung aller maurerischen Pflichten.

Brüder, es kömmt eine Zeit, wo man uns besonders bemerken, wo man unsere Schritte und Tritte abzirkeln, alle unsere Schwachheiten und Lieblingsneigungen abwiegen, und uns strenger als andere Adamskinder beurtheilen wird. O! dass wir doch alle vor diesem, zwar incompetenten Richterstuhl, dem profanen Publico, bestünden, keiner auf der Wagschale zu leicht befunden würde, dass sie uns insgesammt für bessere, ausgebildetere Menschen hielten, für nützliche Bürger des Staats, und was das Beste wäre, für wahre Verehrer der ungetheilten Gottheit halten und erkennen müssten, und dass wir es nicht nur zu sein schienen, sondern auch in der That und der Wahrheit wären, und diese herrlichen Eigenschaften die Grundpfeiler des Staats und des Menschenglücks von uns auf alle unsere nachfolgenden Brüder gepflanzt werden könnten.

Dann würde der Name Maurer ein Ehrenname sein, und

man würde unseren Orden nennen, wenn man die Tugend,
die Religion, die Friedfertigkeit, die Wohlthätigkeit und die
reine Menschenfreude schildern wollte! So aber — es schmer-
zet mich, dass ich es sagen muss, — hat man immer nur den
noch für einen Maurer gehalten, der die Religion für nichts
hielt, der den Lüsten gehorchte, der durch falsche Meinungen, durch schiefe Urtheile von Wissenschaften schwatzte,
die Freundschaft im Munde führte, und alle Menschen ta-
delte, der sich geheimnissvoll brüstete, und das Band der
heiligsten Freundschaft zu Nebenabsichten nützte.

Was konnte der Profane von uns denken, wenn er bisweilen auf einen solchen seinwollenden Bruder stiess? Musste
er nicht vor unserer Verbindung erzittern, wenn er von einigen Mitgliedern auf die ganze Gesellschaft schloss? Und
war es nicht schon ein höchst gelindes, höchst billiges Urtheil, wenn er den Orden für ein Hirngespinnst, für ein
grosses Nichts, für einen unschuldigen Zeitvertrieb hielt?

Liess er sich endlich dennoch zum Eintritt vermögen,
so vernahm er zwar vortreffliche Tugendregeln, goldene Weis-
heitslehren; allein wer befolgte sie? wer brachte sie in thätige Ausübung? Der Meister vom Stuhl und der Redner,
diese zwei Herolde der Tugend predigten von der Reinig-
keit des Herzens, von der Lauterkeit der Sitten, und schlichen
heimlich auf den Wegen, für welche sie den Lehrling, den
Gesellen warnten. Dies war das Bild der Freimaurerei vor
zehn Jahren in hiesigen Staaten, wofür manchen Profanen
ekelte und wo an keine regelmässigen Logen-Arbeiten gedacht werden konnte, weil Dunkelheit und Unwissenheit das
Erdreich bedeckte, und Gleissnerei und Priestergewalt des
wahren Maurers Emporstreben hinderte.

Endlich brach die holde Morgenröthe an; der weisen
Mitregierung unsers Landesvaters Josephs war es aufbehal-
ten, die wahre Freimaurerei in seinen Staaten zu gründen,
und Er will, und wird sie unter seiner Selbstherrschung
zum Glück der Menschen aufblühen, und gleich den egyp-
tischen Pyramiden fest gegründet sehen.

Dank, brüderlicher Dank sei Dir, als dem zweiten Cy-
rus von uns gebracht! Du wirst uns erlauben, den zerstör-

ten Tempel wieder aufzubauen, und uns verstatten, so viel
Gutes zu wirken, als es uns möglich ist. Von Deinem Willen wird es lediglich abhängen, was wir werden sollen, und
wenn Du das schöpferische Machtwort: Es werde Licht, aussprechen wirst, so wird es mit Kraft hervorbrechen, und
seine wohlthätigen Strahlen werden Millionen Deiner Unterthanen erwärmen. Der wahre vollkommene Maurer sehnt
sich nach diesem Zeitpunkt, der junge Mitbruder wünscht
ihn, und der arme hilfsbedürftige Profane wird die Früchte
dafür einernten, und Dich in Jahrhunderten segnen! Aber
Freiheit ist uns nöthig. Und Fluch treffe den unter uns,
der diese Freiheit missbrauchen sollte! Der unterrichtete
Maurer verdient zweifache Strafe. Denn ihm sollen die
Pfade der Tugend bekannt sein. Man hat ihn vor den Abwegen gewarnt. Er weiss den Willen des Ordens, er hat
die Gesetze. gehört, er hat sie beschworen; er erneuert dieses unveränderliche Gelübde bei eines jeden Lehrlings Eid.

Bricht er ihn vorsetzlich, dann muss er doppelte
Streiche leiden. Man entziehe ihm den zärtlichen Brudernamen, bessere ihn als unsern Nebenmenschen, und lasse
ihm nicht eher die Rechte der Loge angedeihen, bis er mit
beschämter Reue zurückkehrt, und sich selbsten gebessert zu
sein fühlet. Dann werden die Logen Schulen der Tugend,
Tempel der Weisheit und Hörsäle der nützlichen Wissenschaften sein. Dann mag sich der Landesfürst aller der
Edlen freuen, die mit ihm gleichen Endzweck haben, Künste
auszubreiten, Wissenschaften nützlich anzuwenden und das
Glück der Menschen schnell zu befördern.

Dann kehrt die goldene Zeit zurück. Das glückliche
Weltalter, wenn Einförmigkeit im Denken, Gleichheit im
Handeln, und Einigkeit und Bruderliebe kein schönes Gedicht mehr sein wird. — — — —

Neuaufgenommener Bruder! nimmermehr werden Sie
mich als Sittenprediger vermuthet haben, da Sie mich nur
von der Seite eines fröhlichen Herzens kannten.

Munterkeit und ein froher Sinn ist fast ein besonderes
Merkzeichen eines guten Maurers. Er lebt schuldlos, übt
seine Pflichten getreulich, nimmt die Welt so wie sie ist,

und freuet sich seines Daseins. Er stiftet öfters mehr Gutes durch lachenden Scherz, als durch gesetzte Ernsthaftigkeit. Ich wünsche Ihnen viel Glück zu Ihrer Aufnahme. Halten Sie es für keine leere unbedeutende Ceremonie, welcher sich jeder unterwerfen muss.

Bemühen Sie sich, den Sinn aller dieser Bilder zu enträthseln, so werden Sie Wahrheiten in unseren Logen entdecken, die Leib und Seele betreffen, hier und dort zufrieden machen.

Unsere grösste Wissenschaft ist die Erkenntniss unsers Selbsts, und dieses Studium kann ich Ihnen nicht genug anempfehlen. Noch wenige haben in dieser Kunst grosse Schritte gemacht, daher auch wenige an Kenntnissen zugenommen; und viele werden auch noch lange von der Vollkommenheit entfernt bleiben. —

M. Br.

Die Tugend ist's wodurch wir glücklich werden,
Es ist ihr Trieb, der unser Thun beseelt;
Die Tugend ist's, die sich ein Volk auf Erden
In uns'rer Zunft, aus allen Völkern wählt.

Der Segen des Himmels komme über Sie, neuaufgenommener Bruder; mein ganzes Herz und aller Brüder Herzen lodern für Sie. Denn Sie sind es werth, ein Maurer zu sein, und verdienen von heute an unsere aufrichtige Bruderliebe und wahrhafte Hochschätzung.

————

II.

Rede, gehalten in der grossen und vereinigten Loge zum heiligen Joseph am Namensfeste Kaiser Joseph's II. 1779.

Sie wissen alle, meine Brüder! die Absicht unserer zahlreichen Versammlung. Sie kennen die Feier des heutigen Tages. Der Gegenstand, den wir gegenwärtig behandeln, ist gross, erhaben, wichtig, und unsern Herzen theuer und werth.

Joseph II., der grosse Schätzer der Menschen, unser Monarch, unser Vater begeht heute sein glorwürdigstes Namenfest. Alles ist deshalb entzückt, und zur Freude gestimmt. Die Edelsten seiner Länder nähern sich seinem Thron und wünschen ihm Glück. Der Mindere huldigt ihm und gelobet Bürgertreue und Gehorsam. Der Geringste flehet um seine Erhaltung, der Greis wie der Säugling rufet und stammelt für Ihn gen Himmel, dankt für seine Sendung und erbittet sich vom Herrscher der Welten Segen und Wohlergehen für seinen Gesalbten, unsern Kaiser. Sollten wir schweigen? Sollte die ehrwürdige Loge, die — Dank sei es unsern ältesten Brüdern — nach dem herrlichen Namen unsers vortrefflichen Joseph's getauft worden, die sich ihm in geheimer Vorbedeutung gänzlich geweiht und geheiligt hat, sollte dieselbe ihre Empfindungen unterdrücken? Sollte sie nicht laut und öffentlich ihre Freude äussern, da alles frohlockt, was dem sanften kaiserlichen Scepter gehorcht, was sich glücklich preisst ein deutscher Bürger und Unterthan zu sein? Ja sie soll es mit der Würde und dem Anstand und den nur Maurern eigenen Feierlichkeiten wagen, und unsere Arbeit wird gewiss dem höchsten Baumeister wohlgefallen. Wartende Schutzgeister werden unsere reinen Seufzer zum Throne der Gottheit bringen, und sie werden gebilligt, und mit eben dem Siegel der Allmacht bezeichnet gleich dem erquickenden Morgenthau herabträufeln, und jeden Pfad benetzen, den Joseph zum Wohle der Menschheit betritt.

Drängt Euch herzu, ihr Brüder unserer Schwester-Logen, schliesst Euch fest an uns, ihr Brüder vom Morgen und Abend. Jeder, der ein wahres, aufrichtiges Herz mitbringt, ist uns dreifach willkommen, helft uns den Tag verherrlichen, den der Herr zu unserer Freude geschaffen hat. Helft uns arbeiten, denn wir fühlen uns zu schwach, zu unwürdig, zu ohnmächtig, den Dank so vieler Nationen auszudrücken, welchen sie ihm für so mannigfaltige Wohlthaten schuldig sind.

Lasst uns einander die grossen Thaten erzählen, die der weise gesetzgebende Joseph in der noch ganz kurzen Frist seiner alleinigen Regierung entworfen und ausgeführt hat.

Lasst uns sein Herz, die Grösse seiner Seele, seine Standhaftigkeit und den heroischen Muth bewundern, womit Er alles übersieht, ergreift, unterscheidet und mit göttergleicher Geschwindigkeit vollzieht, wenn Er dadurch das Glück seiner Völker befördern kann.

Gleich dem Gott der Heerschaaren sprach Er: Es werde Licht, und auf sein Gebot verschwanden die Nebel der Vorurtheile, die Schatten des Aberglaubens und die Finsternisse, welche die Religion und Künste und Wissenschaften umwölkten, und es ward Licht.

Er schwur sich selbst den heiligen Schwur: „alle meine Völker sollen frei denken, frei handeln, und jeder meiner Unterthanen soll in seinem Maasse glücklich sein," und wir nehmen bereits die vollsten Blüthen von dem Baum wahr, den unser Vater eigenhändig gepflanzt hat, der gleich der unbeweglichen Eiche wurzelt, und nach Jahrhunderten Schutz und Schirm der kommenden Nachwelt darreichen wird.

Doch warum sollte ich Sie, meine theuersten Brüder, an alle die Thaten erinnern, die in unseren Tagen, unter Ihren Augen, vielleicht durch Ihre Mitwirkung geschehen sind.

Keiner von uns wird sie vergessen. Mit unauslöschlichen Zügen bleiben sie unsern Herzen tief eingeprägt, der gute Maurer wird sie alle mit theilnehmender Wärme dem horchenden Sohne wiederholen, und dieser dem künftigen Enkel mit dankbarem Munde verkündigen, welcher die gesegneten Folgen von Joseph's wohlthätiger Regierung geniesst und empfindet. — Und so werden die, leider noch von Manchen verkannten Entwürfe, Gesetze und Veränderungen von einem Menschengeschlecht zu dem andern übergehen, und von längerer Dauer sein, als wenn sie auf Marmor gegraben wären.

Gottes Werke lassen sich nur bewundern, mit staunen-

dem Anschauen verehren, und mit demüthigem Stillschweigen preisen.

Regenten - Werke, die nach Gottes Ebenbilde handeln,
fordern unsere ganze Verehrung auf, weil der Himmel nicht
jedem Lande gleich gute Herrscher giebt, die das allgemeine
Wohl ihrer eigenen Ruhe vorziehen, die ihren Willen dem
Glück des Ganzen gerne aufopfern, die keine andere Neigung, keine weitere Leidenschaft kennen, als Gutes zu thun,
gerecht zu sein, dem Menschen sein angebornes Recht, die
natürliche Freiheit, zu lassen und ihn gegen jeden strafbaren Verletzer darinnen zu schützen, und so viel Gutes zu
wirken, als es die Umstände und der Geist des Jahrhunderts verstatten.

Und dies will Joseph; dahin zielen alle seine weisen
Verfügungen, darauf zwecken alle seine weisen Verordnun-
gen, und dies ist die Quelle aller seiner Handlungen, die
gleich dem Ursprung rein sind und von Gott bekrönet werden sollten.

Hier, meine Brüder, hier könnte ich Anlass nehmen,
das Gemälde ganz auszumalen, wovon ich erst den Umriss
gezeichnet habe.

Aber ich unterlasse es, um nicht die biedere Sprache
der Maurer durch Lobsprüche zu entweihen, um nicht zu
viel oder zu wenig zu sagen, und, um aufrichtig zu reden,
keine Geschäfte zu unternehmen, die meine Kräfte überstei-
gen. Ich kann auch nichts mehr vorbringen, als was ein
jeder selbst im Innersten fühlet, und wofür er schon so oft
dem höchsten Baumeister gedankt hat.

Doch einen Theil aus der glorreichen Lebensgeschichte
unsers Kaisers kann ich nicht unberührt lassen. Er liegt
uns zu nahe am Herzen, und unser Wohlstand ist zu sehr
damit verbunden, als dass ich ihn vor meinen Brüdern ver-
schweigen sollte.

Joseph, der Erstgeborne unsers mit brüderlichen Banden verbundenen Kaisers Francisci I., ist der Sohn eines
Maurers, und wenn Er gleich nicht selbst unser Bruder ist,
so behandelt Er uns doch mit väterlicher Güte und Liebe,
und hat uns mit dem ihm eigenen Geiste der Duldung an-

9

gesehen. Er will unsere Arbeiten nicht hindern, und seine Neubegierde wird uns eben so wenig beunruhigen, als wir vor seiner Bangigkeit uns zu fürchten haben.

Er will, dass alle seine Unterthanen gut und recht- schaffen sein sollen, und Er erwartet diese Tugenden um so gewisser von uns, weil wir uns die strengste Ausübung der reinsten Sittenlehre, die eigentlich das Wohl der Staaten ausmacht, zur vornehmsten Pflicht gemacht haben.

Wohl uns, wenn wir diesen Regeln folgen, weil hiervon unser Schutz, unsere Erhaltung und unsere Freiheit lediglich abhängt! Wohl uns, wenn wir uns vor andern durch Gerechtigkeit, Wohlthätigkeit und Gottesfurcht auszeichnen, wenn wir in dem Lande, worin wir leben, wo wir Nachsicht geniessen, thätige Beweise von unserer angepriesenen Nächstenliebe liefern, wenn ein jeder nach seinen Kräften zu dem allgemeinen Besten beitragen wird, wenn wir, um es kurz zu sagen, wie Joseph II. zu handeln uns angelegen sein lassen, der, ohne es zu wissen, und ohne es zu wollen, der erste, der würdigste Maurer-Bruder ist.

Wie gerne wollten wir unsere Geheimnisse in seinen Schooss legen!

Denn so wie Ihm alle unsere Herzen angehören, so wollten wir ihm mit Seelenfreude alle unsere Acten öffnen und den Tag segnen, wo Joseph zum ersten Male in die Loge einging.

Kühner Gedanke, den meine Seele dachte, und woran sich mein Herz ergötzt, wenn er auch nie wirklich werden, nichts anderes als eine süsse Schwärmerei sein sollte.

Aber ich bitte Euch, meine Brüder! entreisst mir ihn nicht, diesen wonniglichen Traum. — Ich sehe Joseph in brüderlichem Schmuck auf Salomon's Stuhl, vor ihm alle Maurer-Brüder, wie sie Ihm huldigen, wie sie ihm ewige Treue angeloben. Wahrheit ist auf ihrem Munde, und aufrichtiges ungeheucheltes Betragen in ihren Herzen. Ich höre Plane zum Heil des Menschengeschlechts vortragen.

Joseph billigt sie, verbessert sie, und ich sehe sie entstehen, diese wohlthätigen Entwürfe, und von grösserer Festigkeit und Stärke, als die Pyramiden Egyptenlands. Jo-

seph beherrscht uns, und nie war das Gebäude der Maurerei solider, ehrwürdiger und thätiger, als unter seiner brüderlichen Regierung. Die Religion wurde allgemein, die
Künste blühten, die Wissenschaften gingen in ihre natürliche, ungekünstelte Einfalt zurück, deren Zuverlässigkeit
nicht erst vordemonstrirt werden durfte; Ruhm und Einigkeit erfüllte die ganze Welt; keine strebte nach Eroberungen, sondern bemühte sich gut zu bleiben, oder noch besser
zu werden, und das glückliche Zeit- und Menschenalter
näherte sich.

Brüder! Es ist kein Traum, es ist eine hohe, heilige
Wahrheit, Joseph ist unser Beschützer; Er ist unser Vater;
Er muss auch unser Bruder sein. Er handelt nach unsern
Grundsätzen, und die Vorsicht hat Ihn zum Thron bestimmt,
weil sie durch Ihn grosse Thaten ausführen will. Werft
Euch vor Ihm nieder, entdeckt ihm unsere Geheimnisse, und
Er wird kein Bedenken finden, den heiligen Brudernamen
anzunehmen. Lasst uns aber vorher wohl prüfen, ob wir
dieses Glückes werth sind, ob unsere Arbeiten so beschaffen, dass sie Ihm gefallen können. Ob wir das nicht nur
zu sein scheinen, was wir eigentlich sein sollten, ob wir getreue Unterthanen, fleissige Arbeiter in unsern Berufsgeschäften und sonst tugendhafte Menschen sind.

Und wenn wir dieses nicht wären; wie wollten wir uns
dann heute erkühnen, an dem Namenfeste unsers Monarchen
so zahlreich zu versammeln! Wie wollten wir es wagen, die
feurigsten Wünsche zum Himmel zu schicken? Wie durften
wir uns eine gewisse Erhörung versprechen, da er sein Ohr
vor den Unheiligen und Strafbaren verschliesst, da ihm die
Stimme des vorsätzlichen Verbrechers ein Greuel ist.

Brüder! ich kenne Eure Herzen. Ich habe sie aus vielen Eurer Handlungen abgenommen.

Ihr seid willig zu allem Guten, bereit zur Ausübung
einer jeden Maurerpflicht. Ihr fehlt nur aus Schwachheit,
weil ihr Menschen seid; allein ihr verdoppelt sogleich Euren
Eifer, um die Fehler zu verbessern, und fasset alsdann den
besten Entschluss, keine neuen zu begehen.

Mit solchen Gesinnungen erfüllet, will ich alle Eure

Wünsche in einen vereinigen und so dem grossen allgemeinen Weltschöpfer in folgenden kurzen Worten vortragen, und Eure Herzen werden insgeheim mir nachsprechen:

Wir danken dir, Vater der Güte! dass du uns in Joseph einen so vortrefflichen Regenten geschenkt, dass du Ihn mit so vortrefflichen Eigenschaften ausgerüstet, und Ihn zum Werkzeug deiner heiligsten Absichten ausgewählt hast. Für alle diese Wohlthaten danken wir dir von ganzem Herzen, und bitten dich in kindlichem Vertrauen, du wollest deinem Gesalbten, unserm Kaiser, das längste Leben und die unverwelklichste Gesundheit verleihen, du wollest Ihn vor allen seinen Feinden schützen, alle ihre Anschläge vernichten, und sie alle gedemüthiget zu seinen Füssen legen. Lass Ihn die Früchte seiner Bemühungen erleben. — Gieb, dass Er am Abend seiner Tage, wenn Er alle seine Werke noch einmal überschaut, gleich dem Gott der ersten Schöpfung zu sich selbst sprechen möge:

„Alles, was ich gethan, was ich unternommen, ist sehr gut gerathen. Ich arbeitete an dem Glücke der Menschheit und ich habe Millionen glücklich gemacht.“

Gieb Ihm. ein Herz zu uns, und erwecke in Ihm ein Vertrauen zu uns, die wir uns feste Maurer heissen, die getreue Unterthanen sind, und an unserer eigenen Besserung und an der Vollkommenheit unserer Nebenmenschen arbeiten.

Lass Ihn keine einzige unserer Absichten verkennen, lass Ihn bis in das Innerste unsers Heiligthums dringen, führe Ihn bis ans Ende unsers vorgesetzten Zieles, damit Er einsehen und erkennen möge, dass unsere Werke, so unvollkommen sie auch jetzt noch sind, dennoch göttlichen Ursprungs und vervollkommnet werden können.

Flösse Ihm Liebe zum Orden, Neigung zu unserer Loge, die seinen erhabenen Namen führet, und zu allen unseren Schwesterlogen ein.

Entferne weit von uns den Geist der Zwietracht und Unverträglichkeit, und lass uns alle wie Brüder leben, wie Brüder einander lieben, und eines Leibes und eines Geistes werden. Schaffe uns noch vielfältig dergleichen frohe Tage wie heute, und lass uns mit jedem Jahre wachsen und zu-

nehmen in Deiner Erkenntniss, im Guten und in allen löb-
lichen Tugenden, damit wir unserer Bestimmung gemäss leben, und dermal einst zur Ruhe eingehen mögen.

III.

Rede, gehalten in derselben Loge am Tage der Vereinigung mit der grossen Landesloge zu Berlin.

Wenn die himmlische Glückseligkeit einmal herabsteigt,
um die Erde zu besuchen, so findet die Göttin ein Heiligthum, und nur eines, das ihr den abwesenden Himmel an-
genehm ersetzen kann, — den Busen eines Freundes. —
Diese Worte eines englischen Dichters sollen mir Gelegenheit geben, Sie, meine Bundes-Brüder, von den Ent-
zückungen einer wahren unveränderlichen Freundschaft, und
von der daraus fliessenden Glückseligkeit eines Freimaurers
zu unterhalten. Schenken Sie mir allerseits eine kleine Aufmerksamkeit, und schreiben Sie es sich selbst zu, wenn Sie
allenfalls mein Vortrag ermüden sollte.
Wenn ich von der Freundschaft rede, so verstehe ich
darunter eine solche geläuterte Freundschaft, die auf nichts
Rücksicht, auf nichts eine Beziehung, als auf das Wohlergehen der Freunde hat. Ich meine damit das Zusammen-
schmelzen der Seelen, und das brennende Verlangen, aus
der Glückseligkeit Vieler nur eine einzige zu machen. Ich
rechne hieher die geheime Sehnsucht, die wir bei der Ab-
wesenheit unserer Freunde empfinden, und die laute Freude,
welche wir bei ihrer Wiederkunft äussern. Ich verstehe
darunter die Begierde, die Tugenden unserer Freunde bekannter zu machen, und das Bemühen, ihre Schwachheiten
zu verbessern, oder wenigstens zu verbergen. Ich füge hin-
zu die wohlthätige Umspannung derer, die von der Natur
mit Gaben des Glückes gesegnet, und das zuversichtliche
Vertrauen der entgegengesetzten keine Fehlbitte zu wagen.
Endlich darf ich die Bekümmernisse an den Sterbebetten

unserer Freunde nicht vergessen, und eine solche Verbín-
dung sollte der Tod aufheben? Was drohet uns der Tod?
Konnt' er die Freundschaft scheiden? Dort strahlt sie erst
mit reinem Glanze geschmückt, noch schöner als sie hier
mit ihren — — — — besten Freuden uns auf der Erde
hat beglückt.

Gewiss, meine Brüder! gewiss haben Sie es schon öfters gleich mir gefühlt, dass die Freundschaft in das innerste
unserer Seelen gewebt, dass sie unveränderlich, als sie
selbst ist.

Und nun tretet herbei Ihr glücklichen Maurer; Ihr habt
nebst vielen andern Tugenden und Gaben auch die Glückseligkeit, diese Freundschaft zu besitzen, oder, wenn Ihr sie
noch nicht habt, solche zu erwerben. Eine Glückseligkeit,
die manche Beherrscher von Kronen und Scepter entbehren
müssen, gegen welche alles in der Welt nur unvollkommen
ist. Weichet nicht von diesem sicheren Wege der Tugend,
die Ihr einmal darauf seid; und die Ihr es noch nicht seid,
ringet darnach, um darauf zu gelangen. Und darnach werdet Ihr alle, meine Brüder, mit mir einstimmen, dass die
grösste Glückseligkeit eines Freimaurers die Freundschaft sei.

Euch Freunde glücklicher zu sehen,
Für meine Brust o welch' ein Glück.
Kein grösseres gewähret meinem Flehen
Unmöglich mehr das gütige Geschick. —
Vom himmlischen Vergnügen trunken
Fühl' ich, in euern Arm gesunken,
Dass Zeno sich und uns betrog.
Er, der den Werth von unsern Freuden,
Er, der den Werth von unsern Leiden
Nach seinem kalten Herzen wog.
Wer wagt's, wer wagt's die Freude auszudrücken,
Die meine Brust durchglüht, als ihr mich euern Freund
Zum erstenmale nanntet! welch' Entzücken!
So freut ein Jüngling sich, dem aus des Mädchens Blicken
Sein nahes Glück zu lächeln scheint. —
Seit diesem seligen Augenblicke
War euer Schmerz mein Gram und eure Lust mein Glücke.

Verzeihen Sie, meine Freunde, wenn ich das, wovon ich
Sie eigentlich hätte zuerst unterhalten sollen, zuletzt verspart
habe. Wenn ich Ihnen jetzt erst die wahre Veranlassung
dieser feierlichen Versammlung melde, woran Sie alle, wie
ich gewiss überzeugt bin, mit mir gleichen Antheil nehmen.
Wir feiern heute den festlichen Tag, wo eine hochwürdige
grosse deutsche Landesloge uns an Kindesstatt annimmt,
und alle die Rechte und Vorurtheile zugesteht, welche sie
anderen ihr subordinirten Logen eingeräumt hat. Gewiss
ein feierlicher Tag, den wir schon lange zu uns herabriefen,
den wir gleich bei der ersten Entstehung unserer Loge im
Sinne hatten, und den wir auch nicht eher zu verlangen
wagten, bis wir alle Forderungen leisten, und uns allen Prü-
fungen mit Zuversicht unterwerfen konnten. — Und Heil
uns! Eine hochwürdige deutsche Landesloge zu Berlin gab
ihren Beifall zu unseren bisherigen Arbeiten, billigte unsern
Eifer, und alle die gewählten Mittel, zu unserm Zwecke zu
gelangen. Noch mehr; ein liebreiches Schreiben vom 27. November vorigen Jahres versicherte uns ihres Schutzes, Wohlwollens und der getroffenen Anstalten, auf das schleu-
nigste unsern Wünschen zu willfahren. Sie wählte den wür-
digsten unter Ihnen aus, und sandte ihn an uns, um nebst
andern auf das allgemeine Beste abzielenden Entwürfen
auch unser rechtmässiges Verlangen zu bekrönen, und uns
in die grosse Kette der Freundschaft einzuschliessen, woraus uns nichts mehr verdrängen soll.

Und Sie sind es, hochwürdigster Bruder, dem sie dieses grosse Geschäft anvertrauet, der mit allen den erforderlichen Kenntnissen und Eigenschaften ausgerüstet, den wir
schon lieben müssten, wenn Sie auch nicht unser Bruder
wären und den wir noch mehr schätzen, weil Sie diesen
süssen Namen führen.

Sie, der würdigste Freund, dessen redliches Herz —
Wie? ich singe Ihr Lob? Sie zu loben ward nicht meine
                              Seele geschaffen:
Sie zu lieben belebet sie mich,
Sie zu lieben, mein Bruder! Ewig lieben wir Sie,

Ewig schlägt für Sie in der zärtlichsten Brust
Dieses fühlende Herz,
Ganz von Ihrer Freundschaft erfüllet!
Zwar wir trennen uns wieder, doch auch ferne von Ihnen
Leben wir, Bester, für Sie! und Ihr Name mischt sich stets
                          in uns're Gespräche,
Ewig heilig bleibt er uns.

Keinen weitern Dank, mein Bruder, Worte sind zu unvermögend denselben auszudrücken, und Empfindungen lassen sich nicht beschreiben. — Sie haben uns durch Ihre Ankunft eine grosse Wohlthat erwiesen; und das Bewusstsein, eine edle Handlung begangen zu haben, sei nebst unserem Segenswunsch auf Ihr ganzes Leben Ihre Belohnung dafür.

Melden Sie der grossen deutschen Landesloge, unserer Beschützerin, und den Logen, die durch selbe regiert werden, was Sie gesehen und gehört haben.

Schon glüht ich, ihr ein Lied zu bringen;
Allein mein Herze war zu voll
Und weiss nicht, was es sagen soll;
Und dann vergisst der Mund zu singen.

Uns aber, meine Brüder, die ihr Mitglieder dieser Loge seid, legt der heutige Tag eine neue Pflicht auf. Haben wir bisher, da wir noch unbekannt, aber auch unbelohnt an die Arbeit gingen, die Pflichten redlicher Maurer zu erfüllen gesucht: um so viel mehr liegt uns ein verdoppelter Eifer, und ein ernstliches Bemühen ob, diesen Pflichten immer getreu zu sein. Keiner unter uns, besonders aber keiner unter Ihnen, denen der Bau dieses Tempels und die Aufsicht über denselben anvertraut werden, ermüde in dem Eifer und dem Dienste, welche er dem Orden zu leisten verbunden ist.

Glauben Sie nicht, meine Brüder, dass es schon genug sei mit der hochwürdigen deutschen Landesloge verbunden zu sein. Auch unsere Arbeiten müssen sie überzeugen, dass wir ihren Schutz und ihre Güte verdient haben, und desselben werth sind. Und dann wird sie uns ihr Vertrauen nicht versagen.

Dann wird uns ein jeder Bruder, auch der entfernteste, seine Hochachtung widmen und mit Entzücken unsern Namen nennen.

Denn werden auch Sie, schätzbare uns besuchende BB., denen ich auf Befehl unsrer heiligen Josephs-Loge den schuldigen Dank für den freundschaftlichen Antheil, den Sie an unserer heutigen Freude nehmen, erstatte — dann werden auch Sie — sage ich — fortfahren, mit Ihrer Gegenwart unsere Arbeiten zu unterstützen und zu verherrlichen. Dann wird eine wechselseitige Freundschaft unsere Logen beleben, und Neid, Missgunst und Uneinigkeit wird sich nicht bei uns einschleichen können. Und dann werden unsere zerstreuten Freunde sich wiederum zu uns versammeln und die Wollust unseres Freundschaftskelches schmecken, den sie so lange entbehrt haben, und unsere Feinde werden uns sogar ihre Hochachtung nicht versagen können, wenn wir so fortfahren, wie wir angefangen haben, welches ich von Herzen durch — — — wünsche.

IV.

Ueber die Beschäftigung mit Wissenschaften in der Maurerei.

Eine Rede von Br. Sch***g.

Wenn dürre Asceten die Beschäftigung mit irdischen Wissenschaften und Künsten für unheilig halten, wenn sie sie mit einer contemplativen Lebensart unvereinbarlich finden, so ist es sehr verzeihlich, meine Brüder. Was sollte wohl Philosophie unter Menschen, die der Vernunft entsagen müssen? was Naturkunde bei Wesen, die alles übernatürlich haben wollen und mit der Natur in ewiger Fehde leben? — Was würde Dichtkunst in Klausen, aus welchen Vergnügen, Liebe und alle sanften Empfindungen verbannt sind? was Redekunst da, wo die Misanthropie an alle Wände

Silentium hinschrieb? was endlich Arzneiwissenschaft und Heilkunde, wo immerwährende Abtödtung, Zerfleischung und Zerstörung des Körpers zur Pflicht werden?

Nicht so verzeihlich ist es, meine Brüder! wenn Maurer diese Beschäftigung in unserm Orden profan finden, wenn sie irgend eine Loge, die sich den Wissenschaften widmet, mit Bitterkeit und Mystagogenstolze eine Akademie, eine literarische Clubbe schelten.

Ist denn nicht Weisheit eine der drei charakteristischen Vorzüge des Ordens? und was ist wohl Weisheit ohne wissenschaftliche Kenntnisse? — Ist nicht der mosaische Fussboden das Sinnbild eines wohlgeordneten Verstandes und reiner Grundsätze? und was sind diese anders, als Früchte des Umganges mit Wissenschaften? Glänzt nicht in dem Mittelpunkte der wichtigsten Hieroglyphe dieses Grades der Anfangsbuchstabe einer Wissenschaft, die im strengsten Verstande die einzige ist, und darum auch vorzugsweise hier zum Sinnbild aller übrigen wird? Ist nicht endlich die Erklärung dieses Tapis voll der ausdrücklichsten Aufforderungen zur Uebung in Wissenschaften, und zur Pflege edler Künste? — Wahrhaftig! wer Beschäftigung mit Gelehrsamkeit unmaurerisch nennt, dem müssen alle diese Sinnbilder ohne Bezug, ohne Bedeutung bleiben, und er hat in der That einen sehr niedern Begriff von dem Zwecke des Ordens. Eine Gesellschaft, bei welcher Aufklärung und Bereicherung des Verstandes durch Wissenschaften, Veredlung des Herzens und der Sitten durch bildende Künste nicht zu institutsmässigen Verrichtungen gehören, kann unmöglich Wohlthätigkeit im ausgedehnten Sinne und Verbreitung menschlicher Glückseligkeit zum eigentlichen Ziele ihrer Vereinigung haben.

Doch deuteten gleich jene ehrwürdigen Symbole nicht so auffallend auf diese Beschäftigung, machte uns gleich der Unterricht dieses Grades sie nicht so ausdrücklich zur Pflicht, hätte sie gleich mit dem Zwecke der Maurerei keine so innige Verwandtschaft, oder wäre sie auch nicht für sich selbst schon die reizendste, erhabenste Beschäftigung des Geistes, und vielleicht die einzige, die uns berechtigt, das,

was wir thun, Arbeit zu nennen, so würde doch die zwei-
deutige Lage des Ordens, in der er sich gegenwärtig befindet, es schlechterdings von uns erheischen, mehr als jemals
in diesem Stücke zu leisten, und uns durch einen höheren
Grad von Thätigkeit für Wissenschaft und Künste auszu-
zeichnen.

Wollte Gott, dass es bei unserem mystischen Bau immer so still als bei Salomons Tempelbau zugegangen wäre,
dass kein Geräusch der Arbeit je ein profanes Ohr uns aufmerksam gemacht hätte, dass der Einfluss des Ordens auf
das Wohl der Welt ihr ewig ein unmerkbares Phenomenon,
eine Wirkung des Zufalls, des Geschickes, oder irgend einer
namenlosen Ursache geblieben wäre, dass sie die Früchte
unsrer gesellschaftlichen Bemühungen immer für die Spuren
einer unsichtbar umherwandelnden Gottheit gehalten hätte;
sicher würden wir, in uns selbst verschlossen, die Süssig-
keiten der engsten Freundschaft und das Bewusstsein edler
Handlungen mit unendlichmal lebhafterem, innigerem Vergnügen als jetzt geniessen, sicher fänden wir uns ruhiger,
entfernter von Verlegenheiten bei einer gänzlichen Unwissenheit und Sorglosigkeit des Staates um uns, als bei dem
geräuschvollen Schutze, den man uns allenthalben so sehr
zu verleiden sucht.

Allein, meine Brüder! seitdem es nun einmal mit uns
bis zu dieser Publizität gekommen ist, seitdem man uns mit
Gewalt aus der Coulisse hervorgezogen und hin auf die
grosse Bühne der Welt gestellt hat, seitdem ist es uns un-
nachlassbare Pflicht, die Rolle mit. Anstand und Würde zu
spielen, seitdem kann uns das Urtheil der Welt nicht mehr
gleichgiltig bleiben. Wir stehen jetzt mit allen öffentlichen
Gemeinheiten in einer Reihe, wir wandeln unter den Augen
einer allgemeinen Beobachtung, als eine sittliche Person,
von deren Innerem man nichts weiss und darum alles erwartet. In diese. Verhältnisse geworfen, muss uns das Streben nach einem vortheilhaften Rufe, nach einer ungeheu-
chelten Achtung unserer Mitbürger so sehr, als jedem
Manne von Ehre, am Herzen liegen. Wir haben den schimpf-
lichen Begriff eines politischen Mönchthums, den man von

uns zu verbreiten bemüht war, zu zernichten, und den
äusserst demüthigenden Vorwurf, als liefe unsre ganze Beschäftigung auf nichts sonst, als auf Festgelage, oder müs-
sige Grübeleien über mystischen Unsinn hinaus, durch Beweise einer gemeinnützigen Thätigkeit zu widerlegen.

Aber von welcher Seite, meine Brüder! dürfen wir
wohl der Welt diese Thätigkeit sehen lassen? wodurch ist
es uns erlaubt die, unsrer geänderten Existenz so unum-
gängliche Ehre und den Ruhm eines nützlichen Instituts
zu erwerben? Etwa durch eine pharisäische Kundmachung
der stillen Wohlthaten, die hie und da ein Unglücklicher
von uns empfängt, und bei deren Ausspendung nicht einmal die linke Hand wissen soll, was die rechte thut? Sollen
wir Armen, Siechen und Waisen Zufluchtsstätten errichten,
und dann mit Trabeal-Buchstaben über die Portale hin-
schreiben, dass sie Werke unserer Erbauung sind?

Welch ein Gedanke, aus den Wohnungen des menschlichen Elends Denkmäler der Eitelkeit machen, und in den
Mühseligkeiten unseres Geschlechts Befriedigung für den
Kitzel der Ehre suchen. Nein, meine Brüder! so was würde
uns auf einmal um unsern ganzen moralischen Werth bringen und unsere Mildthätigkeit zu einer Schaumünze von
unedlem Metalle machen. Von dieser Seite und überhaupt
von einer Thätigkeit, die blos auf Rechnung des Herzens
geht, die nur von ihrer Geheimhaltung den höchsten Werth
erhält, soll die Welt wenigstens durch unser Zuthun nichts
erfahren. Es bleibt uns also nichts übrig, als durch Thätigkeit von Seite des Verstandes um Achtung und Ruhm zu
arbeiten und uns als eine Gesellschaft zu erkennen zu geben, die nicht geduldet, sondern gesucht zu werden verdient, die der Staat nicht zu ihrem, sondern zu seinem
Vortheile in Schutz genommen hat.

Lassen Sie uns zu diesem Ende unsere Kenntnisse,
Bemerkungen und Entdeckungen, die wir sowohl im wissenschaftlichen, als im Kunstfache durch Lektüre und Erfahrungen gesammelt haben, ohne Eigennutz, ohne Zurück-
haltung, gleich den Bienen in einen gemeinschaftlichen Platz
zusammentragen, sie da zu einer gemeinnützigen Masse ver-

arbeiten, und damit die allgemeine Masse menschlicher Er-
kenntnisse vergrössern. Lassen Sie uns den Ruhm und
die Achtung, welche jeder von uns durch sein Talent für
sich erwuchern könnte, grossmuthsvoll der Ehre eines Ordens zum Opfer bringen, für dessen Vertheidigung selbst
unser Blut uns nicht zu theuer sein darf.

Ein Orden, der in seinem Schoosse die fähigsten Köpfe,
und die mächtigsten Mezänaten unter einander verbrüdert,
wo der vertraulichste Umgang zur wechselseitigen Aufklärung und zu einer uneingeschränkten Mittheilung der Gei-
stesschätze den Weg von selbst bahnt, wo durch das Band
der Liebe die Ehre und die davon abhängende Erhaltung
des Ganzen zum gemeinschaftlichen Interesse aller Theile
wird, solch ein Orden, solch eine Gesellschaft kann, wenn
sie will, für Wissenschaften und Künste, für Verbreitung
erspriesslicher Kenntnisse, für Besserung des Herzens und
der Sitten mehr als jeder noch so glänzende Kreis der
Akademiker leisten.

Und dies, meine Brüder, erwartet Joseph von uns; er
verkündigte es laut der Welt, indem er jenen mächtigen
Arm über uns zum Schutze ausstreckte, mit welchem er
zu gleicher Zeit die Wohnsitze religiöser Unwissenheit und
des Müssigganges zerstörte, um auf ihren Ruinen zum Theile
das Glück seines Volkes zu bauen.

Neubeförderte Brüder Gesellen! blicken Sie auf zu jenem flammenden Gestirn und lernen Sie daraus, wozu Sie,
wozu wir alle kraft dieses Grades berufen sind.

V.

Ueber das Verhältniss des Maurerordens zum Staate.

Eine Rede am Namensfeste Kaisers Joseph II. von Br. F.**

Wenn ein treues Volk an der fortdauernden Thatkraft und am heiteren Selbstgefühl seines Fürsten frohen Antheil nimmt; wenn das ganze Land in eine Familie von Kindern zusammenschmilzt, die das Fest ihres grossen Hausvaters feiern; wenn Alt und Jung mit einander empfinden, was die Wonne dieses wiederkehrenden Tages, was das heilige Naturgefühl kindlicher und väterlicher Liebe für Balsam in die Herzen giesst; welche Empfindungen müssen dann den Maurer durchströmen, hier am Altare der reinsten Menschentugend, wo er Gott, dem Orden und dem Staate unverletzliche Treue gelobte, wo ein Kreis ehrwürdiger Männer ihn als Bruder mit Liebe umfing, wo Bilder, Unterricht und Beispiel die Pflichten der Menschheit mit heiligem Ernst auf sein Gewissen banden, und jeder zartere Tugendsinn in seiner Seele erwachte.

Als Bürger theilten auch wir bereits das Glück patriotisch gesinnter Deutschen; auch wir frohlockten dem Anbruch des Tages, der uns an den Urheber grosser, noch nicht genug erkannter, von der Nachwelt einst heilig verehrter Wohlthaten erinnert; wir hoben insgeheim, das Herz voll Inbrunst, dankbare Hände zum Herrn des Schicksals empor; wir dankten im Namen Deutschlands, im Namen der Menschheit für Licht und Wahrheit, angezündet in vielen tausend Köpfen und Herzen, und wir seufzten, wir flehten, den Blick noch mit Abscheu und Schrecken auf jene finstere Nacht geheftet, die jüngst vor dem Antlitz des erleuchteten Menschenhirten nicht ohne angedrohte Wiederkehr entfloh, um Frist, sie vollends zu tilgen, um Vollendung alles dessen, was bereits die milde Weisheit der Natur und der heilige Wahrheitseifer in Joseph uns schenkte,

und um die längste Dauer seines ruhmvollen thätigen, men-
schenbeglückenden Lebens.

Ist aber dieser geheime Versammlungsort ein Tempel
der Tugend, ist das Licht im Osten der Brennpunkt, der
die reinsten Strahlen ihres himmlischen Feuers in sich vereint, welcher Ausdruck unserer Mitgefühle wird alsdann
dem nächtlichen Dunkel und der friedlichen Stille angemessen sein, die uns ungeweihten Ohren und Augen ent-
ziehen? Darf etwa mitten unter uns derselbe laute Jubel
erschallen, der ausserhalb dieses Viereckes den Luftkreis
zwar erfüllt, doch bald auch darin zerflattert? Soll Joseph,
dem es genügt auf seinem Throne ein Mensch zu sein, ein
wahrer Mensch, frei von allem, was die Menschheit fesselt,
entstellt, und soll Er, der Stolz unseres Jahrhunderts, nur
leeres Wortgepränge, nur höchstens den Widerhall des Lobes, das tausendzüngig draussen ertönt, von Maurern empfangen? Ferne sei's, im stillen Heiligthum der Wahrheit
Empfindungen der Bewunderung, des Dankes und der Liebe
mit blossen Worten auszudrücken, die auch der Heuchler
missbrauchen kann. Wie vor dem Richterblick vollendeter
Obern weder das Ceremoniel der Aufnahme, noch der ver-
gönnte Anblick dieses symbolischen Teppichs, noch auch
das Vorrecht unter Brüdern ein Bruder zu heissen und
mit dem Schurz der Unschuld äusserlich umgürtet zu sein,
die Siegel des echten Maurercharacters sind; so wenig
können auch Freudenbezeugungen, die nur der Volksfeier
nachahmten, nur vergängliches Aussenwerk bildeten und
keinen bessernden Eindruck auf das Herz zurückliessen, des
Maurertempels würdig und den uralten Ordenssitten ähnlich sein.

In unsern alten, mit tiefer Weisheit erfundenen Sinn-
bildern, so mancherlei geheimnissvoller Bedeutungen sie
fähig sind, und so viel darüber vom unseligsten Parteigeist
gestritten wird, liegt wahrlich keine Lehre aufgedeckter als
diese: dass des Maurers Sache nicht Worte sind, sondern
stille, entschlossene, folgenschwere, des hohen heiligen Men-
schennamens würdige That. Der Maurer reiset, er baut,
er arbeitet, er schreibt, er sucht; mit einem Worte: er ist

thätig. Habe ich diesen Grundbegriff richtig gefasst, und liegt er, wie mich's dünkt, in der wesentlichen Einrichtung des Ordens, so muss er uns auf die Art der Feier leiten, die dem heutigen Tage unter uns angemessen ist. Wenn Bildung unserer selbst eines der wichtigsten Geschäfte ist, das uns als Maurer obliegt, wenn unsere Arbeit mit Recht den ehrwürdigen Namen des Baues der Tugend führt, so gibt es nur ein Opfer, das heute unserer selbst und des Monarchen würdig ist, der im Gefühl seiner Pflicht, so wie im Range, allen andern vorgeht. Auf denn, meine Brüder! sein Name sei uns heute eine Losung, bei der wir uns mit doppeltem Nachdruck an unsere Maurerpflichten erinnern. Ihm zu Ehren wandle sich hier die laute Freude des Festes in denkenden Ernst, und in ein eifriges Bestreben, um den Ruhm des echten Maurers zu kämpfen. Lassen Sie uns ihm tugendhafte Unterthanen an uns selbst bilden helfen, durch die er seine weisen Absichten gründe, befördere und vollende! Seinen Namen krönt die Geschichte mit einer besseren Unsterblichkeit, wenn sie, statt eines hochtönenden Hymnus, Beispiele edler Thätigkeit aufzeichnen kann, die der Wunsch eines solchen Pflegevaters werth zu sein in seinen Kindern erzeugte.

Ein starker Trieb, meine verehrungswürdigen Brüder! ein Trieb, den ich maurerisch zu nennen wage, ruft ihren anwesenden Bruder auf, heute mit Ihnen von einigen unserer Hauptpflichten zu sprechen, und ihnen diesen so richtigen Maassstab, der unsere Handlungen gegen Ordensglieder und Ungeweihte bestimmt, aus seinem besonderen Gesichtspunkte vorzulegen. Einst war er Zeuge ihrer Anhänglichkeit, ihres Eifers, ihres Maurerfleisses; er sah sie unter dem Hammer unseres Hochwürdigsten im Orden vereint, mit Treue, Tugend und Liebe diesen unsern Vater, die Sonne dieser kleinen Maurerwelt, die er erleuchtet und erwärmt, in deren Glück er glücklich ist, zum Muster und Vorbild sich wählen. Auf den bleibenden Eindruck, den dieser rührende Anblick in ihrem nunmehr weit entfernten Bruder zurückliess, darf er sich kühnlich berufen, um vor dem Richterstuhle ihrer Herzen darzuthun, dass ein seh-

nendes, unaussprechliches Verlangen, im Geiste bei ihnen
zu sein, mit ihnen zu arbeiten, zu bauen, zu suchen, ach!
in ihrem Andenken und ihrer Liebe wieder aufzublühen,
sein ganzes Wesen durchzittert, und ihm den Stoff zu ihrer
heutigen Unterhaltung ablockt. In einsamen Stunden, wenn
er sich der süssen Erinnerung an das Band der wahren
Eintracht überliess, ward ihm oft der Gedanke lebhaft:
Was uns im Staat zu rechtschaffenen Bürgern macht, sei
eben dasjenige, was uns im Orden zu guten Maurern bil-
det. Was über diesen Satz Neues, Wahres und Schönes gedacht und gesagt werden kann, wäre allerdings ein Vortrag, der Maurern heut zu hören und zu beherzigen ziemte;
allein wenn das Ordensglied, das ausserhalb der Logen-
kette vereinzelt in der Ferne steht, dessen Kopf und Herz
von seinen Brüdern keine Nahrung, keine neue Stärkung
bekommen kann, vielleicht nur alte Wahrheiten wiederholt,
so fühlt es sich gleichwohl als Mensch und Maurer dabei,
und dieses Selbstgefühl weckt sicherlich Theilnehmer und
Freude im Kreise der Edlen! Beschirmt von ihren Brüdern, streckt die junge Eiche ihr stolzes Haupt empor, sie
breitet ihre Aeste weit um sich her, und ihren zartesten
Sprossen droht keine Gefahr; sie wächst heran und wird,
wozu sie schon im Keime bestimmt war, die Zierde des
Hains; aber jene zwischen öden Felsenritzen, oder auf der
nackten, leeren Sandwüste einsam hingestreut, ein Spiel der
Stürme, ein Opfer des Wetterstrahls, steht entblättert und
zerschlagen da; nur verkünden noch des schmucklosen
Stammes Ueberbleibsel ihr hohes Geschlecht.

Die strengste, unverletzlichste Verschwiegenheit ist das
erste Grundgesetz der Maurerei, und ihre unüberwindliche
Ringmauer gegen die ganze übrige Welt. Männer von
grossem Ansehen im Orden sind zwar als seine Schutzred-
ner öffentlich aufgetreten; doch dieses geschah jener heiligen Pflicht unbeschadet. So viele schiefe, falsche und sogar boshafte Urtheile der Profanen über den Orden konnten ihn allerdings einmal berechtigen — nicht unser ge-

heimes Bündniss herauszustreichen, das kein Tadel verletzt
und das keines Lobes bedarf, nicht seinen Zweck zu rüh-
men, der uns alles und den Uneingeweihten nichts ist, sondern — die grosse Wahrheit an den Tag zu legen, dass
in der allerheiligsten, das ist: einer freiwilligen Verpflichtung zur vollkommensten Erfüllung seiner natürlichen Bestimmung als Mensch, die Sittenlehre des Menschen besteht: zum Zeugniss über eine Welt, in welcher schwind-
liche oder auch verschmitzte Köpfe alles Gute, Grosse,
Schöne bezweifeln, alle Tugend und Wahrheit läugnen, und
alles Gefühl von Menschenwürde hinwegvernünfteln wollen,
das ausgenommen, welches aus Frömmelei und Aberglauben fliesst.

Allein soviel die weise Vorsicht der Ordensobern hievon den Zeitgenossen zu offenbaren befiehlt, so deutlich sie
auch zuweilen einen Theil der Freimaurerbeschäftigungen
der öffentlichen Aufmerksamkeit preisgibt*), und so sehr
es dem Geiste unserer Zeiten angemessen sein mag, gewisse Heimlichkeiten des Ordens auf Dächern zu predigen,
die man sich ehedem ins Ohr gesagt, so pflichtwidrig müsste
gleichwohl ohne Sanction der Obern jeder gedruckte oder
mündliche Unterricht von diesen Gegenständen sein. Ohne
Verrath hätte die profane Welt schwerlich den Orden jemals kennen gelernt. Die nachtheiligen Begriffe aber, welche
von lasterhaften und treulosen Ordensgliedern herrührten,
suchte theils die Neugier, theils die Schadenfreude zu
erweitern. Vergebliche Mühe, so lange jeder tugendhafte
Maurer, der seinen Orden kannte, verschwiegen und verborgen blieb. Oft machte man unsre geheimen nächtlichen
Zusammenkünfte verdächtig, oft beschuldigte man uns einer
gesetzwidrigen, dem Staate nachtheiligen Absicht und forderte uns auf, diese harte Anklage von uns abzulehnen.
Auch bei dieser unstatthaften Schmähung war es dem echten
Maurer ein Leichtes, in das Bewusstsein seiner Recht-

---

*) Man sehe die Werke nach: Apologie des F. M. Ordens; Zweck
des F. M. Ordens; über alte und neue Mysterien; Stein des Anstosses
und Fels der Aergerniss.

schaffenheit gehüllt, stillschweigend zu dulden. Nur der unzeitige Eifer einiger raschen Brüder reizte sie zur Vertheidigung einer Tugend, die authört Tugend zu sein, sobald sie zur Schau getragen wird. Unerfahrene Glieder des Ordens hielten ihm damals Lobreden in der profanen Welt, und prunkten öffentlich mit Menschenliebe und Wohlthun, ohne zu fühlen, dass durch diesen angemaassten Nimbus von Tugenden, Eitelkeit und Selbstliebe im höchsten Grade hervorstachen. Welch' ein Makel in den Annalen der Maurer, dass gerade ihre schreibseligste Epoche die ärmste an stiller, ungeschminkter Maurertugend war.

Durch Schwätzer aus seiner eigenen Mitte in des Staatsmannes Augen verkleinert, verdankte der Orden vielleicht den allgemeinen Schutz, den man ihm jetzt angedeihen lässt, weit weniger seiner Nützlichkeit, als einem verächtlichen Begriffe von seiner Wichtigkeit. In vorigen Zeiten hingegen hatten unsere Vorfahren im Orden durch Verschlossenheit öfters den Argwohn der gesetzgebenden Macht erregt und allen Drang der Verfolgung erlitten. Jedoch als eine Gesellschaft, die sich nie mit Welthändeln befasst, nie wider irgend einen Staat, in dem sie wohnte, die Hand ausgestreckt, und niemals eigenmächtig gegen offenbaren Druck und willkürlich an ihr verübte Gewalt sich zu wehren erkühnt, bewiesen diese tugendhaften Männer in solchen Fällen ihre Unschuld jederzeit durch unbegränzten Gehorsam und schweigende Unterwerfung.

O hätten es die Verfolger unseres Ordens gewusst, dass gänzliche Selbstbeherrschung das zweite Grundgesetz des freien Maurers ist, nie hätten sie seine heimlichen Zusammenkünfte am Altare der Tugend zerstört, nie hätten sie die Rechte solcher Menschen und Mitbürger verletzt, deren stilles Bestreben nach wahrer Vollkommenheit und Freiheit des Geistes vielmehr den schönsten bürgerlichen Kranz verdient. Allein Verfolgung und Drangsal sind Probirsteine, woran nur lasterhafte Bündnisse zerscheitern, die Tugend hingegen bewährt erfunden wird und ihren höchsten Glanz erlangt. Darum vermochte auch noch kein politischer Bannstrahl, kein ungerechter Zwang des weltlichen

Arms, durch Aufhebung unserer Logen, durch Verfolgung
und Proscription unserer Brüder den Ordensgeist zu vernichten, der mit der Grundkraft der menschlichen Natur
so innig verwebt und mit ihrer Bestimmung so ganz eines
Wesens ist. Wer Gefühl und Empfänglichkeit besitzt für
Schönheit, Stärke; wer Wahrheit aus dem beredten Buche
der Natur mit unbefangenen Sinnen liest, und ihren reinen
Urquell über alles liebt; wer von allem, was nicht gut und
vollkommen ist, sich unabhängig erhält; kurz wer zum
Maurer eingeweiht, kraft dieses neuen Berufs die Lauf-
bahn der Prüfung und Tugend betritt, der ist und bleibt
überall mit freiem, unbefangenem Selbstgefühl ein freier
Maurer, in der Versammlung wetteifernder Brüder wie im
Gewühl der profanen Welt, in der Hütte wie im Palast,
im Kerker wie auf dem Throne, in der Wüste wie im
Elysium.

Wie reizendschön, wie herzerhebend — hier im Verborgenen dürfen wir's sagen — wie göttlichgross ist dieses
Band! Was ist edler und der Würde unserer Vernunft
angemessener als dieses Sehnen und Emporstreben nach
Freiheit! Welch ein erquickendes, stärkendes, anmuntern-
des Schauspiel gibt uns die reine Stimme der Natur in
demjenigen Menschen, der allem, was sein Empfindungs-
vermögen Lügen strafen und seine Vernunft verdammen
will, hier ewige Feindschaft schwört, der im Durste nach
Wahrheit sich göttlichen Geschlechtes fühlt, und hingerissen
von mächtiger Empfindung des mit ihm verwandten Guten
und Schönen, sich ihrem seligen Zuge ganz überlässt. Ich
muss ihn Liebe nennen, diesen sympathischen Zug, der
gleichgestimmte Gemüther zu gleichen Zwecken vereint
Bruderliebe, diese dritte, heiligste, sich selbst belohnende
Maurerpflicht. Kennen Sie, meine Brüder, auf Erden ein
schöneres, liebenswürdigeres Bild, einen getreueren Ab-
druck des vollkommensten Wesens, welcher der Gegenstand der reinsten Liebe ist, als den Erstgebornen der
Erde, den wahren Menschen, der ein vollkommenes Gleich-
gewicht erhält zwischen allen in sein Wesen gepflanzten
Trieben und Kräften, der die unabänderliche Natur zur

Führerin sich wählt, an ihrer Hand den Pfad der Zufriedenheit und des wahren Genusses betritt, seine gesellschaftlichen, so fest geknüpften Bande anerkennt, den unfruchtbaren, feindseligen Egoismus verleugnet; mit richtigerem Selbstgefühl hingegen sich für Andere hingibt, für sie nur lebt, sie glücklich und weise, wie sich selbst zu machen sucht, und dann — ruhige [Blicke heftet auf den unerschöpflichen Quell alles Daseins, in dessen Tiefen die fernere Entwicklung seines Schicksals, mit undurchdringlicher Nacht verhüllt, verborgen liegt?

Ja fürwahr! du bist es, du sanfte Anziehungskraft gleichgearteter Wesen, du Leben für Andre und Empfinden in Andern, alles vereinende und zusammenschmelzende Liebe! das einzige wahre unwandelbare Glück der Menschheit bist du! Bestes Geschenk der Natur! Siegel der Gottähnlichkeit! kann der schwache Odem des Unvollendeten dich würdiglich preisen? Kann der Lehrling, dessen Herz noch kaum dein erstes Dämmern empfand, kann er Gluth vom Altar nehmen, Farben aus dem Meer der Morgenröthe schöpfen, um deinen milden Feuerstrom in Worten auszugiessen, da wo er wesentlich alle Brüder, alle Bürger, alle Menschen mit unzertrennlichen Banden umschlingt? Im Augenblick, wo die Pracht und Harmonie des Weltalls des Maurers Herz mit Staunen und Ehrfurcht erfüllt, reisst ihn dein kühner Schwung, entzückende Liebe! über alle Sphären hinauf, zum ewigen Quell, dem er entfloss! hier schweigt die Harfe begeistert, Lippen verstummen, ihr Stammeln würde unnennbare Gefühle entweihen!

Sehen Sie, meine Brüder! welch' ein herrliches Ziel, wohin uns der Maurerbund führt! Die vollkommenste Entwicklung dieser eigenthümlichen Kraft unserer menschlichen Bildung ist alles unsers Strebens, aller unserer Gelübde und Aufopferungen erhabenster Gegenstand. Glücklich der Bruder, unter dessen Händen das Samenkorn der Liebe allmälig hervorsprosst, durch dessen Pflege es fortwächst und grünt; und wenn es endlich zum starken Baume des Lebens gediehen ist, dann dreimal Heil dem, der unter

seinem Schatten wohnt, dem seine goldnen Früchte reifen
zur Vollkommenheit des seligsten Genusses.

Doch nicht von Belohnungen, von Pflichten nur ver-
sprach ich heute zu reden. Belohnungen setzen Verdienste
voraus; grosse Vorzüge werden nur mit grossen Aufopferungen erkauft, und Ehrenkronen sind nur Früchte des
theuer erfochtenen Sieges. Genug also für uns, dass Veredlung der Menschheit, deren zufällige Unarten Niemand
freimüthiger eingesteht als der Maurer, und Niemand tiefer
einsieht als er, dass Ausbildung und Pflege des guten Keims
im Herzen und Kopfe, hier im Stillen unsere Hauptbeschäf-
tigung ist. Hatten wir auch etwa vor unserer Aufnahme
andere Begriffe vom Orden gehegt, so verschwanden sie
doch beim ersten Schimmer seines Lichts, und selbst
jene Erinnerungen an den Körpertod, die eine stille Vor-
bereitungsstunde in unserm Innern hervorrief, sollten schon
Beziehungen auf die Natur sein, auf deren Gesetzen der
Orden beruht. Es musste daher dem Rechtschaffenen das
Herz vor Freude schlagen, wenn er hier beim ersten Un-
terrichte die Zufriedenheit zum Ziele aufgesteckt, wenn er
Natur und Weisheit hier zu seinen Führerinnen auserkoren
sah. Nicht mehr bloss träge und thierisch im Erdenschlamme
zu kriechen, aber auch nicht ferner aufgedrungene Lüge
statt empfundener Wahrheit zu vergöttern, sondern vielmehr einer edleren Bestimmung eingedenk, sich hingezogen fühlen zur unverfälschten Erkenntniss des Wahren,
Schönen und Guten, thätig sein aus dieser inneren Regung,
den Werth der Leidenschaften, so wenig wie den Nachtheil
ihres Missbrauchs verkennen, die Blössen des Herzens mit
strenger Wachsamkeit decken, Gutes thun und lieben auch
ohne andere Vergeltung, als die des eigenen Beifalls und
so von Stufe zu Stufe sich vollendend entwickeln, welch'
ein würdiges Geschäft, welche Glückseligkeit für jeden gegenwärtigen Augenblick, und welche Vorbereitung auf jeden
folgenden. O dass jeder Lehrling es gerührt empfände,
dass dies die theuren Pflichten sind, denen er sich freiwillig,
doch auf ewig ergab.

Freiwillig! — Auch dieses Wort zu wiederholen erheischt die Pflicht des maurerischen Redners. Ja oft und täglich meine Brüder! müssen wir gedenken, dass dieses unser Bündniss mit der Tugend, dass sowohl der Eintritt als der Fortgang im Orden, dass alle unsere Gelübde und Aufopferungen freiwillig sind. Dieses Wirken der Grundkraft unseres Wesens, dies freie Wollen nur, und keine Art des Zwanges, erzeugt die wahre Glückseligkeit; denn Niemand hat es ja vermocht, durch blossen Zwang, sei's auch der kräftigsten und billigsten Gesetze, den Menschen mit Gewalt und wider innere Ueberzeugung zum Frieden seiner Seele, zum heitersten Genusse seines Daseins zu treiben. Bestimmt, nur negative Zwecke zu erreichen, dem Bösen nur Schranken zu setzen, und seine feindseligen Wirkungen zu hemmen, wie konnten sie, die todten Buchstaben des Gesetzes, tugendhafte Grundsätze und Handlungen einsprechen und Kräfte des Guten erwecken, die nur aus dem innern Streben des Wahrheit ahnenden Geistes freiwillig hervorgehen?

Freiheit des Maurers, — nicht jene rohe, zügellose Wildheit ungesitteter Barbaren, nicht jene argwöhnische Selbstsucht des demokratischen Geistes, nicht die Ungebundenheit der Leidenschaften und thierischen Triebe, sondern — das grosse Vorrecht, nach einem sympathetischen Gefühle von Uebereinstimmung des Wahren, Schönen, Guten zu handeln, und über alle Hindernisse siegen zu können, die dieser angebornen Anziehungskraft entgegenstehen, diese Freiheit, als eine nur von oben herab zerschmetterte Säule, steht noch auf ihrem Grunde fest, des Lehrlings unvergessliche Losung. Ihm sollen ihre Trümmer ehrwürdig und heilig sein, er soll darauf fortbauen und sicher hoffen, sie dereinst in ursprünglicher Vollkommenheit wieder hergestellt zu sehen.

Aus dieser Freiheit, dieser zwar eingeschränkten, jedoch durch Uebung immer wachsenden oder sich entwickelnden Grundkraft unseres Organismus, vermöge welcher wir uns dem Ruhepunkt des Weisen nähern können; aus dieser mit dem Namen des Ordens selbst verflochtenen Freiheit fliesst also jede unserer Pflichten her. Ohne jetzt zu er-

örtern, wie alles ihr Wirken lautere Menschenliebe ist, wie
Selbstbeherrschung und Selbstprüfung unausbleibliche Fol-
gen ihrer Entwicklung sind, nenne ich nur noch die edelste
ihrer Früchte, den grossmüthigen Gehorsam, womit der
Maurer seinen Führer ehrt. Wie wundervoll und welcher
Palmen würdig ist diese gränzenlose Selbstverleugnung im
Schoosse eines Ordens, der sich aus allen Ständen seine
Mitglieder wählt, der allen Unterschied der Geburt, der
Ehre und des Reichthums aufhebt, um alle zu erinnern,
dass sie der Baumeister des Weltalls zu Brüdern schuf,
dass Brüder hier aus eignem Antriebe ihren Brüdern gehorchen, alles ihnen opfern, nur ihr Gewissen nicht; welch
ein grosses, rührendes Schauspiel ist das, welch ein glor-
reicher Sieg der moralischen Freiheit.

Vorgänger auf einem Pfade, den der Lehrling noch vor
sich liegen sieht, Männer, die dort bereits überwanden, wo
ihm noch mancher harte Kampf bevorsteht; Freunde endlich und Väter, die seiner Jugend und Unerfahrenheit zu
Hilfe eilen, die den Keim der Tugend in seiner Brust mit
Weisheit und Sorgfalt pflegen, Ihr seid es, gute, grosse, lieb-
réiche Brüder, die der Maurer als seine Obern mit stiller,
inniger Empfindung verehrt, denen er im Herzen kindliche
Gegenliebe weiht.

Die natürlichste, ja die rechtmässigste Oberherrschaft
in der ganzen Schöpfung ist diese Fürsorge des Weiseren
und Besseren und in sich selbst Vollkommenen für den
Schwachen, der seines Schutzes bedarf, den Unmündigen,
dessen Seelenkräfte er erst entwickeln, den Unvollkommenen
und Dürftigen, den er ausbilden, dem er die Quellen seines
inneren Reichthums öffnen, den er mit einem Worte in sich
selbst glücklich machen soll. Je vollkommener das Wesen,
je schönere Harmonie in seinen Geisteskräften liegt und
Regel seines Wirkens ist, desto fähiger und würdiger ist
es, den Kurzsichtigen hellsehend zu machen, den Gebun-
denen zu entfesseln, den Irrenden zu seinem eigenen und
dem allgemeinen Besten Schranken anzuweisen und Grenz-
pfähle zu stecken, von denen er sich nicht entfernen darf;
das Urbild dieser Vormundschaft, in aller seiner Einfalt

und Würde, erlebte das Menschengeschlecht zuerst im asiatischen Zelte.

Dort war der ehrwürdige Hausvater zugleich der Urheber, Beschützer und Erhalter, der Führer und Lehrer seiner ganzen Nachkommenschaft. Sein kleiner Reichthum von Erfahrungen, die auf physische, gesellige und sittliche Glückseligkeit Einfluss hatten, ward ihnen nach und nach durch Beispiele und Unterricht zu Theil. Wie der Acker allen Bedürfnissen des Lebens genügt, wie der Mensch die Thiere des Feldes zu Gehilfen seiner Arbeit macht, wie ihn Liebe mit allem was ihn umgibt verkettet und ihn besonders im Menschen unaussprechlich beglückt, wie er mit Wenigem genügsam lebt, und dann mit einem heiteren Rückblick auf sein thätiges, naturgemässes Leben, des reinsten Genusses satt, und was auch ihm bevorstehen möge, durch das Verflossene beruhigt und zufrieden stirbt. Diese ersten felsenfesten Grundlehren aller Kunst und Wissenschaft sammelten die Söhne von den Lippen des Erzvaters und wurden nach seinem mächtigeren Vorbilde nicht nur Hirten der Thiere, sondern auch Hirten hervorkeimender Völker. Lebendig und frisch im Gedächtniss waren dem jungen Menschengeschlechte die Ereignisse seines Anfanges, und ganz im kindlichen Geiste nannte es Gott selbst seinen Vater. Kindlich waren alle seine ersten Begriffe: die Welt des grossen Allväters Haushalt, der Himmel sein Gezelt, alle sichtbaren Dinge sein Eigenthum und seiner Hände Werk, jede Erscheinung, jedes Hervorbringen der Natur seine unmittelbare Wohlthat, und so ward kindliches Vertrauen, kindliche Liebe der erste Gottesdienst. Nur eine Familie war das Menschengeschlecht, ein Völkchen von Brüdern und ihr Vater Gott. Der sichtbare Stellvertreter, der Erstgeborene, der Vertraute des Vaters und sein Mitregent, ein grauer Patriarch im Kreise seiner Enkels-Enkel.

Diese glückliche Verfassung, in ihrer Einfalt so schön, sollte gleichwohl von keiner Dauer sein; bald verschwand sie wie eine süsse Traumgestalt und liess kaum eine Spur zurück. Gegen den bessern Funken der Geselligkeit, von dessen Pflege das Wohl der Menschheit abhing, empörten

sich unlenksame Leidenschaften und oft erstickten sie ihn.
Bald wimmelte es von solchen Wesen auf Erden, die zwar
mit Willen, Einbildungskraft und Verstand begabt, jedoch
ohne alle Entwicklung ihres angebornen Verbindungsmit-
tels, des Gefühls von Billigkeit und Menschlichkeit, nur
als vernünftige Raubthiere lebten. Jedes derselben existirte
für sich allein, wähnte sich selbst den Mittelpunkt, um den
die ganze Welt sich drehe, für dessen Genuss sie lediglich
erschaffen sei; keines war mit dem andern durch das geringste Mitgefühl verbrüdert, und keines kannte eine andere Freude, als die Empfindung eines vernichtenden Wi-
derstandes. Die unseligen Begriffe des Eigenthums und der
Alleingewalt tränkten die Erde mit Strömen von Blut, und
wie jene fabelhaften aus Drachenzähnen entstandenen Un-
geheuer sich vor den Augen des Kadmus unter einander
verzehrten, so schien zuletzt die gänzliche Aufreibung dieser feindseligen Geschöpfe unter einander unausbleiblich zu
sein. Jedoch die Weisheit, die das Schicksal der Menschheit abwägt, hatte auch hier bereits dem Toben ihrer Leidenschaft ein Ziel gesteckt. Aus der blutigen Erfahrung,
dass nichts im ganzen Umfange der Natur so fähig sei dem
Menschen zu schaden, als ein andrer Mensch, leuchtete endlich die unvermeidliche Nothwendigkeit gesellschaftlicher
Verträge hervor. Der heisse Wunsch, im ungestörten Genusse des Eigenthums zu bleiben, knüpfte zwischen jenen
gesetzlosen Horden das erste schwache Band und legte ihrer
Raubbegierde Zaum und Gebiss an. So ward gemeinschaft-
licher Schutz beschlossen und die Gewalt des Einzelnen
durch die Gewalt der ganzen Bundesgenossenschaft ent-
kräftet. Allein den unnatürlichen Grund einer bloss auf
Zwang und Furcht beruhenden Verfassung bezeugt der
Umsturz so vieler auf einander folgender Reiche, denn was
vermochte je in Herzen, wo die Bruderliebe längst erloschen
war, der Wunsch unersättlichen Begierden Einhalt zu thun,
sobald sich durch irgend einen günstigen Vorfall die Ueber-
macht wieder auf ihre Seite lenkte?

Durch keinen äusserlichen Zwang, nein! auf dem einzig möglichen Wege, durch Erweckung des Wahrheitssinnes

im Menschen, durch sanfte Ueberredung und liebreich dar-
gebotene Mittel zur Glückseligkeit, sorgte die Vorsehung
für die Dauer und das Wohl der Staaten. Bald hie, bald
dort standen Weise und Menschenfreunde auf, nahmen sich
ihrer verwilderten Mitbürger an, riefen sie zur ersten kindlichen Liebe zurück, weckten ihr Gewissen zur Anerkennung natürlicher Rechte, und wo diese nicht hinreichend
war, sie sanft und duldsam zu machen, da führten sie die
Gemüther durch wohlthätige, jedoch in ihren Folgen oft
auch schädliche Täuschung gefangen, erfüllten sie mit hoher
Ahnung der Unsterblichkeit, und schreckten sie zugleich
mit Wundern und übernatürlichen Kräften der nahe ge-
glaubten und menschenähnlich gefürchteten Götter. Solche
Erzieher, Gesetzgeber und Lehrer schenkten fast jedem
Volke einen gewissen Grad von Kultur und des sittlichen
Gefühles.

Still, verborgen und langsam ist der Gang der Natur,
aber unverwandt gerichtet auf mögliche, erreichbare Vollkommenheit. Wirksam ohne Aufhören entwickeln sich in
ihr stets unerwartete Kräfte, womit sie den Störungen
ihres Planes entgegenarbeitet, Schwierigkeiten überwindet,
die vergänglichen Gestalten schmückt und vollendet, und
dann aus ihrer Auflösung neue Bildungen hervorruft. Heilige Natur! du dünkst mich das Muster, nach welchem
jene Weise arbeiten sollten, das Muster, nach welchem
sie in jeder Epoche der Menschengeschichte wirklich gearbeitet haben, das Muster endlich, nach welchem der
Maurer noch jetzt bei seinem geheimnissvollen Bau verfährt.
Sein Zweck, kein blosses Ideal, wird jeden Augenblick
durch stilles, unvermerktes, langsames Wirken erreicht,
und so verschieden, als die Bedürfnisse der Zeiten, ist die
Aeusserung seiner Wirksamkeit. Heute Erhaltung und
Pflege eines Keims; morgen Ausbildung, Trieb der Blüthen
und Früchte; am dritten Tage Ausrottung des Stammes,
der nach vollbrachtem Endzweck seines Daseins als eine
todte Last die Erde drückt, den Garten der Menschheit
entstellt, und dann Belebung eines neuen Samenkorns aus
dem Schutt der Verwesung!

O gewiss, meine Brüder! das freiwillige geheime Bündniss ist gross, ist wichtig, ist heilig, welches Menschen zu
dieser hohen Absicht vereint. Nicht ohne Grund haben
die erleuchtetsten Männer unserer Zeit*) behauptet, unser
Orden sei so alt als das Menschengeschlecht. Der Schutz-
herr der Natur und der unsrige legte in ihn den gemeinen
Zauber, kraft dessen es auf Erden an Wahrheit, Weisheit
und Tugend, soweit diese der menschlichen Organisation
erreichbar sind, nie fehlen kann, nie fehlen wird. Es
flammte in seinem Osten immer das reinste Licht — so
rein die Erde nur in jedem Zeitpunkt es ertragen konnte;
der Orden war immer das Aggregat der zweckmässigsten,
den Schicksalen der Menschheit angemessensten Weisen.
Zuverlässig war sein Einfluss auf die Glückseligkeit seiner
Mitglieder selbst. Er vervollkommnete ihr Empfindungsver-
mögen, erleuchtete ihren Verstand, bildete ihren sittlichen
Charakter, schenkte ihnen Glück und innere Zufriedenheit
im Leben, und in ihnen dem Staat und dem Menschengeschlechte eine Anzahl lebendiger, brauchbarer, heilsamer
Kräfte. Durch sie strömten eben diese Wohlthaten über
das ganze Erdenrund; das Beispiel ihrer Tugend, ihrer
Menschenliebe, ihrer innern Ruhe reizte überall die Menschen zur Nacheiferung, und ihre Aufforderungen, ihre
Lehren, wenn es die Zeitläufe heischten, drangen mit be-
wunderungswürdiger Kraft und Geschwindigkeit durch die
Gemüther und zündeten das Feuer des Enthusiasmus an,
dessen einziger Fehler ist, dass es sich nicht so leicht
wieder dämpfen lässt. In den Umstaltungen des Ordens,
seiner Lehrart, seiner Wirkungsmethode und seiner schein-
baren Gestalt kann vielleicht ein geübtes Auge das Dasein
jener Kraft erblicken, welche der Gährung und Fäulniss
widersteht, oder von welcher sie zuweilen auch ausgeht;
der Kraft, welche Körper erhält und bindet und zugleich
auflösst, zerstört und neue schafft. Ihr seid das Salz der
Erde! sprach zu seiner Zeit mit voller Wahrheit ein Weiser

---

*) Lessing in seinem „Ernst und Falk"; der Verfasser der Apo-
logie.

zu seinen Lehrlingen; ihr seid das Salz der Erde, riefen Tiefschauende schon mehrmals den im Orden verbrüderten Maurern zu. Mit dem prophetischen Geiste, der ein Kind des hellen Verstandes ist, erzeugt in der reichsten Einbildungskraft, lehrten eben jene erhabenen Meister, dass auch das Salz geschmacklos werden, weggeworfen und zertreten werden kann. Allein erst müssen Menschen von verderbter Seele den Orden entehren, erst müssen Brüder, ganz unwürdig dieses Namens, ihre theuren Gelübde vergessen, und die profane Welt muss tugendhafter, unschuldiger, heiliger werden als wir, eh' und bevor die Maurerei von ihrer grossen Bestimmung zu einem leeren, müssigen Spielwerke, oder zum Zufluchtsorte der verschlagensten Laster, oder vollends zum verabscheuungswürdigen Werkzeuge einer im Finstern schleichenden Politik, einer unersättlichen Ehrsucht und Geldgier hinabsinkt und nicht bloss Spott und Verachtung ihrer Feinde, sondern auch gerechte Strafe des zürnenden Himmels verdient.

Hinunter in den Abgrund mit einer so gehässigen Aussicht; denn heute erfüllen nur freudige, lichtvolle Bilder des Maurers treue, dem Orden, der Menschheit und Natur geweihte Brust. Voll edlen Stolzes, nicht auf das kleine Maass von eigenen Kräften, nein, auf die Macht der Liebe, auf ihren Schutz und ihre Leitung, die auch ausserhalb dieser verschlossenen Thore, selbst in der Einsamkeit den echten Bruder zu bilden und zu erhalten weiss, wirft er getrost den freien Blick umher, und unbewölkte Hoffnung, holder Friede uud menschenfreundliche Weisheit leuchten ihm vom Aufgang entgegen. Wenn Kampf für die Wahrheit, vertraute Kenntniss der Natur und Anwendung dieser Kenntniss auf die Glückseligkeit des Menschenlebens, inniges Gefühl des reinen und Guten, Eifer und Treue in den Angelegenheiten des Ordens und des Staats, Nachsicht mit den Schwächen des menschlichen Herzens und den Verirrungen seines Verstandes, wahre Mildthätigkeit, Grossmuth und geprüfte Bruderliebe, — wenn dieses Tugenden des echten Maurers sind, so findet der Lehrling hier das Vorbild, in dessen Nachfolge er nie der innern Ruhe verfehlen wird. So lange dieses Muster uns vorleuchtet, können wir nie die Grundgesetze des Ordens verletzen, nie den grossen Pflichten ungetreu werden, denen die Wahrheit ihr Siegel aufgedrückt hat. Wir wissen zwar, dass theils herrschsüchtige Politiker, theils Männer von erhitzter Einbildungskraft, theils auch betrogene oder betrügliche Irrlehrer, alles was sie selbst entwarfen, oder erträumten, oder von unbeglaubigten Führern entlehnten, den Zweck der Maurerei zu nennen pflegen. Allein uns reizt es nicht, wie ehedem Ixion ein leeres Wolkenbild statt einer Göttin zu umfassen, oder auf dädalischem Fittig emporzuflattern, wie Ikarus, um auch im Herabstürzen ihm ähnlich zu sein. Dieser Tempel ist kein Werkzeug listiger Meutereien, kein Wirkungskreis eitler Hirngespinnste, keine Hülle des geistlichen Stolzes. Alle seine Mauern, alle seine Thore, alle seine Lichter erinnern uns unaufhörlich an die Weisheit der Natur, die einzig und allein durch unsre Sinne mit uns spricht, die uns zu frohem Genusse des Lebens, zur höheren Wonne tugendhafter Seelenbündnisse aufruft. Mögen sich immer rechts und links die Irrwege abwärts ziehen, mögen doch die verderblichen Schlünde sich öffnen und dem kühnen Felsensteiger drohen, wir fühlen Kraft und Standhaftigkeit in der guten Sache, wir kennen unsern Felsenpfad, dass er zum Licht der Wahrheit führt. Ist Gefahr vorhanden, o, so fehlt es nicht an Muth, sie zu bestehen; soll dieses Feuer des Geistes einer weisen Richtung bedürfen, damit wir den schönsten Sieg erringen, so blicken wir voll Zuversicht hinauf zur geprüfteren Tugend unseres Oberhauptes. So sei uns denn diese festliche Stunde gegrüsst und tief ins Gedächtniss geprägt, die uns aufs neue zur Thätigkeit, zum schönsten Wettlauf und zur Erfüllung unseres Gelübdes weckt. Dem gemeinschaftlichen Interesse der Menschheit und der Maurerei sei dann hinfort das Herz, Kopf und alles Wirken beider geweiht. Unsere Wissenschaft sei Wahrheit, unsere Kunst getreue Nachfolge der Natur, und gemeinnützige, lautere Liebe sei unser Element.

· VI.

Rede, gehalten in der St. Josephsloge aus Anlass eines Besuchs des Prov. Grossmeisters.

Hochwürdiger Prov. Grossmeister!
Hochansehnliche uns besuchende Brüder!

Unsere gesammte St. Josephs-Loge ist von dem Glück und der Ehre Ihrer hochschätzbaren Gegenwart ganz und gar durchdrungen und hat mir aufgetragen, ihre Gefühle des feurigsten Dankes durch wenige Worte an den Tag zu legen.

Möchten Sie doch mit dem an die Brüder meiner Loge gerichteten Vortrag zufrieden sein. Ich unterstehe mich nicht, die Verbindlichkeiten, die der Orden fordert, so vielen vortrefflichen Männern zu lehren; sondern ich wage es nur, diese Bilder in Ihren Seelen zu erneuern, sie in einem lebhafteren Lichte vorzustellen und Ihnen mit warmer Theilnehmung die grosse, vielumfassende Tugend — ein rechtschaffener Maurer zu sein, nach dem Maasse meiner Kräfte zu schildern.

Und wenn ich Ihnen dann, meine Hochwürdigen Brüder, diese Tugend in ihrem majestätischen Glanze, als die einzige Quelle eines glücklichen Lebens, das einzige Mittel wahrer Zufriedenheit, den einzigen Trost in jedem Unglücke und als die einzige fröhliche Begleiterin bis ans Grab werde gezeigt, wie ich Sie dazu erwecket habe; o, dann müsse Ihr Herz nicht vom Uebermaasse des Gefühls schweigen, sondern diese göttliche Tugend müsse in Thaten ausbrechen, die Ihnen selbst Beruhigung verschaffen und Ihre Namen den Jahrbüchern des Ordens unter der Rubrik wirklich grosser Mitglieder einverleiben. Das wird mir die reinste Freude sein, wenn ich Sie als Menschenfreunde erblicke, die jeden Kummer aus der Seele des Dürftigen verjagen und für Ihre Grossmuth und Mildthätigkeit die Segenswünsche der geretteten Armuth einernten.

O, dass ich durch meinen schwachen Vortrag einen solchen Lohn erlangen, dass ich stets unter Ihnen den

Namen eines guten Bruders verdienen, und dass nur einer
unter Ihnen einst die Thräne der Dankbarkeit, die vor
meinem letzten Seufzer dem sterbenden Auge entfallen
wird, mit brüderlicher Hand trocknen und mit dem sichern
Beifall, den nur Maurer geben können, in den Wohnungen
des Friedens und der Ruhe beglücken möchte!

H. G. M.!

Mit Ihrer Genehmigung will ich denen hochwürdigen
besuchenden Brüdern, sowohl in Ihrem als der St. Josephs-
loge Namen den lebhaftesten Dank erstatten, dass Sie uns
Ihre schätzbare Gegenwart geschenkt und unser Fest zu
verherrlichen sich haben bereitfinden lassen.

Ihnen, Hochwürdiger Provinzial - Grossmeister von
Oesterreich, bleibt unser unverbrüchlicher Gehorsam für
alle den hiesigen Logen erwiesene unnennbare Güte vorzüglich gewidmet. Und Ihnen, hochwürdiger Provinzial-
Grossmeister von Hungarn, gestehen wir die vollkommenste
Verehrung zu, die wir Ihrem vortrefflichen Herzen und den
vom Monarchen erkannten und geschätzten Verdiensten
schuldig sind.

Allen vorsitzenden Meistern unsrer geliebten Schwestern-Logen versichern wir die ungeheucheltste Bruderliebe und die unveränderlichste Hochschätzung.

Denen Brüdern, welche vielleicht selbsten den schönen
Josephs-Namen führen, wünschen wir noch recht oft die
Begehung eines so festlichen Tages und die brüderliche
Erinnerung an den heutigen, welcher sie zu allen Tugenden aufmuntern und eine Zufriedenheit in ihre Herzen
legen wird, die weder eine irdische Macht geben, noch eine
weltliche Hoheit rauben kann. Alle Brüder, zu welcher
Loge sie sich auch bekennen, waren uns heute willkommen und werden uns mit jedem Tage schätzbarer werden,
wenn sie uns fernerhin ihr brüderliches Angedenken schenken und den auswärtigen Ländern verkündigen werden,
dass sie auch hier gute Brüder gefunden haben, die an
Rechtschaffenheit und Eifer sich nicht gern übertreffen
lassen, wenn sie auch an Kenntnissen zurückstehen mussten.

Der frohe Beifall aller Anwesenden sei den musikalischen Brüdern belohnender Dank für die übernommene Mühe, für die gute Ausführung und für die unserer Loge geleisteten Dienste.

Es blühe, wachse und gedeihe unsere königliche Kunst in hiesigen Staaten, und leben alle unsere werthgeschätzten Schwestern-Logen durch 3 Mal 3.

VII.

Rede, gehalten bei Einweihung der Loge zum heil. Joseph am 6. October 1848.

Von Dr. Ludwig Lewis.

Hochwürdiger Provinzial-Grossmeister!
Sämmtliche hochansehnliche unsere St. Josephsloge besuchende Brüder!

Der Dank, den ich Ihnen für Ihre geschenkte Gegenwart und für den unschätzbaren Antheil an unserer gesetzmässigen Arbeit abzustatten habe, stirbt vor inniger Herzensfreude auf meiner stammelnden Zunge, und wird so schwach in seinem Ausdrucke, als die Empfindungen derer immer zu sein pflegen, die ihren Unwerth einsehen und den Abstand erkennen, worinnen sie gegen einander stehen! Doch der reizende Brudername, womit ich Sie begrüssen darf, setzt mich über alle Bedenklichkeiten hinaus, die meiner Furchtsamkeit begegnen, und erlaubt mir, Ihnen insgesammt zu sagen, dass unser Vergnügen unbegrenzt sei, dass der heutige Tag eine besondere Epoche in unserem Jahresbuche bezeichnet, dass er uns zu Thätigkeit in Erfüllung aller maurerischen Pflichten ermuntert, und durch Ihre Beispiele geleitet zu strengen Beobachtern uns'rer selbst, zu rechtschaffenen Brüdern und nützlichen Gliedern der Gesellschaft machen wird. Wir kennen zu gut, was wir Ihnen insgesammt heute am Tage der Wiedergeburt der Loge zum heiligen Joseph schuldig sind, und werden es nie vergessen. — Uebersehen Sie mit der Ihnen eigenen

11

Herzensgüte die Schwäche meines Vortrages, wenngleich dem Sprecher die Gaben eines glänzenden Redners mangeln.

———————

Meine Brüder! der heutige Tag, der uns so viele Freude geschafft, der uns so viele schöne Aussichten in die Zukunft verspricht, kann unmöglich von mir mit kaltem Blute dem Strome der Vergangenheit übergeben werden, ohne Sie an zwei Hauptpflichten zu erinnern, die uns besonders obliegen, und die ich Ihnen nicht genug anempfehlen kann, Pflichten, in deren Ausübung so viel Angenehmes ist, und deren genaueste Erfüllung uns schon um deswillen am Herzen liegen muss, weil unsere Ruhe, unsere Zufriedenheit lediglich davon abhängt; es sind nämlich die Pflichten gegen Gott und gegen uns selbst.

Wem haben wir uns're Freude, unser heutiges Glück, die Stiftung dieser Loge, die Liebe und den Frieden, der uns're Herzen vereinigt und uns alle zur Einigkeit antreibt, zur Bruderliebe ermuntert, zum Wohlthun anfeuert, anders zu verdanken als dem unendlichen Baumeister Himmels und der Erde?

Sollten wir frech genug sein, alles dieses einem blossen Ohngefähr zuzuschreiben, so wären wir der Wohlthaten unwerth, die wir mit segnenden Händen von seiner Güte empfangen haben. Ich hoffe nicht, dass ein einziger unter uns seinen Einfluss auf uns verkennen, oder undankbar gegen seine Gnade sein werde. Und sollte er dieses, so verdient er nicht den Namen eines Bruders, er ist ein Ephraimite, der sich wider unseren Willen in den hohen Orden der Freimaurerei eingeschlichen, der durch List und Meineid unsere Geheimnisse an sich gerissen hat, der sich selbst entehrt und unserem Bruderbunde Schande macht. Aber gelobt sei der grosse Baumeister, hoffentlich wird sich keiner unter uns befinden, dem der Glaube an Gott und Unsterblichkeit der Seele ein leerer Schall ist. — Sind wir zwar noch ein kleines Häuflein, so sind wir doch tief von der Güte seiner Allmacht durchdrungen, wir fühlen, dass er, der grosse Baumeister aller Welten, in uns leben

muss, wenn wir das Werk, welches w+ angefangen haben,
vollbringen wollen. — Ja, Dir allein, unendlicher Baumeister aller Welten! Dir gebührt alles Lob und aller
Dank! O! wache ferner über uns. Verbreite Deinen mächtigen Schutz über unsere und alle Schwester-Logen. —
Lasse das Licht und die Wahrheit in dem allervollkom-
mensten Grade auf uns kommen, und gib, dass wir beides
so rein und unverfälscht, als wir es empfangen haben, aut
späte Nachwelt fortpflanzen, und weder von Eigennutz,
noch von Ungeduld angetrieben, den Weg verlassen, der
uns nach überstiegenen Hindernissen zur Klarheit und Vollkommenheit bringen kann. Nimm in Deinen gewaltigen
Schutz den hocherleuchteten Landes-Grossmeister und die
sämmtlichen regierenden und mitarbeitenden Glieder der
grossen deutschen Landesloge zu Berlin, — bekröne ihre
dem Ganzen gewidmeten Arbeiten mit dem besten Erfolg;
schenke ihnen Einigkeit, Muth und alle die nothwendigen
Gaben, die sie zur Ausübung ihrer Pflichten und zur Erreichung ihrer grossen Absichten bedürfen, damit sie ihre
Macht, Gewalt und Ansehen zweckmässig anwenden, und
niemals das ihnen anvertraute Recht, zu belohnen und zu
bestrafen, missbrauchen.

Verleihe alle denen ihr unterworfenen Logen aufrichtige, gehorsame und dankbare Gesinnungen gegen dieselbe,
und gib, dass sie nach ihren Kräften dasjenige willig beitragen, was die Gesetze von ihnen fordern, mit gebühren-
der Ehrfurcht die Befehle annehmen, und wenn sie zum
Wohle des Ganzen, zur Erreichung wichtiger Endzwecke
abzielen, ohne Widerspenstigkeit befolgen und ausüben.

Lasse den, der befiehlt, und den, der gehorcht, stets
eingedenk sein, dass wir alle Brüder sind, — und dass
Einigkeit, Liebe, Sanftmuth und Gefälligkeit uns vereinigen,
und vor innerlicher und äusserlicher Zerstörung schützen
müssen.

Besonders Sie, meine Brüder! denen das Ruder dieser
Loge heute übergeben worden, möge der grosse Baumeister
mit Wahrheit, Vorsicht, Leutseligkeit und wahrhaften brüderlichen Gesinnungen ausrüsten, Er mache Sie zur Er-

11 *

füllung einer jeden Pflicht geschickt, wirksam und thätig;
Er, der Baumeister aller Welten flösse Ihnen insgesammt
friedfertige, wohlthätige, liebreiche Gesinnungen ein, Er
gebe Ihnen Muth und Kraft zu allen Unternehmungen, Er
mache Sie zu Vertheidigern der Wahrheit, der Tugend, der
Gottseligkeit und aller maurerischen Pflichten, und setze
Sie niemals in die traurige Nothwendigkeit, Ihr Strafamt
an Unwürdigen auszuüben; — uns allen aber, meine Brüder, legt der heutige Tag eine neue Pflicht auf, nämlich
das unermüdete Bestreben, Gutes zu üben, und durch Zärt-
lichkeit, Aufrichtigkeit und wahre Eintracht das Gebäude
der Tugend weiter auszuführen, welches wir heute angefangen haben. Keiner unter uns entweihe durch irgend
eine sträfliche Handlung unsere Loge, oder gebe durch
Unvorsichtigkeit und Leichtsinn Anlass zu Aergerniss.
Keiner mache sich durch die Verletzung der geringfügig-
sten Pflicht unserer Liebe und Freundschaft unwürdig,
und wer sich unter uns eines Fehltrittes, einer Schwachheit bewusst ist, der lege ihn von heute an stillschweigend
ab und gelobe mit mir einen ewigen Krieg gegen das
Laster, einen ernstlichen Vorsatz zur Freundschaft und
Tugend.

Dann können wir mit frohem Herzen in die Zukunft
blicken und uns nichts als Gutes versprechen, dann werden
wir uns der Vollkommenheit nähern, und die Früchte uns'-
res Fleisses in denjenigen Auen des Friedens einernten,
wo Gutes und Böses, Recht und Unrecht, Vorsatz und
Schwachheit in den Waagschalen gewogen, beurtheilt und
entweder gebilligt, belohnt, oder verworfen und bestraft
werden wird.

Und wie wollen wir Ihnen, hochwürdigster Provinzial-
Grossmeister, dort danken, der Sie uns heute auf den sicheren Weg führen, der uns einst so viel Vortheilhaftes
hoffen lässt. Zeitlicher Dank ist zu wenig für ein Gut,
das sich über das Grab erstrecket. — Ewiger Dank gebührt
Ihnen; den wollen wir Ihnen einst dort, wenn wir in die
ewige Loge eingehen, wo unsere Stimmen viel reiner, die
Zungen beredter, das Gefühl lebhafter und unsere Empfin-

dungen reiner sind, ausdrücken, was jetzt doch nur unvollkommen sein kann. — Lassen Sie unsere Loge Ihrem
wohlwollenden Herzen fernerhin empfohlen sein.

Ein gleiches will ich mir von Ihnen, uns besuchende
Brüder, erbitten. Wir danken für den genommenen Antheil
an unserer heutigen Freude und für Ihre schätzbare Gegenwart. Wir wünschen Ihnen von ganzem Herzen alles
das Gute in Ihren Logen zu erleben, was wir uns heute
vom Himmel selbst erfleht haben.

VIII.

Rede des Dr. Lewis, gehalten in der Loge zu St. Joseph.

Warum nennen wir uns freie Maurer?

Ernst und wundersam gestaltet ist die Zeit, welche
wir jüngst durchlebt haben und zum Theile noch durchleben und durchleben werden, meine Brüder! — Soll sie
mit ihren Erscheinungen dem Maurer fremd bleiben? Soll
er ganz entfernt sich halten? O nein, denn er ist zugleich
auch Mensch, und die Maurerei selbst erstrebt ja nur eine
höhere Stufe der nach Veredlung ringenden Menschheit.

Zwar ist aus den Hallen der Weisheit, in denen wir
uns zu sammeln pflegen, die Unterhaltung über das gewöhnliche Treiben in der profanen Welt mit Recht verbannt, denn unser Bund steht höher. Er umfasst die geistigen und sittlichen Kräfte unsrer Brüder in allen Ländern
und Zonen; die Menschheit gilt uns als Vaterlands-Genossen.

Allein gerade aus diesem Vermögen des menschlichen
Geistes und Gemüthes, den inneren Tiefen der intellek-
tuellen und ethischen Kräfte entwickeln sich Keim, Blüthe
und Frucht der äusseren Erscheinungen, wie sie die jüngste
Zeit bot und noch bietet.

Die Kriegsfackel entzündet die Welt, Fanatismus und
Freiheitsgeschrei treiben ihr blutiges Spiel, ja diese Freiheit

zeigt sich in unsern Tagen geschäftiger als je, die Schwachen zu bethören, und zwar so zu bethören und zu umstricken, dass sie dadurch der unbedingten Freiheit des Urtheils, der vernünftigen und ittlichen Willenskraft beraubt werden.

Von diesem verderblichen Einflusse des Fanatismus auf Urtheilskraft und sittliches Wollen schützt die Söhne unseres Bundes der Name, den sie tragen, der Geist, welcher uns're Halle erbaut hat, sie fortwährend erleuchtet und veredelt.

Wir sind freie Maurer! Der Deutung dieses Namens und des Gefühles, das er in uns weckt, sei meine fragmentarische Zeichnung geweiht; eine Skizze, deren weitere Ausführung den geliebten Brüdern überlassen bleibt.

Dass ich hier nicht in eine geschichtliche Erörterung des Namens „frei" in Beziehung auf die Freiheiten und Privilegien, welche die alten Bauleute einst von den Fürsten erhielten, einzugehen beabsichtige, oder Benennung: „freie und angenommene Maurer", die in England schon zur Zeit des berühmten Baumeisters ** solche höher gebildete Männer erhielten, welche in die alte Corporation aufgenommen wurden, ohne praktische Maurer zu sein oder zu werden, bedarf hier kaum der Andeutung.

Die Freiheit des symbolischen Maurers, unsere Freiheit, ist höhern Ursprungs. Wir nennen uns frei, weil wir nach vollkommener Unabhängigkeit von Unwissenheit und Vorurtheilen, Leidens haften und Lastern streben, und sie durch die Kraft uns'rer veredelnden und beglückenden Institutionen erringen. Hierüber, nämlich zur Charakteristik unserer Bezeichnung „freie Maurer", noch Weniges.

Nur der veredelte Mensch ist wahrhaft frei, nur in der sittlichen Welt herrscht wirkliche Freiheit, aber auch nur der Zögling und Genosse der bürgerlichen Freiheit ist am fähigsten, sich wahrhaft zu veredeln. Wie Geist und Körper, so stehen innere und äussere Freiheit im engsten Zusammenhange. Unter dem eisernen Joch der Tyrannei, umgeben von lauerndem Verrath, zitternd vor dem Henkerbeil frevelhafter Willkür, gedeiht wahrlich nicht die zarte

Blüthe echter Humanität; der Mensch wird zum Lastthier herabgewürdigt, gebraucht als Maschine, das willenlose Werkzeug eines grösseren Mechanismus.

In dem Asyl gesetzlicher Freiheit hingegen, die in jedem Lande, unter jeder Regierungsform bestehen kann, blüht und reift die Himmelsfrucht der Volksveredlung zur allgemeinen Beglückung. Dieses Asyl aber finden wir, meine geliebten Brüder! vor anderen in unseren Logen.

Wir sollen frei sein! Dies ist der erhabene Vorzug des Menschen. Wir sollen frei sein, denn nicht die mechanisch hervorgebrachte That, sondern die freie Bestimmung des Willens; allein um des Pflichtgebotes und schlechterdings um keines andern Grundes willen — so sagt uns die Stimme des Gewissens — dieses allein macht unsern Menschenwerth aus. Das Band, mit welchem das Gesetz der sittlichen Freiheit uns bindet, ist ein Band für lebendige, nach dem Höchsten strebende Geister, es verschmäht, über den todten Mechanismus zu herrschen, und wendet sich an das Lebendige, Selbstthätige. Nur von ihm verlangt es Gehorsam als Pflicht, und dieser Gehorsam kann nicht überflüssig sein. Hiermit nun geht die ewige Welt klarer vor uns auf, und das Grundgesetz ihrer Ordnung: sittliche Freiheit des Menschen steht mit Flammenzügen vor den Augen uns'res Geistes. Dieses, meine theuren Brüder! ist unsere wahre Bestimmung, und ist sie etwas anders, als die Grundlage uns'rer Logenthätigkeit? — Im höchsten, reinsten Sinne des Wortes ist vor Allen der Maurer frei; alle unsere Symbole, der Geist unseres Rituals, unsere heiligen Gebräuche nehmen sämmtlich diese Richtung und deuten darauf hin.

Beschränkt durch die finstere Kammer irdischer profaner Verhältnisse, lichtlos durch die Binde der Vorurtheile, der Unwissenheit und des Irrthums, strebt der Wanderer nach Licht und Freiheit; die Stimme des Gesetzes, welche er an der Pforte des Tempels sittlicher Freiheit vernimmt, lehrt ihn den Weg dazu kennen. Er betritt ihn an der Hand der Freundschaft, und nachdem er angeknüpft hat, gegen die Stürme der Selbstsucht und der Leidenschaften, nachdem er gehuldigt hat dem Gesetze der Vernunft, da — fällt die Binde, seine Führer lassen ihn ledig, die Nacht verschwindet, er ist frei und schaut das volle Licht.

Diese Freiheit nun, welche auf Weisheit, Harmonie der Vernunft und des Gewissens, mit einem Worte auf sittliche Kraft gegründet und das schöne Eigenthum des Maurers ist, lassen Sie uns bewahren, meine innig geliebten Brüder! im reinen, liebevollen, warm und begeistert für die Menschheit schlagenden Herzen. Sie, diese Freiheit soll sich in unseren Handlungen aussprechen durch rege innige Theilnahme an dem Wohl und Wehe unserer Brüder, sie soll sich bewähren in jedem Kampfe; in dem Kampfe mit der Rohheit wie mit der Geistes-Tyrannei, vor allem aber in dem Kampfe gegen Fanatismus, für Vernunft und besonnenes Fortschreiten auf gesetzlicher Bahn. Zwar haben alle Maurer im höheren Sinne nur Ein Vaterland, die Welt, nur Ein Band, das sie für Ewigkeiten bindet, das Band der Liebe. Allein, der Maurer ist auch Mensch, er kennt und ehrt die süssen Fesseln, welche uns an unsere Heimath, unsere Familien, selbst an unsere Stamm- und Sprachgenossen knüpfen. Daher ist die Liebe zur Heimath und treues Festhalten an Gesetz und Sitte des Vaterlandes auch seine heilige Pflicht, und beides einigt sich so schön in dem Freiheitsgefühle des Maurers. — Allein nochmals muss ich hier unter Brüdern, sittlich freien Maurern laut und feierlich aussprechen: nur aus der innern Freiheit des Menschen, dem Pflichtgebote und seiner gewissenhaften Erfüllung kann und soll die äussere, nur aus der sittlichen kann und darf die bürgerliche hervorgehen, wenn sie dauernde und segensreiche Früchte für Volksveredlung und Beglückung bringen soll. Nur an ihr findet deshalb auch der freie Maurer den echten und einzigen Massstab seiner Handlungsweise; ihr folgt er fest und unerschüttert, und wenn selbst sein Leben der Preis und das Opfer seiner Gesinnungen und seines Strebens sein sollte, wie dieses einst Sokrates als leuchtender Stern im Gebiete der sittlichen Freiheit bewies, und ihr, unerschüttert durch das Flehen seiner Jünger, treu blieb bis zum Giftbecher. Er-

haben, mit echt dichterischer Begeisterung, schildert dieses
Streben, diese Kraft einer der Unsterblichen unseres Bundes,
und wahrer, treffender kann ich diesen kurzen Vortrag
über das Freiheitsgefühl des Maurers nicht schliessen als
mit seinen Worten:

Er sagt:

Was leitet unsern Geist, wenn seines Pfades Krümme
Sich drängend hin durch Labyrinthe flicht?
Es ist der innern Freiheit Himmelsstimme,
Die aus der Geisterwelt zu ihm herüberspricht.
 Mag das wilde Schicksal walten!
 Die erhabne Seele ruht
 Unter drängenden Gewalten
 Fest auf ihrer Tugend Muth.

Ringt sich auf vom Druck der Wolke,
Den ihr Flügelschlag besiegt,
Wenn auf dem betäubten Volke
Zürnend das Gewitter liegt.
 Wer, in solcher Hoheit thronend,
 Kühn es wagt, auf sich zu stehen
 Und im eignen Himmel wohnend
 Fremde Hilfe zu verschmähen,
 Den umfesseln Zaubergaben
 Eines reinen Zufalls nicht;
 O, der Freie trägt erhaben
 In der Brust das Weltgericht.

Lassen Sie auch, Verehrteste, mit dem erhabensten
Menschenfreunde, der sich nicht grundlos das Licht der
Welt nannte, Ihnen am Schlusse zurufen: Ihr seid nur
dann frei, wenn Ihr Euch wirklich frei macht. Amen.

IX.

Rede des Dr. Lewis.

Es hat zu allen Zeiten in der Seele des Menschen eine Anschauung des Vollkommenen gelegen; wird das Vollkommene als Urgrund alles Daseins und Denkens im Weltall, ohne die Schranken von Zeit und Raum, als selbstdenkend und wollend erkannt: so entsteht die Richtung des menschlichen Geistes auf das Göttliche, der Glaube an Gott und das Verhältniss zu ihm, die Religion; wird das Vollkommene aber in der Menschengesellschaft als höchste Ausbildung menschlicher Eigenthümlichkeit innerhalb der Schranken des irdischen Lebens angenommen, so entsteht das Ideal, auf welches die Freimaurerei hinarbeitet. Beide höchste Ideen stehen im Menschendasein neben einander und unterstützen die Belebungskraft; in der Religion ist die Anbetung des absolut Vollkommenen und das Vertrauen zu seiner schrankenlosen Macht, Weisheit und Liebe, die alle drei in ihm Eins sind. Die Belebungskraft in der Maurerei ist der begeisterte Muth der mit ihrer Bedeutung Vertrauten, die Menschheit eines sicheren Schrittes allmälig einer irdischen Vollkommenheit näher zu führen, soweit dieselbe diesseits des Grabes erreichbar, d. i. irdisch und menschlich denkbar ist.

Wen diese Gedanken durchdringen, dem kann die Würde der Freimaurerei nicht entgehen, dem wird die Begeisterung für das höchste Ziel hienieden auch immer den neuen Muth schaffen, welcher der stumpfen Welt gegenüber nothwendig ist. Aber kein hohles Ideal! nichts Romanhaftes! nichts Uebertriebenes! nichts Unmögliches! sondern stets das Nächste, das vor den Füssen liegt, ergriffen und vollführt! Nur darf in dem Gewühle irdischen Treibens und des Tagesverbrauchs zu jedem Nächsten die höchste Idee von dem Ziele der Maurerei nicht ersterben. Vor allen Dingen muss auch ausser den schon bezeichneten Fehlurtheilen die Meinung ganz entfernt bleiben: es sei die Freimaurerei ein Institut, historischem Ungefähr entsprun-

gen, und in einem Ungefähr historischer Entfaltung so und
so zurecht gerückt oder zurechst gestutzt, und müsse nur
nach ihrer historischen Schale den Kern auf ewig modeln!
Sie lag vielmehr vom Anbeginn im tiefsten Grunde der
dem Guten, Wahren und Schönen huldigenden Seele des
Menschen vorgebildet bereit, und musste zu allen Zeiten
unter Denkern und begeisterten Menschenfreunden mit
Kraft hervortreten bald hier, bald dort, bald unter dieser,
bald unter jener Form. Die Form aber tödtet, der Geist
aber macht lebendig, — darum ist es nothwendig, dass
wir den Geist, der in der Maurerei liegt, begreifen, dass
wir immer mehr und mehr darnach streben, uns diesen
Geist anzueignen — und in's Leben übergehen lassen, dann
sind wir rechte Maurer, darum, meine Brüder, lasst uns
darnach streben; den Geist der Humanität, welcher der
Geist der Maurerei ist, zu begreifen, möge sie uns Trost
und Beruhigung im Leiden geben, damit unser dunkler
Pfad von dem Lichte der Maurerei beleuchtet werde. Ja,
sie muss unser Licht im Leben sein, denn sie ist die hoch-
stehende Sonne, die auf das kalte Erdenleben ihre Strahlen
wirft und alles durchdringt. Dort weint ein Unschuldiger,
denn gerade seine Tugend stürzte ihn in's Verderben; dort
hohnlächelt die Schuld und erhebt stolz das Haupt, die
Thorheit siegt, während die Weisheit verstummt; die Bosheit keimt auf, gleich dem Unkraut auf dem Felde; die
schönsten und gerechtesten Hoffnungen gehen unter und
die Pläne der Heuchler und Gottlosen werden ohne Hindernisse ausgeführt, bange Sorgen füllen unser Herz, was wird
aus den Unsrigen werden, wenn sie in Noth und Elend
kommen, wenn wir nicht um sie sein können, wenn wir
ihnen entrissen werden, lauter schwere Räthsel, worüber
die Vernunft wohl vernünfteln und grübeln kann, aber
können uns ihre Grübeleien nützen, ist sie fähig, uns diesen Trost zu geben, den die Maurerei uns zuruft: der
Baumeister lebt, er ist das Licht der Welt, er wird dich
nicht verlassen, noch versäumen, — doch, meine Brüder!
dieses Licht der Welt muss auch in unseren Herzen aufgehen,
dieses Licht muss angezündet werden durch die Humanität,

jenes so oft missverstandene, noch öfter missbrauchte Wort — in seiner höchsten, reinsten Bedeutung, ist der Kranz, nach welchem der freie Maurer in heiliger Kette mit seinen Brüdern und mit jeder Kraft seines Geistes und Gemüthes ringt. Nicht vergebens schmückt die Glieder unseres erhabenen Bundes der Name „Freie Maurer!“ er ist kein leerer Schall, denn auch wir arbeiten unter dem Panier der Freiheit, sie ist eine der Huldgöttinnen unserer verschwiegenen Hallen, aber wohl ist sie von dem Phantom, womit die Leidenschaft der Parteien ihre Wallungen bezeichnet, wie das Licht vom Dunkel verschieden. Sittliche Freiheit ist die Sonne unseres Bundes, sie glänzt seit Jahrtausenden der stillen aber erfolgreichen Thätigkeit verborgener Weisen, gewährt unserem Geiste Klarheit der Erkenntniss und ein unbefangenes Urtheil, unserem Herzen Wärme und Begeisterung für das Wohl unseres Geschlechts. Sie allein vermag auch die Saaten der Maurerei langsam aber sicher zur Himmelsfrucht echter Menschenveredlung und wahrer Freiheit zu reifen, dahin durch die Gerechten des Bundes zu wirken, dass einst das heilige und heiligende Band wahrer Bruderliebe unter dem segnenden Einflusse sittlicher Freiheit die Völker in Eintracht und Treue umschlinge. Bis solches geschieht, seien unsere Werkstätten ein festes und sicheres Asyl für das über jede Parteiung erhabene Streben Aller.

Dass der gesammten Menschheit das Licht des besseren Zeitalters bald aus Osten anbreche, wünschen wir d. d. u. h. Z.!

DOCUMENTE.

I.

Bekanntmachung der niederösterreichischen Regierung vom 16. December 1785.

Se. K. K. Majestät haben in Ansehung der Freymaurergesellschaften, mittelst Allerhöchsten Handbillets vom 11. dieses Monats, Allergnädigst zu erkennen zu geben geruhet:

„Da nichts ohne gewisse Orduung in einem wohlge-
„ordneten Staate bestehen soll, so finde ich nöthig, folgende
„meine Willensmeynung zur genauen Befolgung anzugeben:
„Die sogenannten Freymaurergesellschaften, deren Geheim-
„nisse mir ebenso unbewusst sind, als ich deren Gaukeleyen
„zu erfahren wenig vorwitzig jemals war, vermehren und
„erstrecken sich jetzt auch schon auf alle kleinsten Städte;
„diese Versammlungen, wenn sie sich selbst ganz überlassen
„und unter keiner Leitung sind, können in Ausschweifun-
„gen, die für Religion, Ordnung und Sitten allerdings ver-
„derblich seyn können, besonders aber bei Obern, durch
„eine fanatische engere Verknüpfung, in nicht ganz voll-
„kommene Billigkeit gegen ihre Untergebenen, die nicht in
„der nämlichen gesellschaftlichen Verbindung mit ihnen
„stehen, ganz wohl ausarten, oder doch wenigstens zu
„einer Geldschneiderey dienen. Vormals, und in anderen
„Ländern verbot und bestrafte man die Freymaurer, und
„zerstörte ihre in den Logen abgehaltenen Versammlungen,
„blos, weil man von ihren Geheimnissen nicht unterrichtet
„war; mir, obschon sie mir eben so unbekannt sind, ist
„genug zu wissen, dass von diesen Freymaurerversamm-

„lungen dennoch wirklich einiges Gutes für den Nächsten,
„für die Armuth und Erziehung schon ist geleistet worden,
„um mehr für sie, als je in einem Lande noch geschehen
„ist, hiemit zu verordnen; nämlich: dass selbe, auch un-
„wissend ihrer Gesetze und Verhandlungen, dennoch so
„lange sie Gutes wirken, unter den Schutz und die Obhut
„des Staats zu nehmen, und also ihre Versammlungen förm-
„lich zu gestatten sind, jedoch ist folgende meine Vorschrift
„von denselben genau zu beobabachten, und zwar

1) „Kann hinführo in einem jeden Lande in der Haupt-
„stadt, wo die Landesregierung ist, nur eine Loge bestehen
„und abgehalten werden, dieses aber, so oft sie es für gut fin-
„den. Diese Loge hat die Tage, an welchen sie ihre Ver-
„sammlungen abhält, dem Magistrate, oder jenem, dem die
„Polizey in der Stadt obliegt, allemal mit Bemerkung der
„Stunde zu melden; sollte in einer grossen Hauptstadt eine
„Loge nicht alle Verbrüderte in sich fassen können, so
„wäre höchstens noch eine zweyte oder dritte zu gestatten,
„welche aber von dem Chef der Hauptloge ganz abzuhän-
„gen, und ihre Versammlungstage und Stunden ebenfalls
„auch anzuzeigen hätten.“

2) „Soll in keiner Kreisstadt, wo nicht eine Landes-
„stelle ist, noch weniger aber auf dem Lande, oder bey
„einem Partikulier auf seinem Schlosse, gestattet seyn, der-
„gleichen Freymaurergesellschaften hinführo abzuhalten, und
„wird auf die Abhaltung derselben der nämliche Preis zu
„derer Entdeckung und Bestrafung gesetzt, der auf die
„Hazardspiele patentmässig besteht; weil jede Versammlung
„von unterschiedlichen Ständen der Menschen sich selbst
„nicht kann überlassen bleiben, sondern unter bekannter
„Leitung und Aufsicht geprüfter Männer stehen muss; und
„würden die dawider Handelnden auch des Ungehorsams
„wegen, persönlich bestrafet werden.“

3) „Die Vorsteher, oder wie sie nun immer den Namen
„unter sich haben, einer jeden in der Provinzstadt hinführo
„bestehenden Loge haben dem Landeschef auf Ehre und
„Reputation in einer Liste die Namen aller sich verbrüder-
„ten Maurer, wess Standes und Karakters sie immer sind,

„einzureichen, welcher selbe hieher einzuschicken haben
„wird, und solle alle Vierteljahr der Abgang und Zuwachs
„an Neuaufgenommenen von den Logenvorstehern nachge-
„tragen werden, jedoch, ohne ihre Vorrückungen oder Ka-
„rakter und Titeln in der Gesellschaft selbst anzumerken;
„wenn aber der Logenmeister abgeändert wird, so muss
„der neuernannte es ebenfalls der Landesstelle melden;
„dahingegen,

4) „Wenn diese Logen so eingeleitet seyn werden,
„sollen sie von aller weitern Untersuchung, Ausfragung,
„oder was immer für vorwitzigen Auskunftsbegehrungen
„auf beständig befreyet seyn, und frey und ungezwungen
„ihre Versammlungen abhalten können, und auf diese Art
„kann sich vielleicht diese Verbrüderung, welche aus so
„vielen mir bekannten rechtschaffenen Männern besteht,
„wahrhaft nützbar für den Nächsten und die Gelehrsam-
„keit auszeichnen; zugleich aber werden auch alle Neben-
„und Winkellogen und Versammlungen, welche schon zu
„mehreren mir bewussten Unständigkeiten Anlass gegeben
„haben, gänzlich und auf das strengste beseitiget."

„Ich zweifle nicht, dass diese meine Entschliessung
„allen rechtschaffen und ehrlich denkenden Maurern zum
„Vergnügen und zur Sicherheit, allen übrigen aber zur
„billigen Enthaltung von weiteren dergleichen strafbaren
„Nebenversammlungen oder Ausschweifungen dienen wird."

Diese Allerhöchste Entschliessung, welche mit dem
1. Jänner 1786 ihren Anfang zu nehmen hat, wird daher
zur allgemeinen Wissenschaft und genauesten Erfüllung
mit dem Beysatze durch die Kais. Kön. Nied. Oesterreichi-
sche Regierung hiemit bekannt gemacht, dass jeder Fall
der Uebertretung nach Inhalt des wegen der verbotenen
Hazardspielen bestehenden Patents mit 300 Dukaten bestrafet, der Anzeiger derley abgehaltenen verbotenen Versammlungen und Logen aber 100 Dukaten, als den dritten
Theil sogleich empfangen, selbst dann, wenn er von derley
verbotenen Versammlungen mitgewesen ist, auch noch der

Strafe enthoben, und sein Name jedesmal genauest verschwiegen bleiben solle.

Wien, den 16. December 1785.

II.
Rundschreiben der Prov.-Loge von Oesterreich.

Sehr ehrwürdiger, geliebter Br ₊*₊!

Im Namen und auf Geheiss der hohen Provinzial-Loge von Oesterreich soll ich Sie ersuchen, dass Sie nun sich entschliessen möchten, ob Sie bei der aus den ehemaligen Logen zur gekrönten Hoffnung, zur Wohlthätigkeit, und zu den drei Feuern zusammengesetzten Loge, zur Neuen gekrönten Hoffnung genannt, wieder als Mitglied eintreten und dabei die Stelle eines arbeitenden Ehrenmitgliedes einnehmen wollen. In der ersteren Eigenschaft sind Sie zu ordentlichen Beiträgen verbunden und haben bei den Deliberationen eine Stimme; als Ehrenmitglied aber steht es in Ihrer Willkür, ob und wann Sie den Arbeiten, Vorlesungen, Bibliotheken und anderen Uebungen beiwohnen wollen, ohne jedoch zu Beiträgen verbunden zu sein, noch bei den Deliberationen zu stimmen. Da die Zahl der arbeitenden Mitglieder auf 180 beschränkt ist, so bitte ich Sie, wenn Sie nicht fleissig besuchen können noch wollen, sich lieber als Ehrenmitglied zu melden, und in diesem Falle mir vor dem 4. Jänner kommenden Jahres die schriftliche Anzeige zu machen. Derjenige, von dem ich dieselbe nicht erhalte, wird ein arbeitendes Mitglied sein zu wollen geachtet werden.

Wollen Sie aber etwa gänzlich diese Loge decken, so erwarte ich um so sicherer die baldigste Anzeige.

In jedem Verhältnisse werde ich nicht aufhören Sie zu lieben und mit den brüderlichsten Empfindungen zu verharren.

Ihr ergebenster Br ₊*₊
ehemaliger Meister vom Stuhl.

Im Orient von Wien den 30. December 5785.

III.

Rundschreiben der Loge zur gekrönten Hoffnung.

Nachricht.

Als vor Kúrzem unser huldreicher Monarch die von dem hochw. Br. Born, Meister. vom Stuhl der s. ehrw. Schwester-Loge zur wahren Eintracht, gemachte Erfindung einer neuen Amalgamationsmethode zur Scheidung der Metalle, auf eine bekanntermassen sehr grossmüthige Art belohnt hat, wurde von der s. ehrw. Loge zur gekrönten Hoffnung beschlossen, um sowohl den freudigen Antheil zu bezeigen, den sie an dem Glücke des hochw. Br. Born nimmt, als auch um ihre besondere Liebe und mit so vielem Rechte verdiente Hochachtung für seine Person insonderheit, als überhaupt für seine aus dem Schoosse der s. ehrw. Loge zur gekrönten Hoffnung ausgegaugene s. ehrw. Loge an den Tag zu legen, demselben. bei diesem Anlass ein besonderes Freudenfest zu geben. Es sind dabei verschiedene von Brüdern unserer sehr ehrw. Loge verfasste und in Musik gesetzte Lieder, und zugleich eine Kantate vorgekommen, die unser Br. Petran verfasst, der berühmte Br. Mozart, von der s. ehrw. Loge zur Wohlthätigkeit, in Musik gesetzt, unser Br. Adamberger gesungen, und nunmehr unser Br. Artaria, mit dem Titelkupfer nach der Zeichnung unseres Br. Unterberger und mit einer Vorrede unsers Br. Epstein in Druck gegeben hat. Da der Ertrag von dem Verkaufe durch den w. Br. Artaria für das Beste der Armen gewidmet ist, so geben wir Ihnen davon Nachricht, damit auch sie in ihren Gegenden, wenn es thunlich ist, dieser Kantate einen Absatz verschaffen mögen.

Aus der sehr ehrwürdigen Loge zur gekrönten Hoffnung im Orient von Wien.

Br. N. Secretär.

Zweites Rundschreiben derselben Loge mit Gedichten.

Der Orden der Weisheit und Liebe, der uns, geliebtester Mitbruder! die gleiche maurerische Entstehung, Erziehung und Ausbildung, oder doch lange Zeit die nämliche Pflege gemeinschaftlich verliehen und hoffentlich auch (so viel es hienieden möglich ist) einerlei Grundsätze, Gesinnungen und moralische Begriffe bei uns hervorgebracht hat, und die innige Liebe, mit der wir sammt und sonders Ihnen zugethan und bereitwillig sind, Ihnen alle Dienste zu leisten, die in unsern Kräften stehen, geben uns die Zuversicht, dass wir Sie, ungeachtet Ihrer Trennung von uns, immerfort als unseren Mitbruder und innigen Freund ansehen und lieben können, und dass die weite Entfernung, in welcher Sie von uns leben, auch bei Ihnen nicht im Stande gewesen ist, noch es jemals sein wird, das Band der brüderlichen Liebe gegen uns und unsere sehr ehrw. Loge schlaffer zu machen, und dass daher jeder von uns im Grunde seines Herzens mit dem Dichter ausrufen könne:

Heu mihi! cur animo juncti, secernimur eris,
Unaque mens, tellus non habet una duos?

Um über diese Gesinnungen und diese glücklichen Bande wechselseitig uns zu erfreuen; um sie zu erneuern und zu stärken, senden wir Ihnen beiliegend die Liste der Brüder unserer gemeinschaftlichen Loge. Wie Sie daraus den Zuwachs von Männern ersehen werden, die — wir dürfen es sagen — nur nach der strengsten Prüfung in unsern Kreis aufgenommen worden sind, so wünschten wir Ihnen auch die Annalen unserer sehr ehrw. Loge vorlegen zu können, damit Sie zugleich daraus abnehmen möchten, wie wir dem geheiligten Zwecke unseres Ordens stets getreu, von unermüdeter Thätigkeit und dem heiligsten Eifer beseelt, ihm näher zu kommen und unsere Pflichten zu erfüllen, uns immerfort bestrebt haben.

Mit einem wonnevollen Gefühle und fast mit einer Art von Bewunderung sehen wir in die Vergangenheit zu-

rück, und bemerken die Züge der Mildthätigkeit, der Grossmuth und des edlen Wohlwollens, so unsere sehr ehrw.
Loge und ihre einzelnen Brüder so vielzählig ausgeübt
haben. Noch grösser wird unsere Freude durch den Gedanken, dass auch unsere abwesenden Mitglieder, und auch
Sie, vielgeliebter Bruder! thätig mit uns wirken, und es
gewiss nie unterlassen, wo Sie immer sich befinden mögen,
Ihren Kräften gemäss, das Elend der Menschheit zu lin-
dern, die Thränen der Armuth abzutrocknen und die erhabenen Stufen zu ersteigen, die in den Tempel der ewigen
Glückseligkeit führen.

Wir haben uns auch mit unablässigem Eifer bestrebet,
Aufklärung — diese liebenswürdige Gefährtin der Toleranz
und Menschenliebe, die allein den Weg zur Weisheit und
zur Glückseligkeit bahnet —. sowohl im Allgemeinen, als
besonders unter uns Freimaurern zu verbreiten. Eine der
vorzüglichsten Veranstaltungen hierzu war die Anlegung
einer Bibliothek und eines Lesekabinetes, welche wir gemeinschaftlich mit den sehr ehrwürdigen Schwester-Logen
zu den drei Adlern, zur Beständigkeit und zum Palmbaum
errichtet haben. Wirklich ist es über alle Erwartung, wie
sehr das Institut in einem kurzen Zeitraum von nicht mehr
als anderthalb Jahren, durch die wetteifernde Grossmuth
und Unterstützung der .Brüder emporgediehen ist. Eine
Anzahl von ungefähr 1900 Bänden meist ausgesuchter
Werke (bei deren Wahl ein vorzüglicher Bedacht auf alles
dasjenige genommen worden ist, was auf Geschichte und
Wissenschaft einen weiteren oder näheren Bezug hat) und
die von einigen BB. übernommene unentgeltliche Herbei-
schaffung einer grossen Menge der besten europäischen
Journale und Zeitungen hat diese Bibliothek zu einer der
nützlichsten und angenehmsten Einrichtungen, und zu gleicher Zeit zum Zusammenkunftsort der hiesigen und fremden
BBr. gemacht. In Kurzem werden wir auch zum Gebrauche
der BBr. ein systematisches Verzeichniss des vorhandenen
Büchervorrathes drucken lassen, wovon wir bedacht sein
werden, durch eine schickliche Gelegenheit, Ihnen ebenfalls
ein Exemplar zu übersenden; denn wir schmeicheln uns,

dass Sie auch selbst in Ihrer Entfernung an diesem so vortheilhaften Institute einen freudigen Antheil nehmen und demselben Ihre thätige Mitwirkung nicht versagen werden.

Die Anlegung eines maurerischen Archivs war ebenfalls ein Gegenstand unserer Bemühungen, und es findet sich schon wirklich eine ansehnliche Anzahl Schriften aus vielen Fächern und von verschiedenen Graden vorräthig, die zum gründlicheren Unterricht in den maurerischen Wissenschaften mit den nöthigen Kautelen, von den BB. benützt werden können. Sollten Sie, geliebtester Bruder! Gelegenheit haben, einst (ohne Verletzung eines Eides oder Versprechens) unsere Sammlungen hierinfalls vermehren zu können, so werden Sie sich dadurch sowohl um uns, als um die gesammte hiesige Maurerei ein wesentliches Verdienst erwerben; da uns alles höchst wichtig ist, was als ein Beitrag zur Geschichte der Veredlung oder der Ausartung der Maurerei dienlich sein kann.

Mit diesen Instituten haben wir das der maurerischen Vorlesungen verbunden. Jeder Br. findet dabei Gelegenheit, unter Aufsicht der eigens hierzu ernannten erfahrenen und einsichtsvollen Meister, seine Begriffe, Meinungen, Beobachtungen, Erfahrungen und Zweifel vorzutragen und seine Talente und Fähigkeiten bekannt zu machen; und sehr viele H. und V. w. BB. haben bereits eifrigst mitgewirkt; sollten auch Sie Gelegenheit finden, uns zuweilen mit Aufsätzen solcher Art zu erfreuen, so wird uns dies der echteste und angenehmste Beweis Ihrer Anhänglichkeit an unsere Mutterloge sein. Vorzüglich aber bitten wir Sie zur Begünstigung unseres Vorlesungsinstitutes und zum Dienste unserer sehr ehrw. Loge insbesondere, mit derselben in einen beständigen Briefwechsel sich einzulassen und uns genaue Nachrichten schleunig und ununterbrochen von allem mitzutheilen, was in der Maurerei überhaupt sich ereignet, oder was sonst von einem einzelnen Maurer (da wir jeden derselben als einen innigstgeliebten Bruder ansehen) Merkwürdiges ausgeübt wird, und endlich was im Allgemeinen zum Nutzen und Gedeihen der Menschheit unter den verschiedenen Meridianen vorgenommen, gedacht und verfüget wird. Wir wollen uns Ihre Berichte zu unsrer Belehrung dienen lassen, indessen sie zu gleicher Zeit uns beiderseitig dadurch noch insbesondere nützlich sein werden, um bei einer solchen ununterbrochenen Korrespondenz und immer erneuerten Erinnerung das Feuer der Bruderliebe nie erkalten zu lassen. — Verschiedene Umstände und die genaue Erwägung dessen, was eigentlich ein echter Maurer drucken zu lassen befugt und berechtiget sei, haben uns bisher zurückgehalten, etwas von unsern Arbeiten der Presse anzuvertrauen, und wir werden erst in einiger Zeit unsern Entschluss näher bestimmen können, so viel ist aber gewiss, dass niemals ohne ausdrückliche Einwilligung des Uebersenders etwas durch den Druck bekannt werden soll.

Die feste Ueberzeugung, dass blos die Kenntnisse der innern Kräfte der Natur — der sichtbarsten Ausflüsse der Gottheit — im Stande sind, den Menschen auf der einzig echten, geraden Strasse der Tugend, Wahrheit und Aufklärung zu erhalten, und ihn die Heiden, Moräste und Dickichte meiden lehren, in welche leider so manche aus faulen Dünsten entstandene Irrwische durch ihr falsches Licht ihn zu locken suchen; diese Ueberzeugung, sagen wir, hat uns veranlasst, bei der Bibliothek, mit vereinten Kräften, auch ein physisches Kabinet anzulegen, wo ebenfalls sowohl theoretische Vorlesungen von Brüdern gehalten, als durch Experimente praktisch erläutert werden. Auch hierin wird uns jede von Ihnen kommende Vermehrung oder Berichtigung unserer Begriffe äusserst willkommen sein.

Alles dieses, geliebtester Mitbruder! sind Folgen des Schutzes und der Duldung, welche unser gnädigster Monarch uns so grossmüthig geschenkt und dadurch unsere Hoffnungen wirklich gekrönt hat. Unter seinem Schirme wachsen nun die Sprösslinge der maurerischen Tugend und Weisheit zu hohen, dickstämmigen Bäumen empor, unter deren Schatten die bedrängte Menschheit Trost und Erquickung findet. Eben diese erweiterte Freiheit kann Ihnen auch Gelegenheit geben, alle Brüder, oder würdige Profane, die in unsre glücklichen, duldungsvollen Provinzen kommen, mit Empfehlungsschreiben an uns zu versehen. Sie werden bei uns die liebreichste Aufnahme finden; indem der Tag der Bekanntschaft mit einem verdienstlichen, besonders aber von einem unserer Mitbrüder anempfohlenen Manne, uns allezeit ein festlicher Tag sein wird.

Mit dem Versprechen unsrer öftern brüderlichen Zuschriften, und in der sichern Hoffnung der Ihrigen, empfehlen wir Sie und uns alle dem Schutze des A. B. aller Welten. Dieser Geber alles Guten erhalte noch durch eine lange Reihe von Jahren unsere enggeschlossene Bruderkette unzerstückt; dann aber, wenn wir einst in jenen seligen, wonnevollen Gefilden, wo ewige Ruhe und Eintracht herrschen, uns wiederfinden, blicken wir mit übermenschlichem Vergnügen auf ein Leben zurück, wo wir mit vereinten Kräften an der Verbreitung der Ehre des allgütigen Schöpfers und an dem Wohle unsrer Mitmenschen unverdrossen gearbeitet haben. Wir sind durch die geheil. Zahl . . .

Gegeben in der sehr ehrwürdigen Loge zur gekrönten Hoffnung im Orient von Wien. Den — 5785.

Meister vom Stuhl.
Deputirter Meister.

Erster Aufseher.

Secretaire.

Zweiter Aufseher.

N. S. Ihre werthen Zuschriften erhalten wir unter der Adresse des Herrn Wenzel Tobias Epstein.

————

Kantate auf den h. w. B... B * n.

Sehen, wie dem starren Forscherauge
Die Natur nach und nach ihr Antlitz enthüllet;
Wie sie ihm mit hoher Weisheit
Voll den Sinn, und voll das Herz mit Tugend füllet;
Das ist M*rer Augenweide,
Wahre heisse M*rerfreude.

Sehen, wie die Weisheit und die Tugend
An den M*rer, ihren Jünger, hold sich wenden,
Sprechend: Nimm, Geliebter, diese
Kron' aus unsers ält'sten Sohns, aus Josephs Händen:

Das ist Jubelfest für M*rer,
Das, — das der Triumph der M*rer. —

Drum singet und jauchzet, ihr Brüder!
Lasst bis in die innersten Hallen
Des Tempels den Jubel der Lieder
Lasst bis in die Wolken ihn schallen!
Singt: Lorbeer hat Joseph, der Weise zusammengebunden,
Mit Lorbeer die Schläfe dem Weisen der M*rer umwunden.

Br. Petran.
(In Musik gesetzt von B. Mozart.)

Bei der Almosensammlung.

Würd'ge M**, echte Brüder!
   Nun gedenkt der Armen wieder;
Denn das ist, was uns gebührt:
Denn das ist, was uns gebührt.
   Seht die Thräne armer Waise,
   Hört das Aechzen matter Greise:
Weg mit dem, den dies nicht rührt.
Weg mit dem, den dies nicht rührt.

   Seht den Edlen dorten prangen,
   Seines Wohlthuns Lohn empfangen,
Ihn die grosse Seltenheit,
Ihn die grosse Seltenheit.
   Wenn die Güter dieser Erden,
   Seinem Geiste zinsbar werden
Und ihn doch das Geben freut:
Und ihn doch das Geben freut.

   Auf, ihr Brüder! frisch zur Gabe
   Theilt dem Dürft'gen mit die Habe
Nach der Pflicht des dreimal drei:
Nach der Pflicht des dreimal drei.
   Heil dem Bunde, der uns bindet
   Diese Pflicht ist uns gegründet:
Wohlthun, das ist M**rei
Wohlthun, das ist M**rei.
Heil dem Heil'gen dreimal drei!
Heil dem Heil'gen dreimal drei!

Br. M...y.
(In Musik gesetzt von B. W...y.)

Kettenlied.

Schliesst euch heute mit doppelter Lust
In die Kette der Eintracht zusammen!
Lasst in biederer Maurerbrust
Heut die Freude am lohesten flammen.
Jubelt heute auf einerlei Weise,
Sagt und singt im geschlossenen Kreise:
Wir sind alle nur eins,
Alle, alle nur eins.

Unsre Hoffnung ist heute gekrönt;
Festlich pranget sie; freut euch, ihr Brüder!
Unsre heutige Kette verschönt,
Von der Eintracht das beste der Glieder;
O so jubelt auf einerlei Weise,
Sagt und singt im geschlossenen Kreise:
Wir sind alle nur eins,
Alle, alle nur eins.

Unsre Maurerkette ist rund;
Seht, sie hat weder Anfang noch Ende!
Auch so habe der heutige Bund
Unsrer Liebe und Eintracht kein Ende.
Jubelt ewig auf einerlei Weise,
Sagt und singt im geschlossenen Kreise:
Wir sind alle nur eins,
Alle, alle nur eins.

Br. Petran (Weltpriester).
(In Musik gesetzt von Br. W . . . y).

Zur Eröffnung der Tafel.

Oft zwar setzten wir uns nieder,
Um uns herzlich, recht wie Brüder,
Mit einander zu erfreu'n,
Um uns Geist und Leib zu laben
An der Mutter Erde Gaben,
Um recht aufgeräumt zu sein.

Scherze flatterten im Kreise,
Würzten lieblich jede Speise,
Hüpften fröhlich her und hin;
Und es strahlte Lust und Freude
In dem hellsten Glanze, beide
Aus der Brüder Blick und Sinn.

Aber heute, da das beste
Glied der Eintracht bei dem Feste
Unsre Kette in sich fasst:
Heute müsse unsre Wonne
Heller als die Mittagssonne
Strahlen auf den werthen Gast.

Wirbeln müssen wechselweise
Scherz und Lust im Bruderkreise,
Hoch zu ehren unsern Gast.
Muth, ihr Brüder! denn wir müssen
Tapfer laden, tapfer schiessen,
Hoch zu ehren unsern Gast.

Br. Petran.
(In Musik gesetzt von Br. W...y.)

Gesundheit auf den Kaiser.

Ein fester Muth, ein reines Herz
Schützt besser als ein Schild von Erz:
Ein Schiff, von gutem Holz gezimmert,
Bleibt auch bei Stürmen unzertrümmert.

Vergebens öffnet fürchterlich
Der Abgrund des Verderbens sich:
Des Maurers Blick wird ohne Grauen
Vom Baugerüst zur Tiefe schauen.

Wir zeigten diesen festen Muth,
Als unser Tempel jüngst in Schutt
Ein von der Dummheit schwarzen Rotte
Erfund'nes Blatt zu stürzen drohte.

Wen sein Bewusstsein schuldlos spricht,
Scheut auch den Zorn der Fürsten nicht;
Denn sieh! er weiss, in Josephs Staaten
Folgt Ahndung nur auf böse Thaten.

Wie? Sollte Josephs edler Sinn
Die süsse Duldung dem entzieh'n,
Der streng nach den Gesetzen wandelt,
Als Weiser denkt, als Bürger handelt?

Kann jemand unsern Bruderbund
Des Bösen zeihn, so mach' er's kund!
Sonst schweig' er; denn nur Thorheit nennet
Das schlimm, was sie nur blindlings kennet.

Doch freut euch, Brüder! Joseph weiss,
Dass unser brüderlicher Kreis,
Der Bürgerpflichten kennt und ehret,
Verräthern stets den Zutritt wehret.

Wer seinem Staat die Treue bricht,
Entheiligt auch des Ordens Pflicht;
Denn eine unsrer Erstlingslehren
Ist das Gebot, den Staat zu ehren.

Wir ehren ihn; ihm zum Gedeih'n
Behauen wir manch' rauhen Stein,
Und Bürger, die dem Staate nützen,
Wird jeder weise Staat auch schützen.

Dies hofften wir. Seht! Josephs Mund
Erfüllt's und schützet unsern Bund:
Drum, Brüder! feuert nun zum Lohne
Des Fürsten dankbar die Kanone.

Br. R**y.

Auf die dem Freimaurerorden von Kaiser Joseph bewilligte Duldung.

Warum ertönt in jeder Maurerhalle
Der laute Ruf des Hammers? warum zieh'n
Erwartungsvoll die scheuen Brüder alle
    Zu ihren Tempeln hin?

Kam wiederum mit einer Hiobskunde
Ein banger Schwarm verjagter Brüder an?
Dräut irgendwo dem königlichen Bunde
    Ein neuer Fürstenbann?

Drang abermal sich eine ungeweihte
Zelotenschaar in einen Maurerkreis
Wuthschnaubend ein, und gab des Tempels Beute
    Ergrimmten Flammen preis?

Biss wiederum die schon besiegte Hyder
Des Mönchthums sich aus ihrer Kluft hervor,
Und hob zur Rache wider unsre Brüder
    Die scharfe Klau empor?

Nein, Brüder! bannt des Unmuths trübe Wolke
Von eurer Stirn, und jauchzet! Josephs Mund
That feierlich vor seinem ganzen Volke
    Uns Schutz und Duldung kund.

Ihr schüchternen zerstreuten Maurerhorden,
Fasst neuen Muth! die Hand des Starken schlug
Das ehr'ne Joch zu Trümmern, das der Orden
    In unserm Osten trug.

Verkündigt es den Brüdern jeder Zone,
Dass unsern Bau, auf Menschenwohl gestützt,
Der grösste Fürst auf Deutschlands Kaiserthrone
    Mit seinem Schilde schützt!

Ihm danken wir's, dass um des Tempels Schwelle
Nicht mehr ein Schwarm verkappter Häscher irrt,
Und nun nicht mehr, wie vormals, Schürz und Kelle
    Des Hasses Losung wird.

Zwar schäumen drob, voll Galle, Zions Wächter;
Die, Eulen gleich, den Strahl des Lichtes scheuen,
Und mühen sich, uns beim Pöbel als Verächter
    Der Gottheit zu verschrei'n.

Doch, Brüder! scheut der Bonzen niemals müde
Erbitt'rung nicht! sie grinse, wie sie will!
Fiel nicht vor Josephs schrecklicher Aegide
    Manch stärkres Krokodill?

Bleibt standhaft! zeigt, dass wir in Josephs Staaten
Vor Tausenden des Schutzes würdig sind,
Und machet euch durch echte Maurerthaten
    Um seine Huld verdient.

Beweist es laut, dass euern fesselfreien
Erhabnen Blick des Lichtes Glanz umschwebt,
Und nach dem Tand verjährter Gaukeleien
    Kein heller Maurer strebt!

Lasst Weisheit, Lieb' und Tugend stets euch leiten,
Dann, Brüder, dann wird unser Bund gedeih'n
Und einst noch in den fernsten Afterzeiten
Der Menschheit Segen sein.

Br. R**y.

Joseph II., der Beschützer des Freimaurerordens.

Seht, in Josephs grossen, weiten Staaten,
    Wo vermählet durch der Weisheit Hand
Duldung sich und edle Freiheit gatten,
    Und die Nacht der Vorurtheile schwand.

Hebt in heller, nun entschleierter Klarheit
    Eine Brüderschaft ihr Haupt empor,
Die im stillen Wohlthun nur und Wahrheit
    Sich zu ihrer Arbeit Zweck erkor.

Joseph, dem in seinem Herrscherkreise
    Nichts zu gross ist, das sein Geist nicht fasst,
Nichts zu klein, das er, nicht minder weise,
    Ordnet, und in seine Plane passt;

Joseph, der so eben von den Horden
    Träger Mönche seinen Staat befreit,
Schätzt und schützt dafür nur einen Orden,
    Der sich ganz dem Wohl der Menschheit weiht:

Einen Orden, den man oft verkannte,
    Weil er in geheim sein Gutes übt,
Und erst jüngst aus einem Staat verbannte,
    Wo ein Exmönch nun Gesetze gibt;

Einen Orden, dem der Arme Segen,
    Fluch der Frömmler, Hohn der Laie spricht,
Der indess im Stillen sich dagegen
    Einen Kranz von edlen Thaten flicht;

Einen Orden, den der Mönch zu schmähen
    Oder zu verdammen nie vergisst,
Weil sein Zweck nicht müssig betteln gehen,
    Sondern Thätigkeit im Wohlthun ist;

Einen Orden, den der Heuchler scheuet,
    Weil er ihm die schwarze Seel' entblösst,
Wider den der Schurke tobt und schreiet,
    Weil er ihn von sich zurücke stösst;

Einen Orden, den als Staatsverräther
    Und Verführer man schon oft bestraft;
Während er der Unschuld treue Retter,
    Und dem Staate gute Bürger schafft;

Dieser Orden ist's, den, frei vom Wahne,
    Joseph seines Schutzes würdig fand,
Und zu seinem weisen Herrscherplane,
    Wie ein Glied zur Kette, mit verband;

Weil mit ihm der Orden, festen Blickes,
    Und von einem gleichen Geist belebt,
Zu dem grossen Zweck des Menschenglückes
    Hand in Hand hinan zu dringen strebt.

Drum, ihr Brüder, lasset uns im Stillen,
    Nicht durch Worte, sondern auch durch That
All' die grossen Hoffnungen erfüllen,
    Die von uns der grosse Weise hat.

Lasst uns dankbar unsern Schützer preisen
    Und ihm zeigen, dass die Maurerei
Werth der Achtung eines jeden Weisen,
    Werth des Schutzes eines Joseph sei!

Br. B***r.

Maurerfreude.

    Frohlocket, edle Brüder! seht, es hebt
Nun öffentlich ihr neubekränztes Haupt
Die Maurerei empor; denn Joseph hub,
Nicht achtend des erlauchten Vorurtheils,
Den Schleier weg von ihrem Angesicht.

    Heil, dreimal Heil dem Volke, dessen Fürst
Mit eignen Augen sieht! Der Unsrige,
Der, immer wachsam für des Menschen Wohl,
Der Seinen Schicksal in dem Herzen trägt,
Der unser Segen ist und unser Stolz,

Liess nicht entschlüpfen seinem weisen Blick
Wie neben einer kleinen Brüderschaar,
Von Menschenlieb und Tugend still vereint,
So manche Rotten theils Betrogener
Und theils Betrüger sich versammelten,
Die, mit der Larve der Rechtschaffenheit
Entheiligend den Maurernamen, sich
Mit eitel Gaukelspiel auf Wege, gleich
Gefährlich für den Geist und für das Herz,
Verirrten, Bruderlieb' und Tugend nur
Im Munde trugen, mit den Handlungen
Der echten Maurer prahlten, und den Spott,
Den sie von dem Profan verdienten, auf
Die biedre Maurerzunft verbreiteten.

Das drang sich tief in Josephs Vaterherz,
Und weil sein Blick ein Uebel kaum so schnell
Entdeckt, als seine Weisheit Rettung schafft,
Seht, so zerstäubt' er diese Winkelbrut
Mit mächt'gem Arm, und dadurch schon verdient
Der weise Fürst der Menschheit lauten Dank;
Doch that er mehr noch, nahm den Orden, der
Am Glück der Menschen bauet, Edelmuth
Und Duldung sich zum heiligsten Gesetz,
Aufklärung, Weisheit, Wohlthun zum Geschäft
Seit grauen Jahren macht, in seinen Schutz,
Und that es kund der hocherstaunten Welt.

Des hohen Schutzes, welchen Joseph uns
Gelobt, freut auf dem ganzen Erdenball,
So weit die heil'ge Bruderkette reicht,
Sich jeder Bundsgenoss', in Belgien
Sein edler Schwager, selbst in jener Welt,
Wo aus den Händen des Unendlichen
Die ew'ge Palme wahre Maurer lohnt,
Sein grosser Vater, der mit uns gebaut
Am Menschenwohl, dess Maurertugenden
In unsern Ordensbüchern glänzen und
Dess Angedenken nie bei uns verblüht.
Ich seh', ich sehe des Verklärten Geist,
Gekleidet in des Ordens Schmuck, wie er
Von seines Josephs Weisheit tief gerührt,
Sein Beifallszeichen gibt dem grossen Sohn,
Und seinen Segen unserm Bruderkreis.

Drum auf zur Arbeit, edle Brüder! lasst
Uns vor des ganzen Volkes Angesicht
Verdienen Josephs Schutz. — Wir, die das Licht
Der Wahrheit zu verbreiten uns bemühen,
Wie könnten wir das Licht des Tages scheu'n?
Auf, lasset nach des Ordens weisem Plan
Nun festen Muthes uns, und Hand in Hand,
Der hohen Weisheit einen Tempel baun,
Der Armuth eine Hütte, dass noch spät
Die Maurer ferner Zeiten tröstend sich
Ermuntern mögen. Baut weise, wie
Einst unsre Brüder unter Josephs Schutz.

Br. P***r.

Empfindungen über den der Freimaurerei in den k. k. Erblanden öffentlich ertheilten Schutz.

Virtus — — — — — —
Intaminatis fulgit honoribus.
Horatius.

Heil uns! zerschmettert sind die eh'rnen Bastionen
Die, Aberglaube! dich geschützt,
Woraus erbost nach unsern Salomonen
Dein Bannstrahl oft herabgeblitzt.

Zu lange hauchtest du, Verderber, nur zu lange
In unsre Kreise Tod und Pest;
Ha, sieh! nun hält an diamant'nem Strange
Der stärkere Herkul dich fest.

Und du, der Freiheit Tochter, neugekrönte Wahrheit!
Ziehst unter lautem Jubelschrei'n
In blendender erhab'ner Himmelsklarheit
Glorreich in unsre Tempel ein,

Und segnest wonnevoll die dir getreuen Brüder;
Den Friedenszweig in deiner Hand,
Schlingst du um lang verkannte Ordensglieder
Huldlächelnd nun der Eintracht Band.

Seht, nicht der Dummheit mehr, dem Pfaffentrug zum Raube
Hebt unsre Kunst in schönerm Flor,
Gleichwie das Veilchen aus dem Winterlaube,
Ihr stillbescheidnes Haupt empor,

Streut, gleich dem Frühlingskind, in Josephs weiten Staaten,
Geschreckt von keines Sturmes Graus,
Den süssen Duft verborgner Edelthaten
Auf die bedrängte Menschheit aus. —

Ihr Edlen, die ihr nun voll heisser Ruhmbegierde
Kühn nach der Weisheit Tempel strebt,
O fühlt mit mir, zu welcher hohen Würde
Der weiseste Monarch euch hebt,

Und lasst zu seinem Zweck uns alle treu vereinen,
Dem Vaterlande ganz uns weihn,
Und so, wie ihn im Grossen, uns im Kleinen
Ein Beispiel der Bewund'rung sein!

Br. L**n.

Hymne an die Natur.

Göttliche! bei deren Mutternamen
Laut und stolz das Herz des Menschen schlägt,
Deren Gottheit in des Wurmes Saamen,
Und die Sonne gleich sich eingeprägt!

O Natur! wer konnte dir erbauen
Diesen Tempel, heilig dir allein,
Wo sich nun am Lichte, das wir schauen,
Deine Söhne, deine Schüler freu'n? —

Als beim Anbeginn der Nationen
Der Gesellschaft segenreiches Band
Nicht um Länder oder Fürstenthronen,
Sondern sich nur um die Menschen wand,

Da bestand noch Treu' und Glaub', es wachte
Strenge Tugend ob der Menschheit Recht:
Durch Genügsamkeit und Einfalt machte
Sie beglückt das menschliche Geschlecht.

Aber auch der Geist, der in uns denket,
Ward, berührt vom Strahl der Weisheit, wach,
Spähte nach der Kraft, die alles lenket,
Spähte kühn dem Grund der Dinge nach.

Schwang, erforschend dein Gesetz, gen Himmel
  Sich zu dir empor, in jene Höh'n,
Hin, wo sich in leuchtendem Gewimmel
  Ewig Millionen Welten drehn.

Senkt hinab sich, dein Gesetz erforschend,
  In der Erde Schooss, von dir geführt,
Wo, im Hauch der Verwesung morschend,
  Ein Geschöpf des andern Mutter wird.

Und du lohntest süss sein heisses Streben,
  O Natur! er durfte, kühner Hand,
Dir den Schleier von dem Antlitz heben,
  Den um dich das ew'ge Schicksal wand.

Denn du wolltest, dass durch ihn das rohe
  Menschenvolk geführt zu seinem Wohl,
Und von Ost bis West in heller Lohe
  Uns der Weisheit Fackel leuchten soll.

Doch auf Erden lacht kein Glück uns heiter,
  Wo das Schicksal uns als Pilger prüft,
Und die Wiese, die uns edle Kräuter
  Heilsam schenkt, trägt Disteln auch und Gift.

Sieh! die Blume, die dir Weisheit streute,
  Ward dem Pöbel nichts als dürres Laub,
Und die Frucht der Tugend eine Beute
  Jedes Klügern, und des Stärkern Raub.

Denn auf abgesonderten Altären
  Opferte das Volk der Weisheit dort,
Da der Tugend, musste beider Lehren
  Missversteh'n, verdrehn ihr göttlich Wort.

Vor den Thron der Weisheit, wo die Jugend
  Lernend horchte, warf die Bosheit aus
Ihre bunten Netz', und in der Tugend
  Heil'gen Tempel hielt die Dummheit Haus.

Darum zog die Weisheit sich zurücke,
  Und verstopfte ihren eignen Quell,
Jetzt getrübt von Arglist und von Tücke,
  Und zuvor — so spiegelklar und hell.

13

Darum ward das Amt der Tugendpriester
Dem verschmitzten Bösewicht zum Theil,
Ihre Lehr' ein Papagei-Geflüster,
Und ihr Tempel jedem Pächter frei.

Darum zog man einen dichten Schranken
Der Vernunft davor, die man verwaist
Austrieb, legt' auf Sinnen und Gedanken
Eine Tax' und fesselte den Geist.

Dess erbarmten endlich die Göttinnen
Selber sich, und bauten, o Natur!
Hoch dir diesen Tempel, dessen Zinnen
Sichtbar wurden wenig Menschen nur.

Hier vereinten anfangs biedre Weisen,
Weise Biedermänner Hand in Hand
Sich zu deinem Dienst' in engen Kreisen,
Fest umwunden von der Eintracht Band.

Eingehüllet in den dichten Schleier
Der Mysterien, vertrauten sie
Sich nur dir, denn wem dein göttlich Feuer
Seinen Weg erhellt, der strauchelt nie.

Sie arbeiteten bei deinem Lichte
Rastlos an der Menschen Wohl, wie du!
Warfen liebreich ihres Fleisses Früchte
Ihren weit verirrten Brüdern zu.

Kämpften mit dem Laster, und erhielten
Manchen Sieg in frommer Zuversicht
O Natur, auf dich! — Die Menschen fühlten
Ihre Waffen, aber sahn sie nicht.

So begann gemach durch ihr Bemühen
Zu erheitern sich der Menschheit Bahn,
Sich des Geistes Nebel zu verziehen,
Und die Tugend wieder sich zu nah'n.

Wieder wurden deine Menschen besser,
Wieder schmolz der Dummheit grosses Heer
Sichtbarlich — dein Tempel wurde grösser,
Deiner Jünger, deiner Priester mehr.

Doch — auf Erden lacht kein Glück uns heiter,
Wo das Schicksal uns als Pilger prüft.
Sieh! die Wiese, die uns edle Kräuter
Heilsam schenkt, trägt Disteln auch und Gift.

Selbst durch diese streng bewachten Thüren
Drangen List, Verführung, Bosheit ein,
Wussten schlau das Antlitz zu maskiren,
Täuschten leicht uns durch der Tugend Schein,

Streuen aus mit leiser Hand den Saamen
Jedes Lasters, wagen ohne Scheu
Zu entweihen selber deinen Namen,
Und missbrauchen ihn zu Meuterei.

Locken zu dem Abgrund unsre Brüder
Mit betäubendem Sirenenton,
Ach, und träufeln auf die Augenlider
Guter Menschen schändlich ihren Mohn,

Dass nun Brüder Rach' und Hass durchglühet,
Die zuvor ein heil'ger Bund vereint;
Dass die Sanftmuth, dass die Duldung fliehet,
Und der Genius der Menschheit weint;

Dass nicht selten auf die Eingeweihten
Zwietracht ihren Geifer niederthaut,
Und mit ihren giftgeschwollnen, breiten
Klauen einreisst, was die Eintracht baut.

Doch du schirmst das Häuflein deiner Söhne,
Rettest es von seinem Untergang,
Lehrst uns kennen die Sirenentöne
Und verachten ihren eitlen Klang.

Warnest vor den Frevlern, die sich klüger
Dünken, denn dich selbst — dich ungescheut
Höhnen, stellst entlarvet die Betrüger
Nackt uns dar in ihrer Scheusslichkeit.

Darum strahlt von deines Altars Schimmer
Nicht dein reines, nur ein magisch Licht,
Das dem Weisen leuchtet, aber immer
An dem Aug' Unwürdiger sich bricht.

Drob erschallt aus deiner Jünger Munde
    Hoher Dank in unserm Tempel dir,
Denn du schlägst, o Mutter, keine Wunde,
    Du gewährst den Balsam auch dafür.

Du beglücktest uns mit deiner Weihe,
    Winktest in den Kreis der Maurerei
Huldreich uns zum grossen Schwur der Treue:
    O Natur! und sieh! wir sind dir treu.

Gieb uns fürder Kraft und deinen Segen,
    Liebevoll mit heiligem Bemüh'n
Den uns anvertrauten Grund zu pflegen,
    Und sei fürder unsre Leiterin!

Dass wir trotz der Feinde, die gedrungen
    Frecher Stirn an deinen Altar sind,
Dein Gesetz mit unbestochnen Zungen
    Laut verkünden jedem Menschenkind;

Reichlich streu'n aus unserm Heiligthume,
    Das von dir uns anvertraute Pfand
Für der Menschheit Wohl, — der Weisheit Blume,
    Abgepflücket von der Tugend Hand.

Dass wir bei dem Strahl, von dir gesendet,
    Wandeln frohen Muths auf deiner Spur,
Und von keinem Irrlicht je geblendet,
    Folgen mögen deinem Rufe nur.

Dann wird nimmer dieser Tempel fallen,
    Wird auf deinen ew'gen Pfeilern stehn,
Unsre Weisheit nur mit dir verhallen,
    Unsre Tugend nur mit dir vergehn.

                      Br. P***r.

Ode an den hochwürdigen Grossmeister der Distrikts-Loge zum neuen Bunde, Freiherrn von Gebler (Tob. Fil.),
Commandeur des heil. Stephans-Ordens, k. k. geh. Rath und Hofvicekanzler der vereinigten Böhm.-Oesterr. Hofkanzlei, Hofkammer und Minist. Banko-Deputation.

Bei der feierlichen Installirung der sehr ehrw. Johannis-Loge zur Beständigkeit im Orient zu W. Von Br. Föderl. — 1. 28 5784. VII.

Du ahmest heut dem Gott nach, dessen Priester
Du bist, der Deiner Leitung anvertrauet
Des neuen Maurer-Bundes schwächste Zunft — uns,
Ha! schauerlich, friedfertig doch, und segnend
Gleich ihm, wenn er zu seinem treuen Volke einst
In Wolken-Säulen, oder auf dem Fittig
Der Winde niederstieg, kömmst Du — umflossen
Vom Glanz des fünfmal schön getheilten Brustschilds.
Die ehrnen Riegel unsers Tempels springen
Dir, mächt'ger Priester, ungebeten los, und
Zur grössten Feier aufgefordert schweiget
Der ernste Hammer und die thät'gen Kellen;
Von Andacht blühen Wang' und Blick den Brüdern.'
Und nun beginnt das Werk des grössten Sabbaths.
Verschweig' die Wunder, die gescheh'n, o Muse;
Erfüllte gleich nicht eine düstre Wolke
Zum Zeichen, dass der Herr im Dunklen wohne,
Das Haus, wie einst bei Salomons Geschäfte:
Und gaukelte gleich nicht der Demiurgos,
Wie einst zu Eleus, den Neugewählten:
So zitterte doch eine heisse Zähre,
Der Zeuge von Jehova's Gegenwart, aus
Dem starren Auge jedes Bruders nieder.
Zum unbescholt'nen stillen Dienst des Ew'gen,
Zum festen Bund der Maurer unter Josephs
Dem Eigennutze gramen Scepter weih'st Du
Dies Werk- und Bethhaus ein, und wischest klüglich
Den längst verstellten Spruch am Eingang: Lerne
Dich selbst erkennen, weg, sammt den verwirrten
Von Schwärmern hingeklecksten Commentaren,
Und schreibst: Wohlthätigkeit, des Maurers einz'ge
Vom Pöbelvolk unangefocht'ne Tugend.

III.

Liste der Mitglieder der Loge zur gekrönten Hoffnung.

Meister.

Rud. Gräffer, Buchhändler.

Freih. Jakob Osontard, Banquier.

Malvetito, Kammerdiener des hochw. Br. Esterházy.

Karl Graf Clairfait, k. k. Kämmerer, Gen. Fld. Msch. Lieut. und Reg. Inhaber.

Jos. Ried, Mundkoch der ung. siebenb. Hofkanzl. Graf Eszterházy.

Pasqu. Artaria, Kunsthändler.

Dn. Four. Nik., Probst zu Nikolsburg in Mähren.

Jos. Pas. Ferro, Doct. d. Medizin.

Joh. Graf Herberstein Moltke, Privatier.

Jos. de Wieve, Kammerdiener d. hochw. Br. Eszterházy.

Fz. v. Wiesenthal, Rathsprotok. b. d. Oberst. Justizstelle.

Gg. Unterberger.

Hein. Fleuhr, Kammerdiener d. Br. Franz Eszterházy.

Paul Wranitzky, Musikdirector b. d. hochw. Br. Eszterházy.

Victor Colombazzo, Musikus.

Ad. Bartsch, Script. d. Hofbibliothek.

Val. Adamberger, Hofschauspieler.

Gesellen.

Fr. Petran, Weltpriester.

Karl Prandstätter, k. k. Ballmeister.

Ehrenmitglieder.

Karl Graf Palffy v. Erdöd, Ritter des gold. Vliess, geh. Rath, Kämmerer und ung. siebenb. Hofvicekanzler, Prov. Grossmeister von Ungarn.

Georg Graf Banffy, Commandeur d. heil. Stephans-Ordens, k. k. Kämmerer und ung. siebenb. Hofvicekanzler, Prov. Grossmeister von Siebenbürgen.

Wenzel Graf Sinzendorf, Ritter des gold. Vliess, geh. Rath, Kämmerer und Apell. Präsident (Meister).

Dienende Brüder.

Christ. Haas und Burg. — Husaren und Bediente.

Abwesende Brüder.

Franz Anton Graf Stampach, geh. Rath, Kämmerer, Vicepräsid. b. d. böhm. Oberappell. Ger. zu Prag; Prov. Grossmeister von Böhmen.

Fz. Josef Graf Thürheim, Ritter des deutschen Ordens, Kämmerer und Gen. Feldwachtmeister, Mr. v. St. im J. 1784.

Ludw. Graf Harrsch Almedingen, Ritter des Stephans-Ordens und Kämmerer, M. v. St. 1799.

Karl Alt-Graf von Salm und Reifferscheid, Kämmerer, M. v. St. der Loge zur aufgeh. Sonne im Orient von Brünn.

Fz. Ant. v. Kollowrath Novaradzy, geh. Rath, Dep. M. im J. 1783.

Fz. Graf Montecucoli, herz. Mod. Hofcavalier, Meister.

Brüder dieser Loge waren noch viele adelige Herren, Beamte, Officiere der galizischen und ungarischen Leibgarde etc.

Loge zur gekrönten Hoffnung im Wintergässchen im Baron Moser'schen Hause I. Stock (1785).

Auszug aus dem Brüder-Verzeichnisse der Loge vom 31. Juli 1785.

Wenzel Graf Paar, k. k. Kämmerer, Meister vom Stuhl.

Matolay Bernh. Sam., kais. Reichshofraths-Agent, Deputirter Meister.

Stockhammer Ign., Graf, 1. Aufseher.

Wenzel Epstein, Negotiant, 2. Aufseher.

Konr. Bartsch, Verfasser der Wiener Zeitung, Secretär.

Theob. von Wallstein, Secretär des reg. Fürsten Alois Liechtenstein, Redner.

Graf Jos. Stockhammer, k. k. Kämmerer, Oberst und Oberlieutenant der galiz. Leibwache, Ceremon. Meister.

Jos. Carl Graf von Dietrichstein, geh. Rath.

Freih. v. Stäm.

Fz. Freih. v. Kressel, Commandeur des Stephans-Ordens,
geh. Rath, Präs. der Hofkammer in geistl. Sachen,
Prov. Grossmeister von Oesterreich.

Joh. Phil. Freih. Gebler, Comm. des Steph.-Ord., geh. Rath,
Hofvicekanzler der verein. böhm.-österr. Hofkanzlei,
Hofkammer- und Minist.-Banko-Deputation, Gross-
meister der s. ehrw. Bezirks-Loge zum neuen Bunde.

Kaunitz-Rietberg, Ernst, Ritter des gold. Vliesses, geh.
Rath, Kämmerer und Oberst-Hofbaudirector, Meister
vom Stuhl im J. 1782.

Joh Eszterházy, Käm., Meister vom Stuhl im J. 1781.

Vannotti, Secretär des Br. Dietrichstein, Meister vom
Stuhl im J. 1780.

Jos. David Irummer, Registr. bei der nied.-österr. Zollad-
ministration, Deput. Meister im J. 1784.

Ladislaus v. Székely, k. k. Oberlieutenant und 1. Wacht-
meister der kön. ung. adel. Leibgarde, Dep. Meister
im J. 1780.

Jos. Edl. v. Böhm, k. k. Hofsecretär in der geh. Cabinets-
kanzlei, 2. Aufseher vom J. 1783.

Jos. Trimmel, Concipist bei der nied.-österr. Landesregierung, 2. Aufseher vom J. 1781.

Die Gesammtzahl der Mitglieder betrug 195.

Loge zur wahren Eintracht in Wien, in der Wollzeile im Henikstein'schen Hause.

Auszug aus dem Brüder-Verzeichnisse vom
25. Juni 1785.

Ignaz Edler v. Born, k. k. Hofrath bei der Hofkammer im
Münz- und Bergwesen, Meister vom Stuhle.

Rudolph v. Krauss, Deputirter Meister.

K. W. Hilchenbach, Superintendent der evang. Confession in Wien, 1. Aufseher.

Augustin Veit v. Schittlersberg, Rechnungs-Official der Kameral-Hauptbuchhaltung, 2. Aufseher.

David Heinrich Gottfr. v. Pilgramm, Secretär.

Zu jener Zeit bestand diese Loge aus 190 Mitgliedern, unter denen sich folgende Persönlichkeiten befanden:

Math. Dannenmayr, Professor der Kirchengeschichte an der Universität zu Freiburg im Breisgau.

Jos. v. Riegger.

Cassian v. Roschmann, k. k. geheimer Hausarchivar.

Joseph v. Sonnenfels, k. k. Hofrath.

Franz Graf v. Saurau, k. k. Kreis-Commissär.

Johann Peter Frank, Doctor der Arzneikunde, Professor der med. Klinik zu Pavia.

Maximilian Stoll, kais. Rath und Professor der Arzneiwissenschaft an der Wiener Universität.

Alois Blumauer, Bücher-Censor.

Joh. Bapt. v. Alxinger, Hofagent bei der Hofkanzlei und Obersten Justizstelle.

Joh. Franz Ratschky, Hofconcipist.

Joh. Georg Forster, Professor der Naturgeschichte in Wilna (der berühmte Weltumsegler).

Johann Georg Schlosser.

Franz Zeiler, Professor des Naturrechtes an der Wiener Universität.

Joseph Haydn, Kapellmeister des Fürsten Nicolaus Esterházy (berühmter Tonsetzer).

Carl Michaeler, Custos an der Universitäts-Bibliothek zu Wien (aus Innspruck).

Michael Denis, Abbé und Custos der k. k. Hof-Bibliothek.

Karl Haidinger, Directors-Adjunkt am k. k. Naturalien-Cabinet.

Benedikt Franz Hermann, Professor der Technologie an der k. k. Real-Akademie.

Jacquet, Abbé.

Franz v. Kesaer, Weltpriester und Lehrer der höheren Mathematik an der Wiener Universität.

Franz Joseph Märter, Lehrer der Naturgeschichte und Oekonomie an der Theresianisch-Savoy'schen Ritter-Akademie.

Simon Peter Pallas, Professor und Collegienrath zu St. Petersburg.

Franz von Paula Schrank, Professor der Naturgeschichte.

Andreas Stütz, Canonicus bei St. Dorothée in Wien und Professor der Naturgeschichte und Geographie bei der k. k. Real-Akademie.

Joseph Eckhel, Doctor der Philosophie, Director des k. k. Münz- und Medaillen-Cabinets.

Karl Julius Friedrich, Secretär des Reichshofrathes Karl Christ. Grafen von der Lippe.

Franz Sales v. Greiner, Hofrath bei der Hofkanzlei und Beisitzer der Studien-Hof-Commission (Vater der vaterländischen Schriftstellerin Caroline Pichler).

Gottlieb Leon, Amanuensis an der k. k. Hof-Blbliothek.

Joh. Nep. v. Gretzmüller, Rechnungsrath der Münz- und Bergwesens-Hofbuchhaltung.

Franz Karl v. Haegelin, Regierungsrath und k. k. Theatral- und Bücher-Censor.

Johann Adam Haslinger, Doctor der Philosophie und kais. Rath.

Franz Hess.

Kreil, Correpetitor der Philosophie am Theresianum (trat 1785 aus).

Franz Freiherr von Kressel, geh. Rath, k. k. Kämmerer und Präses der geistlichen Hof-Commission.

Ferdinand Edler v. Leber, kais. Rath und Professor der Chirurgie und Anatomie an der Wiener Universität.

Jos. Oekhel v. Helmberg, Doctor der Philosophie und Kanzlist der geheimen Reichs-Hofkanzlei.

Jos. Ant. Paradis, Hofsecretär.

Jos. Joh. Nep. Pehem, Regierungsrath, Doctor der Rechte und Professor des Kirchenrechtes an der Wiener Universität.

Leopold Unterberger, Major der k. k. Feld-Artillerie.

Torbern Bergmann, Professor in Upsala.

Tobias Gruber, k. k. Bau - Director auf den böhmischen
Kameral-Herrschaften.
Johann Mayer, Doctor der Arzneikunde und königl. pol-
nischer Hofrath.
Joseph Mayer, Adjunkt am Naturalien-Cabinet zu Prag.
Peter von Menz, Doctor d. Arzneikunde und königl. Phy-
sikus zu Bozen in Tyrol.
Franz Joseph v. Müller, Thesauriatsrath.
Johann Freiherr v. Pacassi.
Carl Ployer, Bergrichter in Kärnthen.
Ruprecht, k. k. Bergrath.
Joseph v. Raab, k. k. Sprachknabe an der ottomanischen
Pforte.
P. Adaukt Voigt.
Joh. Jakob v. Ingram, Actuar beim Kreisamte in Bozen.
Johann Haukh, Professor in Innspruck.
Franz de Paula Graf v. Dietrichstein, Oberst-Stallmeister.
Melchior Edler v. Birkenstock, k. k. Hofrath, Director der
Humanioren und Rath bei der Akademie der bilden-
den Künste.
Joh. Florian Baumberg, Hofkanzlei-Archivarius.
Joseph Anton v. Bianchi, Adjunkt an der k. k. Hof-Bib-
liothek für die orientalischen Sprachen.
Martin Joseph Prandstetter, Raths-Protocollist des Wie-
ner Magistrats (trat 1785 aus der Loge zum heiligen
Joseph über).
Daniel Ribini.
Anton Edler v. Spielmann, k. k. Hofrath und geheimer
Staats-Official (Erbauer des schönen nach ihm be-
nannten Hauses am Graben zu Wien).
Joseph Edler von Retzer, Hof - Concipist und Bücher-
Censor (1785 aufgenommen).
Wenzel Graf von Sauer, k. k. Kämmerer und Hofrath
der böhmisch - österreichischen Hofkanzlei (trat 1787
in die Loge zur neugekrönten Hoffnung über).
Vincenz Georg Freiher v. Stuppi, k. k. Hofrath bei der
General - Baudirection, Oberst in der Armee, Ritter des
Stephansordens (1785 aufgenommen).

P. Franz Güssmann, Lehrer der Experimental-Physik an der Wiener Universität.

Anton Holzer, Concipistens-Accessist beim Hofkriegsrathe.

Joseph Holzmeister, k. k. Hofkriegs-Concipist.

Joseph Mayer, Professor der Philosophie an der Wiener Universität.

Franz Philipp Weber, Hofsecretär des niederländischen Departements der geheimen Hof- und Staatskanzlei.

Bonsaing, Apotheker.

Heimbichler, dann ein evangelischer Prediger (D..r, der 1785 aufgenommen wurde).

Karl von Moll.

Georg Helbling von Hirzenfeld.

Saldonner, u. s. w.

Loge zur Beständigkeit in Wien.

Auszug aus dem Brüder-Verzeichnisse vom Jahre 1785.

Max Jos. Freiherr v. Linden, Meister vom Stuhl.

Jos. v. Ehrnstein, Dr. der Arzneikunde, Deputirter Meister.

Christ. Herrnschmid, 1. Aufseher.

Joh. Bapt. Dembscher, 2. Aufseher.

Christ. Edler v. Kessler, Secretär.

Die Zahl der Mitglieder betrug zu jener Zeit 89. Darunter befanden sich Hofprediger Poschinger und Hofprediger Holzmann, der Rector des k. k. General-Seminars zu Lemberg, ein Domherr zu St. Stephan in Wien, ein Domherr in Linz, 2 Feld-Kapläne, mehrere Professoren, Aerzte, Buchhändler u. s. w.

Die grosse Landesloge zu Wien.

Verzeichniss ihrer Würdenträger vom Jahre 1785.

Franz de Paula Graf von Dietrichstein, National-Grossmeister.

Carl Graf von Palffy, Deputirter National-Grossmeister.

Georg Graf von Banffy, 1. Gross-Aufseher.
von Pufendorf, subst. 2. Gross-Aufseher.
Ignaz Edler von Born, Gross-Secretär.

Die Provinzial-Loge zu Wien.

Verzeichniss ihrer Würdenträger vom Jahre 1785.

Franz Freiherr von Kressel, Provinzial-Grossmeister.
v. Pufendorf, Prov. Deputirter Grossmeister.
Ignaz Edler von Born, 1. Prov. Aufseher.
Johann Bapt. Edler von Puthon, 2. Prov. Aufseher.
Friedrich Lang, Prov. Secretär.
Leopold Graf von Palffy, Prov. Schatzmeister.
von Anselm, Prov. Ceremonienmeister.

Loge zur Wahrheit in Wien, in der Dorotheengasse im Graf Gatterburg'schen Hause.

Auszug aus dem Brüder-Verzeichnisse vom 23. Januar 1786.

Ignaz Edler v. Born, k. k. Hofrath bei der Hofkammer im
Münz- und Bergwesen, Meister vom Stuhl.
Joh. Bapt. Edler von Puthon, Banquier, Deputirter Meister.
Georg v. Urbain, k. k. Hofagent, 1. Aufseher.
Ludwig, Graf v. Bátthiány, k. k. wirkl. Kämmerer, 2. Auf-
seher.
David Heinrich Gottfried v. Pilgramm, Secretär.
Mich. Puchberg, Negociant, Schatzmeister.
Heinr. Friedr. Füger, Vice-Director der k. k. Akademie der
bildenden Künste, Redner.
Franz v. Weber, k. k. Hofsecretär, Ceremonienmeister.

Loge zur neu gekrönten Hoffnung in Wien, in der Weihburggasse im Graf Fuchs'schen Hause.

Auszug aus dem Brüder-Verzeichnisse vom
Jahre 1787.

Graf Clairfait, k. k. Feldmarschall-Lieutenant.

Joh. Jos. Graf v. Wilczeck.

Franz Freiherr v. Kressel, Präsident der Hofcommission in
geistlichen Sachen (Provinzial-Grossmeister der Freim.
in Deutschösterreich).

Wenzel Graf von Sauer, Hofrath der böhmisch-österrei-
chischen Hofkanzlei (1786 Gouverneur von Tyrol).

Ludwig Graf v. Lehrbach.

Wenzel Epstein, k. k. Gubernalsekretär in Innspruck.

Jacob Sardagna, Kammermeister beim Erzbischof von Wien.

Franz v. Gummer, aus Bozen.

Adamberger, Schauspieler.

Artaria, Kunsthändler.

Conr. Bartsch, Redacteur der Wiener Zeitung.

De Luca, Professor (früher in Innspruck).

Wolfg. Amad. Mozart, Kompositeur.

Emanuel Schikaneder, Schauspieler und Theater-Director.

Im Ganzen zählte diese Loge damals 225 Mitglieder.

Loge zu den vereinigten Herzen in Graz.

Auszug aus dem Brüder-Verzeichnisse der
Loge vom 24. Juni 1785.

Sigm. Freiherr v. Schwizen, Meister vom Stuhl.

Jos. Buresch v. Greiffenbach, Deputirter Meister.

Jos. Kalchegger, 1. Aufseher.

Karl Graf v. Attems, 2. Aufseher.

Franz Ant. Wimmer, Secretär.

Die Zahl ihrer Mitglieder betrug damals 72. Unter
denselben befanden sich mehrere k. k. Beamte, Officiere
u. s. w. nebst einigen katholischen Geistlichen, als 2 Dom-
herren, 1 Konsistorialrath, 2 Pfarrern, 2 Professoren der
Theologie, nämlich des Kirchenrechtes und der Patrologie,
3 Ordenspriester und der Director der Grazer Hauptschule.

Loge zu den drei Bergen in Innspruck.

Auszug aus dem Brüder-Verzeichnisse vom
25. Januar 1783.

Leopold Franz Graf v. Künigl, geh. Rath und k. k. Kämmerer, Meister vom Stuhl.

Joh. Gottfr. v. Heister, Präsident des o. ö. Guberniums und Landeshauptmann von Tyrol, Deputirter Meister.

Thaddaeus Graf von Thurn und Taxis, General-Erbpostmeister, 1. Aufseher.

Alois Graf v. Sarnthein, k. k. Gubernialrath, 2. Aufseher.

Franz Gassler, k. k. Archivar, Secretär.

Ant. Graf v. Selb, o. ö. Regierungsrath, Schatzmeister.

Jos. Graf v. Thurn-Taxis, General-Erbpostmeister, Ceremonienmeister.

Joh. Primisser, k. k. Schlosshauptmann in Amras, Redner.

Diese Loge zählte damals 58 Mitglieder, 38 Meister, 10 Gesellen, 8 Lehrlinge und 2 dienende Brüder. Unter den Meistern befanden sich Franz Jordan Wachtern, k. k. Stabsauditor, Karl v. Aschauer in Achenrain und Franz v. Gummer, welche früher Würdenträger in dieser Loge waren. Die Mitglieder bestanden grösstentheils in Adeligen, Beamten und Offizieren, auch befanden sich 3 Aerzte, 3 Professoren, 4 Geistliche (der Direktor der philosophischen Facultät und der Präfekt des Gymnasiums zu Innspruck, ein Professor zu Innspruck und der Stadtpfarrer in Bozen), 10 Bürger (Banquiers, Kaufleute, Handlungsbuchhalter) u. s. w. unter denselben.

Loge zur edlen Aussicht zu Freiburg im Breisgau.

Auszug aus dem Brüder-Verzeichnisse der
Loge vom 24. Juni 1787.

Dr. Matth. Mederer, Rector der Universität von Freiburg, Meister vom Stuhl.

Jos. Bob, Deputirter Meister.

Al. Wagner, 1. Aufseher.

Joh. Stirkler, 2. Aufseher.

Ign. Engelberger, Secretär.

Die Loge zählte zu jener Zeit 27 Mitglieder und 3 Ehrenmitglieder. Unter den Mitgliedern befand sich auch Dr. Karl Schwarzl, Professor der Theologie an der Universität zu Freiburg (früher in Innspruck), der im Jahre 1786/87 Meister vom Stuhl in dieser Loge war und Joseph Georg Anton Sauter, Professor der Logik, Metaphysik und Moral an der Universität zu Freiburg, der früher Mitglied der Loge zur wahren Eintracht in Wien war, am 13. März 1783 aber aus derselben austrat und am 20. December 1784 die Loge zur edlen Aussicht in Freiburg als Meister vom Stuhl eröffnete.

Loge zu den drei gekrönten Sternen und Redlichkeit in Prag.

Auszug aus dem Brüder-Verzeichnisse vom 24. Juni 1788.

Friedrich Freiherr von Schmidburg, Meister vom Stuhl.
Konrad Freiherr von Zedlitz, 1. Vorsteher.
Leopold Deissner, 2. Vorsteher.
Ignaz von Helly, Secretär.

Die Zahl der Brüder betrug in dieser Loge in jenem Jahre 120, die hauptsächlich dem Offiziersstande angehörten. Unter denselben befanden sich auch ein Gubernialrath in Innspruck, 2 Pfarrer und ein Ordenspriester.

Loge zum heiligen Joseph in Wien.

Auszug aus dem Brüder-Verzeichnisse vom 6. October 1848.

Dr. Ludwig Lewis, Meister vom Stuhle.
Heinrich Anschütz, Hof-Schauspieler, 1. Aufseher.
J. Sauer, Rechnungsrath der Cameral-Buchhaltung, 2. Aufseher.
Kollmann, Buchhandlungs-Gesellschafter, Secretär.
Anton Richter, Gold- und Juwelenhändler, Schatzmeister.
Karl Max Baldamus, Redner.
Dr. Büttner, Primararzt im allgemeinen Krankenhause.

Dr. Leopold Jos. Fitzinger, Custos-Adjunkt am k. k. Hof-Naturalien-Cabinete.
Joseph Koberwein, Sparkassen-Beamter.
Gustav Brabbée, Sparkassen-Beamter.
Keler, Kaufmann.
Diettler, Fabrikant.
Anton Koberwein, Schauspieler.

IV.
Die Freimaurer in Oesterreich.
Von
Anton Langer, Nationalgardist.
(Geschrieben im August 1848.)

Seit undenklichen Zeiten besteht ein Orden in der Welt, dessen Wirksamkeit, weil sie die wenigsten kennen, weil sie mit dem dichten Schleier des Geheimnisses umhüllt ist, von einem grossen Theile des Volkes gefürchtet, von einem kleinen verspottet, von dem allerkleinsten aber anerkannt und gesegnet wird.

Dieser Orden ist der Orden der Freimaurer.

Freimaurer nennen sie sich, weil sie treu und fleissig mitbauen an dem grossen Bau der Menschenbeglückung, an dem Tempel der Eintracht und Bruderliebe, an der Vereinigung der Völker, an der Säule der Ordnung, der Freiheit und des Friedens. Darum tragen sie die Zeichen des Maurers: Schurz, Kelle, Zirkel, Winkelmass u. s. w.

Die Geschichte des Freimaurerordens reicht der Sage nach bis zum salomonischen Tempelbau hinauf, ja die Pyramiden Aegyptens sollen nach Freimaurerplänen angelegt, Cecrops und Rhampsinit Freimaurer gewesen sein.

In der Isispriesterschaft, die aus Aegypten stammte, finden sich während der Römerherrschaft Spuren der Freimaurerei.

Christus selbst soll Freimaurer gewesen sein, und in der That, die Religion der Liebe, die Christus predigte, ist das Glaubensbekenntniss der Freimaurer.

14

In der Völkerwanderung gehen, so wie manches Andere, auch die Spuren des Freimaurerthums verloren; die ersten weisen sich wieder im Anfange der gothischen Baukunst all' überall in den alten Domen; in jenen Wunderwerken deutscher Kunst des Mittelalters finden sich in Schnörkeln, Blumen, Arabesken, in Thiergestalten wundersamer Art geheime Zeichen — Maurerzeichen; sie finden sich am Strassburger Münster, in der Stephanskirche zu Wien, im Dom zu Meissen und all' überall, wo deutsche Meister bauten; Thatsache ist es, dass die Meister fortwährend in Verbindung mit einander standen; wie wäre es sonst möglich gewesen, jene Wunderbauten nach einem Systeme, nach einem Plane auszuführen. Geheimnissvoll hielten sie ihre Zusammenkünfte, geheime Zeichen machten sie einander kennbar, und frei, als freier Maurer schritt der Lehrling vom Rhein zur Elbe, von der Donau bis zum Nordmeer. Pöbelwahn und Pfaffentücke standen ihnen im Wege; sie erfanden jene unzähligen Sagen, die man fast von jedem Dom erzählt, dass der Teufel bei seiner Erbauung im Spiel gewesen sei.

Schon damals übte der Orden einen gewaltigen Einfluss, indem er als heilige Vehme auftrat. Recht und Gerechtigkeit lag darnieder auf Erden, der Gewaltige setzte trotzig den Fuss auf den Nacken des Volkes, unbekümmert um dessen Wehgeschrei, unzugänglich der Rache, denn mancher war weit entfernt von des Kaisers strafendem Arme, mancher mächtiger als der Kaiser selbst. Da plötzlich zittert die Sage durch Deutschland von einem Orden, der unnachsichtlich die Schlechten verfolge, unerbittlich richte und furchtbar strafe. Kein Winkel verbirgt ihn, kein Heer schützt ihn vor der Rache der Vehme. Und diese Männer der Rache waren nicht blos Adelige, es waren Männer aus dem Volke, freie Männer, sie nannten sich auch Freirichter*). Ihr Entstehen fällt mit der Zeit der

---

*) Noch deutlicher tritt die Identität der Vehme mit den Freimaurern in den französischen Namen franç-juges und franç-maçons hervor.

Dombaue zusammen, von vielen der ersten Meister weiss
man, dass sie Mitglieder der Vehme waren.

Viel deutlicher, als in dieser etwas roh zusammenge-
würfelten Association tritt die Freimaurerei im Orden der
Tempelherren auf. Die ganze Gestaltung des Tempelherrn-
ordens mahnt an die Maurer. Der Tempel selbst, die
Maurer, die geheimen Zeichen, Alles deutet darauf hin, ja
macht es zur Gewissheit, dass die Templer Freimaurer
waren. Der Orden stemmte sich aber der Macht der Kö-
nige entgegen, welche die Kreuzzüge benützten, um, während
die Blüthe ihrer Länder im Orient unter dem Schwerte der
Sarazenen verblutete oder der Pest erlag, daheim zu bleiben, die Güter der Grossen einzuziehen und das arme Volk
immer mehr zu knechten. Die Templer durchschauten
diesen Zweck, der besonders bei Frankreichs Königen her-
vortrat, und traten als echte Maurer, als Kämpfer für die
Freiheit ihnen entgegen; das war ihre einzige Schuld.
Längst sah der Clerus mit scheelem Auge auf diese Männer,
die, ohne Priester zu sein, die Würde und den Geist eines
echten Priesters besassen. Von Frankreich aus, wo Jacob
Molay, ihr Grossmeister, mit mehr als dreissig Rittern auf
dem Scheiterhaufen starb, ging die Hetzjagd durch Europa,
allüberall, wo sich Templer befanden, erlagen sie dem
Wahne, der Wuth des von Geistlichen aufgehetzten Pöbels.

Nach Schottland flüchteten sich der Sage nach die
letzten Reste des Ordens, dort den gestürzten Tempel neu
aufbauend. In jener Zeit, wo sie geächtet, vogelfrei waren,
mag sich auch, was natürlich ist, die Sitte des Waffentra-
gens, die strengste Geheimhaltung der Zeichen und Losungs-
worte als eine eiserne Nothwendigkeit herausgestellt haben.

Es würde hier zu weit führen, die Geschichte des Ordens noch weiter zu verfolgen, nur die Zeit will ich noch
berühren, wo die Freimaurerei ihre edelsten Siege erfocht.
Es war um die Mitte des vorigen Jahrhunderts, wo einer-
seits Jesuiten und Consorten den Pöbel zum krassesten
Aberglauben verdummt, anderseits aber die Gebildeten, die
doch unmöglich an der Dummheit des Pöbels Theil nehmen
konnten, zur Freigeisterei gezwungen hatten; da stellten sich

14*

die Freimaurer in die Mitte zwischen beide, das Volk vom
Wahne heilend und die gebildeten zurückziehend von der
gefährlichen Strasse, die sie betraten; die Maurer predigten
als echte Gottespriester Wahrheit, Recht, Licht, Liebe, Freiheit uud Religion, die edelsten Herzen wandten sich ihnen
zu. Friedrich II. von Preussen und Kaiser Joseph II. unser grosser, unser einziger Joseph waren Freimaurer.

Aber es kam die französische Revolution, die, so edel
in ihrem Beginne, so blutig in ihrem Verfolge war. Es
kamen die Guillotinen und die fünfundzwanzig Kriegsjahre.
Im Donner der Kanonen, im Klirren der Schwerter ver-
hallten die Psalmen der Maurer. Der Tempel war stille,
und schweigend warteten die Maurer auf eine bessere Zeit.
Leider kam diese für Deutschland nicht, sondern nur eine
Polizeiregierung, die, obwohl sie selbst geheim war, alles
Geheime fürchtete und darum die Maurer verfolgte. Der
Orden musste, wenigstens in Oesterreich, sich wieder so ver-
borgen halten, wie zur Zeit der Tempelherrenausrottung.

Und was ist denn der Zweck dieses verfolgten Ordens?

Segen zu stiften für die Menschheit, zu beglücken all
überall, Ordnung, Friede, Eintracht zu verbreiten auf der
ganzen Erde; auszugleichen die Uebelstände, welche Geburt, Zufälle, Schicksale verursacht haben; alle Menschen
als seine Brüder anzusehen; sich gegenseitig beizustehen
und zu helfen; den Bau der Freiheit immer höher zu thür-
men, mit einem Worte, die Religion Christi nicht zum Spielzeug für Pfaffenherrschsucht und Pöbelwahn, sondern zu
einer grossen, erhabenen Wahrheit zu machen. Die Absicht zu verwirklichen, welche Christus hatte, als er sprach:
Gehet hin in die ganze Welt und predigt das Evangelium
allen Völkern.

Wenn ein armer Handwerksbursche fremd und unbekannt in eine fremde Stadt anlangt, der Bruder Maurer
wird ihm helfen Arbeit zu finden; sei du ein Künstler, er
wird dir Gelegenheit geben deine Kunst zu üben; den
Kranken wird er pflegen, den Betrübten trösten, den Ver-
armten aufhelfen, den Reichen gewiss durch Bitte und
Ueberredung dahin bringen, einen Theil seines Mammons

für den armen Bruder herzugeben. Und dabei will er keinen Thron umstossen, er ist ein treuerer Unterthan als Mancher, der sich brüstet mit seiner Unterthanentreue.

Alljährlich an einem bestimmten Tage — und zwar am Tage Johannes des Täufers — den sie als einen ihrer vorzüglichsten Gründer ansehen, feiern alle Maurer auf der ganzen Erde ein grosses Fest, und es ist ein erhabener Gedanke, dass um dieselbe Stunde so viele tausend Herzen, für die Idee der Menschenbeglückung begeistert, den Schwur erneuern, für diese Idee alle ihre Kräfte, Gut und Blut zu opfern.

So sind die Maurer. Zweifelsohne haben sie auch in Oesterreich zur Zeit der Sedlnitzky-Regierung ihre Logen gehabt; zweifelsohne wird der Orden jetzt auch freier hervortreten. Oesterreicher, Landsleute, die ihr die Liguorianer vertrieben, ihr müsst diesen Orden freundlich aufnehmen, denn er ist das absolute Gegentheil jener Liguorianerpfaffen. Die Liguorianer wollten die Dummheit des Volkes, die Maurer dessen Aufklärung; die Liguorianer wollten Geld zusammenscharren, die Maurer geben ihren letzten Kreuzer für die Dürftigen her. Die Liguorianer hatten ihre allergrössten und geheimsten Geheimnisse mit Weibern, die Maurer schliessen die Weiber von den Geheimnissen aus; die Liguorianer waren bornirt, gefrässig, trügerisch, die Maurer sind klar, mässig, wahr. Oesterreicher, ich glaube die Wahl wäre nicht schwer und der Tausch ein guter. Stosst Euch nicht an die geheimen Bundeszeichen, noch schleicht die Schlange der Reaction durch das Paradies unserer jungen Freiheit und es wäre thöricht, der Schlange das Fleckchen zu zeigen, wo sie ihr Gift hineinspritzen könnte. Wenn jener Tag, den der Maurer erwartet, den unser grosser Joseph herbeiführen wollte, angebrochen, dann wird jeglich Geheimniss und so auch die unschuldigen Geheimnisse der Maurer wegfallen. Es lebe die constitutionelle Monarchie!

Siegel der Loge St. Joseph.

Maurerische Visitenkarte aus dem achtzehnten Jahrhunderte.

V.
Verzeichniss der sämmtlichen Mitglieder
der sehr ehrw. St. Johannes-Loge zur Beständigkeit im Orient zu Wien 5782.

Meister vom Stuhl:

1. Ludwig Schmidt, Mitglied der k. k. National-Hofschaubühne.

Deputirter Meister vom Stuhl:

2. Max Jos. Bar. v. Linden, k. k. Administrations-Rath.

1. Aufseher:

3. Joseph von Ehrnstein, Doctor der Arzneikunde.
4. Leopold Föderl, Professor und öffentlicher Lehrer der Poësie an hies. Universität.

2. Aufseher:

5. Karl Graf Cavriani, k. k. wirklicher Kämmerer und nied.-österr. Landrath.
6. Andreas v. Stang, k. k. Grenadier-Oberlieutenant von Durtach Infanterie.

Secretäre:

7. Franz Brabbée, k. k. Wechsel- und Börsen-Sensalen-Expectant.
8. Johann Ziegler, priv. Kupferstecher.

Schatzmeister:

9. Christian Gottlieb Meltzer, Kaufmann.
10. Johann Georg Haass, Kaufmann.

Redner:

11. Joseph Bauerjöpel, k. k. Hofkanzellist bei der Bücher-Censur-Hofcommission.
12. Michael Korn, Weltpriester u. Cooperator im Lichtenthal.

Ceremonier:

13. Joseph Grassi, akademischer Maler.
14. Johann Kempel, Hausoffizier beim Feldmarschall-Lieutenant Graf v. Kehvenhiller.

Aumonier:

15. Anton Graf Cavriani, Domherr bei St. Stephan und Konsistorialrath.

16. Philipp Jacob von Poek, Doctor der Arzneikunde und Magister Sanitatis.

Abgeg. Meister vom Stuhl:

17. Jacob v. Lorenzo, k. k. Hauptmann von Karl Toscana Infanterie.

Meister:

18. Mathias Heinl, k. k. Oberchirurgus, gedeckt.
19. Conrad Zöberer, fürstl. Limburg-Stirumbischer Hofrath.
20. Karl Graf Clouer-Briant, k. k. Hauptmann von Karl Toscana Infanterie.
21. Karl Flad, Hausoffizier beim Cardinal Migazzi.
22. Karl v. Kirchstetter, niederösterr. Regierungs-Secretär.
23. Franz Alois Pohl, k. k. Raitoffizier.
24. Conrad Elbert, k. Registrant bei der Reichskanzlei.
25. Robert von Ehrnstein, k. k. Oberlieutenant von Richecourt Chevauxlegers.
26. Johann Nep. Freundt, nied.-österr. Regierungs-Thürhüter.
27. Joseph de Capello, Doctor der Arzneikunde.
28. Johann Anton Sommavilla, Kaufmann.
29. Christoph Froschmeyer Edler v. Scheibenkoven, k. k. Offizier der Armee.
30. Leopold Hofreiter, k.k. Getreideaufschlagsamt-Controleur.
31. Anton Pettersch.
32. Franz Edler v. Langenbach, k. k. Hofkammer-Registratur-Accessist.

Geselle:

33. Anton Grassi, k. k. erster Modelleur in der Porzellain-Fabrik.

Meister:

34. Philipp v. Gaisserhof.
35. Joseph Ferdinand Panckhl, k. k. Stadt- und Landes-Gerichts-Assessor.

Geselle:

36. Sigmund Preissinger, Juris Practicus.

Meister:

37. Ernst v. Bressler und Sternau, k. k. Hofagent.
38. Andreas Bapt. Hofschneider, k. k. Oberster Justizstelle Registratur-Adjunct.

39. Franz Andr. Wohlgemuth, k. k. Oberster Justizstelle Rechtsprotokollist.
40. Johann Friedrich Fischel, k. k. Oberster Justizstelle Hofsecretär.

Lehrlinge:

41. Nikolaus von Wuchechich, k. k. Hofkaplan, gedeckt.
42. Karl Schütz, Kupferstecher, Architekt und Mitglied der k. k. Akademie.
43. Thomas Christan, Doctor der Arzneikunde.
44. Joh. Conrad Bozenhard, Kaufmann.
47. Kaspar Kaster, Titular-Secretär beim Fürsten von Nassau.

Meister:

48. Franz Anton Edler von Kranzberg, k. k. Gubernialrath in Galizien.

Dienende Brüder:

Meister:

45. Franz Kalmes, Mechanikus.
46. Mathias Hatzinger, Friseur.

Barbbée m. p., Secretär.

***

VI.

Aufnahmsurkunde des Hofbanquiers Epstein.

Au nom du grand Architecte de l'Univers je soussigné vrai et legitime maçon, certifie que le Sieur Wenceslas d'Epstein, m'ayant temoigné plusieurs foit pendant sa residence en cette ville combien il désirait vivement d'être admis dans l'ordre royal de la maçonnerie et lui ayant trouvé les qualités désirables et requirés pour un membre de notre ordre illustré, je n'ai pas erû devoir le frustrer d'un avantage qu'il méritait à tant d'égards; vû donc qu'il n'y avait point de loge à dix lieux à la ronde, je me 'suis trouvé autorisé par l'usage en pareille circonstance de m'assembler en nombre compétant de frères pour recevoir le Dt. Sieur d'Epstein au grade d'apprenti maçon, ce qui a été celebré autant bien qu'il se pouvait dans un lieu ou il n'y a point de temple établi et ou il fallait prendre les plus scrupuleuses précautions contre la surveillance de la police et !comme il n'y a plus aucun de ces frères qui ayant assisté à la reception, je n'ai muni le present que de ma propre Signature cachet.

Brünn en Moravie le 27 jour du 4. mois de l'an de Lumière 5781.

Max Comte de Lamberg m/p.,
Maitre Ecossais.

Aver s.   Revers.

Die Medaille ist vergoldet, die jüdischen Charaktere des Reverses roth ausgefüllt.

VII.

Schreiben des Dr. Lewis an die Ordensbrüder in Prag.

Würdige geliebte Ordensbrüder!

Ist die Begrüssung einer neuen Freimaurer-Loge schon im Allgemeinen für den Orden von hoher Bedeutung, um so höher muss die Freude sein über das Widererwachen einer Loge, welche länger als ein halbes Jahrhundert dem Drange der Zeitverhältnisse nachgebend ihre Arbeiten einstellte, die jetzt aber mit erneuerter Thatkraft entschlossen ist das Licht zu verbreiten, um für des Ordens heiligste Zwecke zu wirken. Nehmen Sie daher, meine geliebten Ordensbrüder, meinen innigsten herzlichsten Dank für die Mittheilung, welche uns am 8. d. M. zugegangen ist. Möge der g. B. a. W. das Werk seiner Vollendung baldigst nahe führen.

Was nun Ihre Anfrage betrifft, so erwiedere ich Ihnen hierauf, dass dieselben Bedingungen, welche die g. Landesloge zu Berlin von Ihnen fordert und worin ich mit den Hauptbedingungen des Bruders K. vollkommen einverstanden bin, auch Sie sich zu unterziehen haben. Sollten aber später mehrere Logen in Oesterreich zu Stande kommen, so könnten wir uns wieder von Berlin trennen und eine eigene Grossloge von Oesterreich begründen.

Vor allem aber ist jetzt darauf zu sehen, dass wir uns die Genehmigung der Staatsbehörde verschaffen. Die blosse provisorische Bewilligung kann weder Ihnen noch uns für die Zukunft genügen und sichert die Existenz einer Loge nicht.

Dass wir die Genehmigung der hohen Staatsbehörde erhalten werden, bezweifle ich nicht, wenn wir die Grundprinzipien der Maurerei festhalten, wenn wir weder politische noch religiöse Zwecke verfolgen, sondern dahin streben, dass Ordnung und Gesetzlichkeit, wahre Gottesfurcht und Rechtschaffenheit, Veredlung und Aufklärung des Menschengeschlechts, innige Verbrüderung durch christliche Liebe verbreitet werde, — daher müssen wir Anarchie, Gesetzlosigkeit, alle politischen und im Finstern schleichenden Wühlereien von uns weit entfernt halten.

Halten daher auch Sie, m. g. OB., die Grundsätze fest, sich nur mit Brüdern zu verbinden, von deren Rechtlichkeit Sie überzeugt sind, eingedenk der Worte unseres grossen Meisters: Viele sind berufen, aber Wenige auserwählt.

Sie wissen, geliebter OB., die offene Sprache ist die Pflicht des freien Maurers, ja sie ist zugleich das Wesen und die Seele des maurerischen Lebens, ich bin daher überzeugt, dass Sie, g. OB., mein Schreiben mit der Liebe aufnehmen werden, die ich bei ihnen voraussetze. Ist dies der Fall, so wünschen wir Alle nichts sehnlicher, als dass wir uns eng, brüderlich fest, ganz im Sinne unseres ewigen Lehrers Einer für den Andern und Alle für Einen innigst verbinden mögen. — Ich grüsse Sie mit a. u. B. d. .d. u. h. Z.

NB. Herzlich bedaure ich, dass der geliebte OB. T. meine Adresse so spät erfuhr, wir daher nichts unternehmen konnten. Ich bitte d. g. OB. uns herzlich zu empfehlen.

Wien, den 18. März 1849.

VIII.

Schreiben des Dr. Lewis an K.

Hochwürdiger und geliebter Ordensbruder!

Vor einigen Tagen erhielt ich ein Schreiben aus Prag, woraus ich ersehe, dass Sie sich — Gott sei Dank — recht wohl befinden; wenigstens zeigen es Ihre Briefe. — Da leider bei mir dies nicht der Fall ist, muss ich mich kurz fassen. — Die Brüder aus Prag fragen sich an, ob sie dieselben Verbindlichkeiten eingehen müssen, wie die Loge zum heiligen Josef, ferner wünschen sie sich mit uns zu vereinigen und geben dem System der grossen Landesloge deshalb den Vorzug, weil unsere Loge ebenfalls nach demselben System arbeitet. — Dies der kurze Inhalt des Briefes mit acht Unterschriften. So wünschenswerth es nun auch wäre, dass mehrere Brüder sich zu einem Zwecke vereinigen, so ist es doch bei den jetzigen Zeitverhältnissen, meines Erachtens nothwendig, behutsam zu Werke zu gehen; da die politischen Ansichten so verschieden sind, namentlich ist dies der Fall in Prag. Die dortige Gesellschaft Slowanska Lipa scheint gerade nicht geeignet zu sein, dort Einigkeit und Ordnung herzustellen, daher einer Loge v. s. M. wohl andere Zwecke zum Grunde liegen mögen. Doch dies ist blos meine Privat-Ansicht, Sie, hochwürdigster Bruder, werden es am Besten beurtheilen können, da Sie den Bruder M. kennen müssen, der zu Ihrer Loge gehört und wie es scheint Meister vom Stuhl werden soll.

Gestern besuchte mich Br. T. aus Prag; derselbe hat den 3. Grad; er hegt die Absicht sich mit Br. D. und Genossen zu vereinigen, um die Loge „zur Wahrheit" wieder ins Leben zu rufen, doch Br. T. will sich nicht mit Br. M. und Genossen vereinigen, weil ihre politischen Ansichten nicht mit einander übereinstimmen. Ich glaube es daher, hochwürdigster Bruder, für meine Pflicht zu halten im Vertrauen darauf aufmerksam zu machen, damit Sie hiebei behutsam zu Werke zu gehen haben — und die heilige Sache nicht darunter leidet. — Unsere Loge ist sehr misslich; von Seite des Gouverneurs, wie auch von Seiten der Polizei sind unsere Arbeiten untersagt, ich werde scharf beobachtet, habe viele Unannehmlichkeiten gehabt und werde den bittern Kelch allein leeren müssen, da die andern Br. Maurer aus Furcht sich nicht blicken lassen. — Dies mein Lohn für meine Aufopferung und meine Anhänglichkeit an den Staat für die Monarchie. — Doch genug.

Schreiben Sie mir recht bald und geben Sie mir Trost. D. g. B. a. W. sei mit Ihnen und den dortigen Brüdern.

Ihr Bruder.

www.ingramcontent.com/pod-product-compliance
Lightning Source LLC
Chambersburg PA
CBHW050313110726
47899CB00007B/2221